KB273513

요모조모 한국 읽기

| 외국인을 위한 한자 학습 |

요모조모 한국읽기

배규범 편저

보고사

책을 내면서

『한자로 읽는 한국문화』를 낸 지 어느덧 6년의 세월이 지났다. 당시에는 외국인을 위한 한자 교재가 드물었었다. 별 수 없이 직접 책을 쓸 수밖에 없었는데, 집필 대상과 방향부터가 문제가 되었다. 결국 여러 분들과 상의하여, 나는 '한자(漢字)'와 '한국문화(韓國文化)'라는 두 가지 코드를 결합한 읽기 위주의 교재를 만들었다. 그리고 실제 몇 년 동안의 걸친 수업을 통해 몇 가지 개선점을 보완하여 오늘 이 책을 내게 되었다.

한자를 배우는 학생들은 한국어 구사 능력이 중급 이상이 되어야만 한다. 가나다를 배우는 수준에서 한자를 배우는 것은 또 다른 외국어를 배우는 것에 불과하다. 한자 학습을 통해 본격적이면서도 고급스런 한국어 구사를 원한다면 어느 정도 그 활용 방법을 알아야 하고, 그 방법은 한국어 구사 능력이 어느 정도 수반되어야 하기 때문이다.

이번 책에서 가장 역점을 둔 것은 어제와 오늘, 우리 한국의 모습이었다. 그래서 1부와 2부로 나누었고, 각각 '21세기 대한민국'과 '전통의 재창조'탄 제목을 붙여 보았다. 물론 21세기 초입에 서 있는 대한민국의 모습이 이 책에서 언급한 몇 가지 코드로 요약되기는 부족한 것도 사실이다. 하지만 그것 역시 우리네 삶의 한 단면인 것이 분명한 만큼 현대 한국문화를 이해하는 방법으로 여전히 유용할 것으로 보인다. 그리하여 1부 '21세기 대한민국'에서는 꽃미남과 성형 열풍, IT 산업, 대안교육, 월드컵과 응원 문화, 그리고 한류열풍을 이끌었던 드라마 두 편을 담았다. 드라마 시청과 곁들여, 대본에 맞춰 학생들이 직접 주인공이 되어 보는 경험은 색다른 맛을 줄 것으로 기대된다. 2부 전통의 재창조 부분에서는 박물관과 김치, 인사동, 그리고 옛날 이야기 몇 편을 수록하였다. 특히 〈호랑이 담배피던 시절 이야기〉는『삼국유사』에 수록된 이야기를 중심으로 한자 교육이라는 목적에 맞춰 스토리를 전개하되 최대한 한자를 노출시켰다. 이런 취지를 살리다 보니 흥미로운 옛이야기임에도 불구하고 문장이 딱딱한 문어체가 됨으로써 읽는 재미가 다소 줄어든 것이 사실이다.

이번 책에서는 외국인은 물론 한자를 통해 한국문화를 이해하려는 모든 분들에게 친숙한 테마를 통해 이해의 집중력을 높이려고 하였으며, 또한 상세한 단어 설명을 붙여 혼자서도 공부할 수 있도록 하였다. 특히 본문의 지문 아래 해당 단어의 한(韓)·영(英)·일(日) 설명을 붙여 찾아보기에 편리를 기했으며, 보충이 필요한 부분은 미주 형식으로 용어 설명을 붙였다.

이 책이 나오기까지는 무엇보다 경희대학교 국제교육원의 지원이 절대적이었다. 지난 10여 년간 외국인을 대상으로 한국어 교육을 할 수 있는 계기를 마련해주고, 지금까지도 많은 지원을 해주고 있다. 김중섭 원장님과 조현룡 교학부장님께 깊은 감사를 드린다. 그리고 책을 내느라 고생한 김흥국 보고사 사장님과 편집부 이경민 씨, 그리고 틈틈이 격려로 힘을 북돋아주는 홍윤기·이정희 교수께도 처음으로 고맙다는 말을 전한다.

남다른 의미의 2007년을 시작하며.

이 책에서 주로 인용하고, 참고한 서적들은 다음과 같다.

김성곤 외, 『21세기 문화키워드100』, 한국출판마케팅연구소, 2003.
이어령, 『디지로그 digilog』, 생각의나무, 2006.
한기호, 『디지로그 시대 책의 행방』, 한국출판마케팅연구소, 2006.
박재호, 『2006월드컵이야기』, 문학사상사, 2006.
최준식, 『한국인을 춤추게 하라』, 사계절, 2007.
김영현, 『오리지널 시나리오 대장금』, 커뮤니케이션북스, 2004.
김은희, 『겨울 연가』, 창작시대, 2002.
이원복, 『나는 공부하러 박물관 간다』, 효형출판, 2003.
지호진, 『최고의 박물관을 찾아라』, 김영사, 2002.
백유선, 『우리 불교 문화유산 읽기』, 두리미디어, 2004.
박부영, 『불교풍속고금기』, 은행나무, 2005.
허 균, 『사찰장식 그 빛나는 상징의 세계』, 돌베개, 2001.
이재호 역, 『삼국유사』, 솔, 2002.

　특히 본 책의 제1강과 제3강, 제5강과 제6강은 남승희의 「꽃미남」, 곽재은의 「성형수술」, 현병호의 「대안교육」, 김영현의 『대장금』, 김은희의 『겨울연가』를 기반으로 요약·편집하여 작성된 사실을 밝혀둔다. 그 외 갖가지 인터넷 사이트 소개는 생략한다.

차 례

책을 내면서/5

제1부 21세기 대한민국

제1강.　아름다운 사람－꽃미남(美男)과 성형(成形)의 시대 ·········· 13

제2강.　정보기술(IT) 강국과 디지로그(Digilog) ·········· 29

제3강.　대안교육(代案敎育) ·········· 43

제4강.　월드컵과 응원 문화 ·········· 55

제5강.　한류(韓流)의 중심, TV를 읽다 1 : 겨울 연가 ·········· 69

제6강.　한류(韓流)의 중심, TV를 읽다 2 : 대장금(大長今) ·········· 105

제2부 전통의 재창조

제7강.　박물관(博物館) 찾아가기 ·········· 131

제8강.　산사(山寺)의 일과(日課) ·········· 151

제9강.　호랑이 담배 피던 시절 이야기 1 : 왕 이야기 ·········· 167

제10강.　호랑이 담배 피던 시절 이야기 2 : 신기한 이야기 ·········· 197

제11강.　김치와 한국인 ·········· 223

제12강.　인사동 탐방 ·········· 243

제13강.　한·중·일(韓中日)의 한자 사용의 차이점 ·········· 261

제1부

21세기 대한민국

아름다운 사람

― 꽃미남(美男)과 성형(成形)의 시대

現代□□ 韓國□□ 社會□□에서 아름다움에 대한 關心□□이 요즘처럼 高潮□□된 적은 일찍이 없었다. 內的□□인 아름다움 云云□□하던 時節□□을 지나, 이젠 너무 堂堂□□하게 外的□□인 아름다움을 강조하는 것이 지금의 現實□□이다. 아름다움에 대한 關心□□을 꼭 집어서 말하라면 바로 꽃美男□□과 成形□□, 이 두 가지 키워드가 아닐까 생각된다.

觀心(관심) … 빗장 관, 마음 심 영concern 일かんしん
高潮(고조) … 높을 고, 조수 조 영flood tide 일こうちょう
內的(내적) … 안 내, 과녁 적 ↔外的 영inner 일ないてき
云云(운운) … 이를 운, 이를 운 영so and so 일うんぬん
時節(시절) … 때 시, 마디 절 영the season 일じせつ
堂堂(당당) … 집 당, 집 당 영fair and square 일どう－どう
成形(성형) … 이룰 성, 모양 형 영face lifting 일せいけい

꽃美男　　은 純情漫畫　　　　에서 始作　　된, 여자 뺨치게 잘생긴 남자들을 가리키는 用語　　이다. 아마도 이 말은 美男子　　　들이 登場　　할 때 漫畫　　의 背景　　에 뿌려지는 꽃들에서 由來　　했을 것이라는 말도 있다. 美少年　　　과 비슷하지만 좀더 넓은 範圍　　를 가지며, 美少年　　　보다 더 大衆化　　　되면서 점점 더 美男　　의 뜻에 가까워지고 있다.

純情漫畫　　　　의 꽃美男　　은 一般的　　　인 少女　　들이 바라마지 않는 理想型　　　의 男子　　로서, 그 外貌　　는 西歐人　　　들의 큰 키와 긴 다리, 뚜렷한 耳目口鼻　　　　등에 대한 憧憬　　에서 始作

純情(순정) ⋯ 순할 순, 뜻 정 영pure heart 일じゅんじょう
漫畫(만화) ⋯ 질펀할 만, 그림 화 영a cartoon 일まんが
用語(용어) ⋯ 쓸 용, 말씀 어 영language 일ようご
登場(등장) ⋯ 오를 등, 마당 장 영entry 일とうじょう
背景(배경) ⋯ 등 배, 볕 경 영a background 일はいけい
由來(유래) ⋯ 말미암을 유, 올 래 영origin;genesis 일ゆらい
美少年(미소년) ⋯ 아름다울 미, 적을 소, 해 년 영a handsome youth 일びしょうねん
範圍(범위) ⋯ 법 범, 둘레 위 영scope 일はんい
理想型(이상형) ⋯이치 이, 생각 상, 틀 형 영an ideal type 일 りそうのがた・けい
外貌(외모) ⋯ 바깥 외, 얼굴 모 영appearance 일 がいぼう
西歐(서구) ⋯ 서녘 서, 토할 구 영Western Europe 일 せいおう

□□ 되었다. 그러나 現在□□ 韓國□□과 日本□□의 美少年□□□들은 西歐人□□□들보다 훨씬 날씬하고 가는 몸매와 갸름한 턱을 자랑한다.

그런 캐릭터는 1990년대 中半□□까지는 同人誌□□□ 漫畵□□나 PC通信□□을 中心□□으로 한 마니아들의 文化□□에 不過□□하였다. 그러나 이후 韓國□□의 十代文化□□□□가 隆盛□□하면서 그림 속의 美少年□□□□ 또는 寫眞□□ 속의 日本□□ 락스타로 滿足□□하던 女性□□들은 現實□□ 속에서 살아 걸어 다니는 꽃美男□□들을 보게 되었다. 바로 댄스 歌謠界□□□의 보이 그룹을 中心□□으로 꽃美男□□ 愛好□□는 더 大衆的□□□이 된 것이다. 自然□□ 21世紀□□에 들어서면서 꽃美男□□ 愛好□□는 더 이상 마니아의 邊境□□

耳目口鼻(이목구비) … 귀 이, 눈 목, 입 구, 코 비 영ear, eye, mouth, and nose 일めはなだち
憧憬(동경) … 그리워할 동, 깨달을 경 영yearning 일どうけい
通信(통신) … 통할 통, 믿을 신 영communication 일つうしん
隆盛(융성) … 클 융, 담을 성 영prosperity 일りゅうせい
寫眞(사진) … 베낄 사, 참 진 영a photograph 일しゃしん
歌謠(가요) … 노래 가, 노래 요 영a song 일かよう
愛好(애호) … 사랑 애, 좋아할 호 영love 일あいこう
邊境(변경) … 가 변, 지경 경 영the frontier 일へんきょう

文化□□가 아닌 大衆的□□□인 신드롬이 되었다.

꽃美男□□ 신드롬이 社會的□□□ 認識□□인 만큼 그 意味□□는 當然□□히 社會學的□□□□ 接近法□□□으로 抽出□□해야 할 것이다. 턱이 剛健□□하지 않는 男子□□가 人氣□□를 얻는다는 것은 새롭게 變化□□된 社會□□의 樣相□□이다. 즉, 요즘 女子□□들은 自己□□를 保護□□해줄 男子□□를 원하기보다는 自己□□ 人生□□은 스스로 開拓□□해 나가려고 한다는 社會□□ 意識□□의 變化□□가 美的□□으로 表現□□된 것이다.

꽃美男□□들의 부드러운 皮膚□□와 말랑말랑한 몸은 世界□□와 자유롭게 疏通□□할 수 있는 柔軟□□한

認識(인식) … 알 인, 알 식 [영]recognition [일]にんしき
接近(접근) … 사귈 접, 가까울 근 [영]approach [일]せっきん
抽出(추출) … 뺄 추, 날 출 [영]abstraction [일]ちゅうしゅつ
剛健(강건) … 굳셀 강, 튼튼할 건 [영]vigorous [일]ごうけん
樣相(양상) … 모양 양, 서로 상 [영]an aspect [일]ようそう
保護(보호) … 지킬 보, 보호할 호 [영]protection [일]ほご
開拓(개척) … 열 개, 주울 척 [영]reclamation [일]かいたく
表現(표현) … 겉 표, 나타날 현 [영]expression [일]ひょうげん
皮膚(피부) … 거죽 피, 살갗 부 [영]the skin [일]ひふ

몸의 證據□□이며, 急變□□하는 現代社會□□□□에 圓滿□□하게 適應□□할 수 있는 能力□□의 證據□□가 된다. 또한 이것은 現代□□ 男性이 代代□□로 所有□□해온 굴레로부터의 自由□□를 意味□□한다. 그것은 自身□□의 缺乏□□을 補充□□하기 위해 女子□□의 아름다움을 탐하고, 또 女子□□를 얻기 위해 權力□□과 富□를 좇아야 한다는 强迫觀念□□□□으로부터의 脫出□□이다.

꽃美男□□ 신드롬을 可能□□하게 한 것은 現代□□ 女性□□의 獨立性□□□이다. 굳이 男子□□의 힘을 구하지 않아도 되는 女子□□는 自己□□의 本性□□에

疏通(소통) … 트일 소, 통할 통 [영]mutual understanding [일]そつう
柔軟(유연) … 부드러울 유, 연할 연 [영]soft [일]ゆうぜん
證據(증거) … 증거 증, 의거할 거 [영]evidence [일]しょうこ
急變(급변) … 급할 급, 변할 변 [영]a sudden change [일]きゅうへん
圓滿(원만) … 둥글 원, 찰 만 [영]smooth;mild;genial [일]えんまんだ
適應(적응) … 갈 적, 응할 응 [영]fitness [일]てきおう
缺乏(결핍) … 이지러질 결, 가난할 핍 [영]shortage [일]けつぼう
補充(보충) … 기울 보, 찰 충 [영]supplement [일]ほじゅう
强迫觀念(강박관념) … 굳셀 강, 닥칠 박, 볼 관, 생각할 념 [영]an imperative idea [conception] [일]きょうはくかんねん
脫出(탈출) … 벗을 탈, 날 출 [영]escape [일]だっしゅつ
獨立性(독립성) … 홀로 독, 설 립, 성품 성 [영]an independent spirit [일]ごくーりつ

따라 男子의 色을 구할 수 있다. 같은 脈絡에서 男子 역시 旣存의 經濟 機械로서의 役割로부터 解放됨으로써 自己의 本性에 따라 官能的이고 自己 充足的이 될 수가 있다. 그 結果 女性의 힘을 두려워하고 억누르려 하는 男性 中心의 社會는 점점 더 無力化될 것으로 보인다. 女性은 男性을 解放시키고, 男性은 女性을 解放시킨다. 至今의 脫産業化, 情報化 社會는 垂直的인 位階 關係를 점점 더 水平的인 協力關係로 바꾸어가고 있고, 그 結果 女性의 能力을 重視하는 쪽으로 變化하고 있다. 그런 점에서 꽃

脈絡(맥락) … 맥 맥, 헌솜 락 ⑨the veins ⑩みゃくらく
旣存(기존) … 이미 기, 있을 존 ⑨preexistence ⑩きそん
官能的(관능적) … 벼슬 관, 능할 능, 과녁 적 ⑨sexy ⑩かんのうてき
無力化(무력화) … 없을 무, 힘 력, 될 화 ⑨incapacitation ⑩むりょくか
垂直(수직) … 드리울 수, 곧을 직 ⑨perpendicular ⑩すいちょく
位階(위계) … 자리 위, 섬돌 계 ⑨a grade of rank ⑩いかい
協力(협력) … 맞을 협, 힘 력 ⑨cooperation ⑩きょうりょく

美男□□ 신드롬은 時代□□의 變化□□에 발맞추어 가는 男性像□□□의 副産物□□□이라 할 수 있다.

　現代社會□□□의 엄청난 生産力□□□은 人間□□이 生存□□의 問題□□에서 멀어져 얼마나 滿足□스러운 人生□□을 살 것인가 하는 福祉□와 自我□ 實現□□의 問題□□, 自由□□의 次元□□으로 나아가는 것을 可能□□하게 해 즈었다. 現代□□ 文明□의 剩餘□를 戰爭□□으로 處理□□하지 않기 위해서는 大衆□□의 生活□□ 水準□□을 向上□□시키는 수밖에 없다. 그러기 위해서는 藝術□□이 隆盛□하며, 官能的□□□ 快樂□□과 平和□□를 누리는 健康□□한 文化□□가 主流□□가 되어야 한다. 그 역시 男性□□의 자유로움을 前提□□로 한다.

重視(중시) … 무거울 중, 볼 시 〈영〉serious consideration 〈일〉じゅうし
副産物(부산물) … 버금 부, 낳을 산, 만물 물 〈영〉a by-product 〈일〉ふくさんぶつ
福祉(복지) … 복 복, 복 지 〈영〉welfare 〈일〉ふくし
剩餘(잉여) … 남을 잉, 남을 려 〈영〉a surplus 〈일〉じょうよ
戰爭(전쟁) … 싸울 전, 다툴 쟁 〈영〉a war 〈일〉せんそう
處理(처리) … 살 처, 다스릴 리 〈영〉treatment 〈일〉しょり
快樂(쾌락) … 쾌할 쾌, 즐거울 락 〈영〉pleasure 〈일〉かいらく

現代社會　　는 계속해서 制度　를 무너뜨리며 그 자리를 새로운 關係　로 채우고 있다. 關係　의 藝術家　들이 바로 女性　인 以上　, 現代社會　의 女性化　는 繼續　될 것이다. 또한 男性　은 女性化　되는 만큼 平和　와 自由　를 얻을 것이다.

아름다움에 대한 또 다른 現狀　의 하나로 成形手術　을 들 수 있다.

成形手術　은 漢字語　意味　그대로 푼다면 '形態　를 만드는 手術　'이다. 그러나 單純　히 醫學的　指示語　의 性格　을 넘어 오늘날 巨大　한 文化的　現狀　이 되어 버렸다. 成形　과 手術　의 組合　은 社會　歷史的　으로도, 專門性　의 側面　에서도 결코 平凡　한 만남이 아니다.

前提(전제) … 앞 전, 끌 제 영a premise 일ぜんてい
側面(측면) … 곁 측, 낯 면 영the side 일そくめん

無數한 成形外科 廣告가 그토록 누차 미를 强調하지 않아도 우리는 直感的·經驗的으로 이미 成形手術이 아름다움과 關係된 것임을 알고 있다. 이 아름다움은 또한 長久한 歲月 속에서 藝術의 專有物이기도 했다. 藝術家들은 想像 속에서 만들어진 多樣한 形態의 아름다움을 위해 造形的 活動을 持續해 왔다. 그리고 이제 現代人들은 自身의 身體에까지 그 美的 追求를 敢行하기에 이르렀다. 그것도 세찬 流行처럼 말이다.

그 渦中에 美容 成形 分野는 相當한 經濟的·社會的 地位를 갖게 되었다. 그들은 醫學과 美라는 서로 相衝

强調(강조) … 굳셀 강, 고를 조 阌stress 일きょうちょう
直感的(직감적) … 곧을 직, 느낄 감, 과녁 적 阌intuitive 일ちょっーかん
經驗的(경험적) … 날 경, 증험할 험, 과녁 적 阌by experience 일けいけんてき
專有物(전유물) … 오로지 전, 있을 유, 만물 물 阌a thing to oneself 일せんゆうぶつ
造形(조형) … 지을 조, 모양 형 阌modeling 일ぞうけい~
持續(지속) … 가질 지, 이을 속 阌continuance 일じぞく
相當(상당) … 서로 상, 당할 당 阌proper 일そうとう
相衝(상충) … 서로 상, 빌 충 阌contradiction 일いけんがあいはんする

된 概念 을 넘어서서 보다 積極的 인 社會化

에 成功 하였다. 즉, 美醜 의 問題 가 單

純 히 表皮 의 問題 가 아니라 社會的

生命 의 問題 임을 浮刻 시킨 것이다. 社

會的 삶을 營爲 하는 存在 에게 추한 外貌

는 疾病 만큼이나 커다란 苦痛 일 수 있기 때

문이다. 身體的 問題 가 없다는 理由 로

心理的 苦衷 을 外面 하는 것을 醫師

의 道理 라 할 수 있겠는가? 이 苦痛 을 除去

해 줄 能力 을 充分 히 지녔음에도 불구하고, 그

것의 深刻性 을 깨닫지 못한 無責任 한 이들

의 非難 에 急急 하여 이 使命 을 져버려도 옳

積極的(적극적) … 쌓을 적, 다할 극, 과녁 적 영positively 일せっきょくてき

美醜(미추) … 아름다울 미, 추할 추 영beauty or ugliness 일びしゅう

浮刻(부각) … 뜰 부, 새길 각 영relief 일みばえがする

營爲(영위) … 경영할 경, 할 위 영management 일えいい

疾病(질병) … 병 질, 병 병 영a disease 일しっぺい

苦衷(고충) … 쓸 고, 속마음 충 영difficulties 일くちゅう

道理(도리) … 길 도, 이치 리 영reason ; duty 일ぎむ

除去(제거) … 섬돌 제, 갈 거 영exclusion 일じょきょ

深刻(심각) … 깊을 심, 새길 각 영serious 일しんこく

無責任(무책임) … 없을 무, 꾸짖을 책, 맡을 임 영irresponsibility 일むせきにん

은가? 美容 成形 分野 는 이 외침 속에서 美를 堂堂히 自身의 分野로 끌어안게 된 것이다.

人間은 古今 以來로 아름다움을 崇拜하며 살아왔다. 그 對象이 무엇이든, 그 表現 方法이 무엇이든 아름다움은 一貫된 價値 評價 基準으로서 자리하고 있다. 다만 社會的인 變化의 흐름이 수많은 樣相을 만들어낸 것일 뿐이다. 그것을 흔히 트랜드라고 부른다. 꽃美男과 成形手術은 21世紀 초반 現時點의 分明한 트랜드로 자리잡고 있다. 그것에 대한 評價 亦是 하나의 흐름으로서 多樣할 수밖에 없다. 人間의 삶에서 正答은 없기 때문에.

非難(비난) ··· 아닐 비, 어려울 란 ⑱criticism ⑳ひなん
使命(사명) ··· 부릴 사, 목숨 명 ⑱a mission ⑳しめい
崇拜(숭배) ··· 높을 숭, 절 배 ⑱worship;adoration ⑳すうはい
對象(대상) ··· 대할 대, 코끼리 상 ⑱an object ⑳たいしょう
價値(가치) ··· 값 가, 값 치 ⑱value ⑳かち
評價(평가) ··· 꾫을 평, 값 가 ⑱valuation ⑳ひょうか
基準(기준) ··· 터 기, 수준기 준 ⑱a standard ⑳きじゅん
現時點(현시점) ··· 나타날 현, 때 시, 점 점 ⑱this time moment ⑳げんじてん

高潮(고조) … 감정이나 기세가 극도로 높은 상태. 밀물이 들어와 해면의 높이가 가장 높은 상태.

成形(성형) … 일정한 형체를 만듦. 외과적(外科的) 수단으로 신체의 어떤 부분을 고치거나 만듦.

背景(배경) … 뒤쪽의 경치. 사건이나 환경, 인물 따위를 둘러싼 주위의 정경

由來(유래) … 사물이나 일이 생겨남. 또는 그 사물이나 일이 생겨난 바.

▲ 미용성형수술 경험 조사 자료

範圍(범위) … 테두리가 정하여진 구역. 어떤 것이 미치는 한계. '테두리'.

大衆化(대중화) … 대중 사이에 널리 퍼져 친숙해짐. 또는 그렇게 되게 함.

一般的(일반적) … 일부에 한정되지 아니하고 전체에 걸치는. 전문(專門)에 속하지 아니하는. 또는 그런 것.

理想型(이상형) … 본질적 가치와 보편적 기준에 근거하여 설정되는 한 표준 개념.

憧憬(동경) … 어떤 것을 간절히 그리워하여 그것만을 생각함.

同人誌(동인지) … 학술·문예·취미·사상·목적 등을 같이 하는 사람들이 함께 발행하는 잡지 비영리적인 잡지로 대체로 직접 집필하며 회비나 기부금 등으로 발간하는 것이 특색이다.

通信(통신) … 소식을 전함. 우편이나 전신, 전화 따위로 정보나 의사를 전달함.

不過(불과) … 주로 수량을 나타내는 말 앞에 쓰여 그 수량에 지나지 아니함을 이르는 말.

隆盛(융성) … 기운차게 일어나거나 대단히 번성함.

歌謠(가요) … 대중가요. 민요, 동요, 유행가 따위의 노래를 통틀어 이르는 말.

認識(인식) … 사물을 분별하고 판단하여 앎. '인지'.

接近(접근) … 가까이 다가감. 친밀하고 밀접한 관계를 가짐.

抽出(추출) … 전체 속에서 어떤 물건, 생각, 요소 따위를 뽑아냄.

剛健(강건) … 튼튼하고 굳세다.

變化(변화) … 사물의 성질, 모양, 상태 따위가 바뀌어 달라짐.

樣相(양상) … 사물이나 현상의 모양이나 상태.

保護(보호) … 위험이나 곤란 따위가 미치지 아니하도록 잘 보살펴 돌봄.

開拓(개척) … 거친 땅을 일구어 논이나 밭과 같이 쓸모 있는 땅으로 만듦. 새로운 영역, 운
　　　　　　　명, 진로 따위를 처음으로 열어 나감.

表現(표현) … 생각이나 느낌 따위를 언어나 몸짓 따위의 형상으로 드러내어 나타냄

疏通(소통) … 막히지 아니하고 잘 통함. 뜻이 서로 통하여 오해가 없음.

柔軟(유연) … 부드럽고 연하다.

證據(증거) … 어떤 사실을 증명할 수 있는 근거.

急變(급변) … 상황이나 상태가 갑자기 달라짐. 갑자기 일어난 변고.

圓滿(원만) … 성격이 모난 데가 없이 부드럽고 너그럽다. 일의 진행이 순조롭다.

適應(적응) … 생물이 주위 환경에 적합하도록 형태적·생리학적으로 변화함. 또는 그런 과정.

所有(소유) … 가지고 있음. 또는 그 물건.

缺乏(결핍) … 있어야 할 것이 없어지거나 모자람.

補充(보충) … 부족한 것을 보태어 채움.

强迫觀念(강박관념) … 마음속에서 떨쳐 버리려 해도 떠나지 아니하는 억눌린 생각.

脫出(탈출) … 어떤 상황이나 구속 따위에서 빠져나옴.

獨立性(독립성) … 남에게 의지하거나 속박되지 아니하고 홀로 서려는 성질이나 성향.

脈絡(맥락) … 혈관이 서로 연락되어 있는 계통. 사물 따위가 서로 이어져 있는 관계나 연관.

旣存(기존) … 이미 존재함

官能的(관능적) … 성(性)적인 감각을 자극하는. 또는 그런 것.

充足(충족) … 넉넉하여 모자람이 없음. 일정한 분량을 채워 모자람이 없게 함.

垂直(수직) … 물체를 실에 매달아 드리웠을 때 그 실이 보이는 방향. 또는 그런 상태.

位階(위계) … 벼슬의 품계. 지위나 계층 따위의 등급.

水平(수평) … 기울지 않고 평평한 상태. 지구 중력의 방향과 직각을 이루는 일. 또는 그 방향.

協力(협력) … 힘을 합하여 서로 도움.

重視(중시) … 가볍게 여길 수 없을 만큼 매우 크고 중요하게 여김. '중대시'.

副産物(부산물) … 주산물의 생산 과정에서 더불어 생기는 물건. 어떤 일을 할 때에 부수적으로 생기는 일이나 현상.

生産力(생산력) … 물질적 재화를 만들어 낼 수 있는 능력. 노동력과 생산 수단의 양에 좌우된다.

福祉(복지) … 행복한 삶.

剩餘(잉여) … 쓰고 난 후 남은 것. '나머지'.

處理(처리) … 사무나 사건 따위를 절차에 따라 정리하여 치르거나 마무리를 지음. 일정한 결과를 얻기 위하여 화학적 또는 물리적 작용을 일으킴.

水準(수준) … 사물의 가치나 질 따위의 기준이 되는 일정한 표준이나 정도.

快樂(쾌락) … 유쾌하고 즐거움. 또는 그런 느낌.

前提(전제) … 어떠한 사물이나 현상을 이루기 위하여 먼저 내세우는 것.

渦中(와중) … 흐르는 물이 소용돌이치는 가운데. 일이나 사건 따위가 복잡하게 벌어지는 가운데.

組合(조합) … 여럿을 한데 모아 한 덩어리로 짬.

側面(측면) … 사물이나 현상의 한 부분. 또는 한쪽 면.

無數(무수) … 헤아릴 수 없이 많다.

強調(강조) … 어떤 부분을 특별히 강하게 주장하거나 두드러지게 함.

直感的(직감적) … 사물이나 현상을 접하였을 때 설명하거나 증명하지 아니하고 진상을 곧바로 느껴 알아차리는. 또는 그런 것.

經驗的(경험적) … 경험에 기초한. 또는 그런 것.

長久(장구) … 매우 길고 오래다.

歲月(세월) … 흘러가는 시간. 지내는 형편이나 사정 또는 재미.

專有物(전유물) … 혼자 독차지하여 가지는 물건.

造型(조형) ⋯ 형틀이나 주형 따위를 만듦.

持續(지속) ⋯ 어떤 상태가 오래 계속됨. 또는 어떤 상태를 오래 계속함.

敢行(감행) ⋯ 과감하게 실행함.

相當(상당) ⋯ 일정한 액수나 수치 따위에 해당함.

相衝(상충) ⋯ 맞지 아니하고 서로 어긋남.

積極的(적극적) ⋯ 대상에 대한 태도가 긍정적이고 능동적인. 또는 그런 것.

美醜(미추) ⋯ 아름다움과 추함. 미인과 추부를 아울러 이르는 말.

表皮(표피) ⋯ 동물체의 표면을 덮고 있는 피부의 상피 조직.

浮刻(부각) ⋯ 어떤 사물을 특징지어 두드러지게 함.

營爲(영위) ⋯ 일을 꾸려 나감.

苦痛(고통) ⋯ 몸이나 마음의 괴로움과 아픔.

苦衷(고충) ⋯ 괴로운 심정이나 사정. ‘어려움’.

道理(도리) ⋯ 사람이 어떤 입장에서 마땅히 행하여야 할 바른 길.

除去(제거) ⋯ 없애 버림.

非難(비난) ⋯ 남의 잘못이나 결점을 책잡아서 나쁘게 말함.

急急(급급) ⋯ 한 가지 일에만 정신을 쏟아 다른 일을 할 마음의 여유가 없다.

使命(사명) ⋯ 맡겨진 임무.

崇拜(숭배) ⋯ 우러러 공경함

對象(대상) ⋯ 어떤 일의 상대 또는 목표나 목적이 되는 것.

一貫(일관) ⋯ 하나의 방법이나 태도로써 처음부터 끝까지 한결같음.

價値(가치) ⋯ 사물이 지니고 있는 쓸모. 대상이 인간과의 관계에 의하여 지니게 되는 중요성.

評價(평가) ⋯ 물건 값을 헤아려 매김. 또는 그 값. 사물의 가치나 수준 따위를 평함.

基準(기준) ⋯ 기본이 되는 표준.

現時點(현시점) ⋯ 지금 이 시점.

정보기술(IT) 강국과 디지로그(Digilog)

情報技術 ☐☐☐ (Information Technology)의 先頭 ☐☐ 走者 ☐☐ 는 美國 ☐☐ 이었지만, 現在 ☐☐ 디지털 强國 ☐ ☐ 으로 世界市場 ☐☐☐ 을 先導 ☐☐ 하는 것은 韓國 ☐ ☐ 이다. 2006년 現在 ☐☐ 인터넷 人口數 ☐☐ 100名 當 ☐☐ 66명(世界 ☐☐ 3位 ☐), 總 ☐ 3000萬 名 ☐☐ 突破 ☐☐ , 超高速 ☐☐☐ 인터넷 補給律 ☐☐☐ 世界 ☐

情報技術(정보기술) … 뜻 정, 갚을 보, 재주 기, 꾀 술
　　　　　㊇Information Technology ≪IT≫ ㊜じょうほうぎじゅつ

先頭走者(선두주자) … 먼저 선, 머리 두, 달릴 주, 사람 자 ㊇a front-running man ㊜せんとうそうしゃ

强國(강국) … 강할 강, 나라 국 ㊇a strong power ㊜きょうこく

世界市場(세계시장) … 대 세, 지경 계, 저자 시, 마당 장 ㊇the world market ㊜せかい市場

先導(선도) … 먼저 선, 이끌 도 ㊇leadership ㊜せんどう

突破(돌파) … 갑자기 돌, 깨뜨릴 파 ㊇break through ㊜とっぱ

超高速(초고속) … 넘을 초, 높을 고, 빠를 속

□ 1위. 1994년에 인터넷 常用化□□□가 始作□□된 지 10여 년이 지난 至今□□, 世界□□ 속의 堂堂□□한 인터넷 强國□□ 大韓民國□□□□의 模襲□□이다.

그러면 韓國□□이 IT技術□□의 리더가 된 理由□□는 무엇일까? 그것은 IT 技術□□ 인프라, 融通性□□□ 넘치는 社會□□ 雰圍氣□□□, 集中□□과 신바람의 韓國的□□□ 國民性□□□이 있었기 때문이다. 韓國□□이야말로 아날로그 基盤□□에 IT 技術□□이 훌륭하게 接木□□되어 融合□□할 수 있는 3拍子□□를 두루 갖추고 있기 때문이다.

知識情報社會□□□□□□는 나눔의 社會□□이며, 物質□□이 아닌 感動□□을 基本□□으로 한다. 最尖端

常用(상용) … 항상 상, 쓸 용 [영]common[habitual, constant, ordinary] use [일]じょうよう
融通性(융통성) … 화할 융, 통할 통, 성품 성 [영]adaptability [일]ゆうずうせい
雰圍氣(분위기) … 안개 분, 둘레 위, 기운 기 [영]an atmosphere [일]ふんいき
集中(집중) … 모일 집, 가운데 중 [영]concentration [일]しゅうちゅう
基盤(기반) … 터 기, 소반 반 [영]a foundation [일]きばん
接木(접목) … 사귈 접, 나무 목 [영]grafting [일]つぎ木き
融合(융합) … 화할 융, 합할 합 [영]fusion [일]ゆうごう
知識(지식) … 알 지, 알 식 [영]knowledge [일]ちしき;
物質(물질) … 만물 물, 바탕 질 [영]matter [일]ぶっしつ
感動(감동) … 느낄 감, 움직일 동 [영]strong[deep] impression [일]かんどう

디지털 文化는 關係 속에서만 存在의 意味가 있는 雙方의 世界이다. 받는 사람이 없는

▲ 이제 휴대폰은 신체의 일부로까지 인식되고 있다.

휴대폰, 對話 相對가 없는 메신저는 存在할 수 없다. 남과 내가 서로 持續的으로 疏通해야만 비로소 生産, 蓄積될 수 있는 産業이므로, 後期情報社會로 갈수록 雙方向 커뮤니케이션은 重要한 社會的 議題로 作動할 수밖에 없다.

이런 점으로 미뤄 볼 때 雙方의 關係를 重視하는 韓國文化는 情報社會에 엄

最尖端(최첨단) … 가장 최, 뾰족할 첨, 끝 단 ⑬the cutting edge ⑫さいせんたん
對話(대화) … 대답할 대, 말할 화 ⑬conversation ⑫たいわ
相對(상대) … 서로 상, 대답할 대 ⑬facing[confronting] each other ⑫そうたいすること
存在(존재) … 있을 존, 있을 재 ⑬existence ⑫そんざい
疏通(소통) … 트일 소, 통할 통 ⑬mutual understaning ⑫そつう
蓄積(축적) … 쌓을 축, 쌓을 적 ⑬accumulation ⑫ちくせき
重要(중요) … 무거울 중, 구할 요 ⑬importance ⑫じゅうよう
議題(의제) … 의논할 의, 표제 제 ⑬a subject[topic] for discussion ⑫ぎだい
重視(중시) … 무거울 중, 볼 시 ⑬serious consideration ⑫じゅうし

청난 시너지 效果를 發揮할 것으로 보인다. 특히 韓國의 젓가락 精神은 人間關係를 나타내는 정, 믿음, 相互性으로 要約할 수 있다. 그리고 그 技術은 '雜吟'을 排除하지 않고 積極的으로 끌어들여 시스템 自體를 變換시키는 關係技術이라고 定義할 수 있다. 젓가락 文化 속에서 살아온 韓國人은 至今까지의 IT(情報技術)를 RT(關係技術)로 바꿔주는 주된 役割을 할 수 있다. 矛盾을 잘라내기는 쉬워도 그것을 融合하고 調和시키기는 힘들다. 흔히 디지털과 아날로그는 서로 同席할 수

發揮(발휘) ··· 쏠 발, 휘두를 휘 영display 일はっき
關係(관계) ··· 빗장 관, 걸릴 계 영connection 일かんけい
要約(요약) ··· 구할 요, 묶을 약 영a summary 일ようやく
雜吟(잡음) ··· 섞일 잡, 읊을 음 영noises 일ざつおん
排除(배제) ··· 밀칠 배, 섬돌 제 영exclusion 일はいじょ
積極的(적극적) ··· 쌓을 적, 다할 극, 과녁 적 영positive 일せっきょくてき
變換(변환) ··· 변할 변, 바꿀 환 영change 일へんかん
役割(역할) ··· 부릴 역, 나눌 할 영a part 일やくわり
矛盾(모순) ··· 창 모, 방패 순 영contradiction 일むじゅん
調和(조화) ··· 고를 조 화할 화 영harmony 일ちょうわ
同席(동석) ··· 한가지 동, 자리 석 영sit with 일どうせき

없는 것으로 생각하지만, 우리의 言語□□와 文化□□에 녹아 있는 디지로그 情緒□□, 즉 서로 같이 있을 수 없는 것을 하나로 統合□□해 내는 비빔밥의 情緒□□에는 그런 調和□□의 힘이 있다.

最近□□ 들어 '디지로그(digilog)'에 대한 關心□□이 높아지고 있다. '디지로그'는 디지털(digital)과 아날로그(analog)의 合成語□□□이다. 0과 1로 代辯□□되는 디지털 文化□ □ 위에 아날로그적인 感性□□을 입혀 尖端□□ 情報社會□□□□로 나아가자는 캐치프레이즈이기도 하다. 이는 最近□□ 多樣□□한 分野□□에서 注目□□ 받으면서 가히 '디지로그의 돌풍'을 일으키고 있다.

핸드폰 내에서 게임처럼 강아지를 키운다? 手動□□을 닮은 復古風□□□ 디지털 카메라의 販賣□□가 부쩍 늘었다.

情緒(정서) ··· 뜻 정, 실마리 서 ㉠emotion ㉣じょうしょ
合成語(합성어) ··· 합할 합, 이룰 성, 말씀 어 ㉠a compound word ㉣ごうせいご
感性(감성) ··· 느낄 감, 성품 성 ㉠sensitivity ㉣かんせい
注目(주목) ··· 물 댈 주, 눈 목 ㉠attention ㉣ちゅうもく
手動(수동) ··· 손 수, 움직일 동 ㉠hand-operated[-worked] ㉣しゅどう
復古(복고) ··· 돌아올 복, 옛 고 ㉠revival ㉣ふっこ
販賣(판매) ··· 팔 판, 팔 매 ㉠sale ㉣はんばい

自身　　이 원하는 寫眞　　이 찍힌 信用　　카드를 들고 다닌다. 핸드폰에는 FM受信　　機能　　이 追加　　되고, 컴퓨터에는 개개인의 個性　　이 묻어나는 書體　　들이 넘쳐난다. 사람들은 '싸이'를 통해서 關係　　를 맺고 친해지며, 도토리를 膳物　　한다. 이런 것들의 共通點　　은 무엇일까? 바로 디지털의 便利　　함을 利用　　하고 있지만, 아날로그의 感性　　을 最大　　한 살리고 있다는 점이다. 이렇듯 '디지로그'는 알게 모르게 이미 우리의 生活　　깊숙이 자리하고 있다.

　韓國人　　만의 블루오션(blue ocean)인 '디지로그'는 經濟的　　應用戰略　　과 社會的　　統合機能　　, 文化的　　創意力　　, 政治

信用(신용) … 믿을 신, 쓸 용 영confidence 일しんよう
受信(수신) … 받을 수, 믿을 신 영the receipt of a message 일じゅしん
個性(개성) … 낱 개, 성품 성 영personality 일こせい
書體(서체) … 쓸 서, 몸 체 영a style of penmanship 일しょたい
膳物(선물) … 반찬 선, 만물 물 영a present 일プレゼント
共通點(공통점) … 함께 공, 통할 통 영a point of sameness 일きょうつうてん
應用(응용) … 응할 응, 쓸 용 영practical application 일おうよう
戰略(전략) … 싸울 전, 다스릴 략 영strategy 일せんりゃく

先進化 戰略 등 巨大 하고 根本的 인 힘을 통해 21世紀 韓國社會 의 戰略 을 開陳 하고 있다. 이미 '디지로그'는 디지털 技術 의 製品 이나 서비스를 아날로그로 補完 함으로써 새로운 '틈새'의 領域 을 掌握 하면서 社會 , 文化 , 産業 全般 에 큰 흐름을 形成 하고 있다.

이는 IT 强國 만으로, 디지털 技術 의 發展 만으로는 21世紀 를 支配 할 수 없다는 市場 의 깨달음이 反影 된 것이다. 이제 市場 에서도 디지털이 제대로 굴러가기 위해서는 아날로그가 尊重 되고 豊富 해져야 하며, 가장 좋은 디지털이란 感性的 이

先進(선진) … 먼저 선, 나아갈 진 ㉅being advanced ㉕せんしん

根本的(근본적) … 뿌리 근, 밑 본, 과녁 적 ㉅fundamental ㉕こんぽんてき

開陳(개진) … 열 개, 늘어놓을 진 ㉅statement ㉕かいちん

製品(제품) … 지을 제, 물건 품 ㉅manufactured goods ㉕せいひん

補完(보완) … 기울 보, 완전할 완 ㉅repletion ㉕ほかん

領域(영역) … 옷깃 영, 지경 역 ㉅a territory ㉕りょういき

掌握(장악) … 손바닥 장, 쥘 악 ㉅hold ㉕しょうあく

形成(형성) … 모양 형, 이룰 성 ㉅formation ㉕けいせい

反影(반영) … 되돌릴 반, 그림자 영 ㉅a reflection ㉕はんえい

고 따뜻하며 人間的 인 것이어야 한다는 認識 이 中心 에 있다. 情報技術 을 새로운 패러다임으로 比喩 하자면 그것은 液體 도 固體 도 아닌 '空氣' 이다. 共有 는 할 수 있어도 獨占 할 수 없는, 使用 은 해도 없어지지 않고 循環 하는 空氣 의 屬性 이 바로 情報 의 特性 이다. 그러므로 '價値' 는 있어도 '價格' 은 없는 것이 空氣 이며 知識情報 이다. 따라서 知識情報 는 獨占 보다는 나눔이, 競爭 보다는 協力 이, 그리고 閉鎖 보다는 開放 이 于先

豊富(풍부) … 풍성할 풍, 가멸 부 영abundant 일ほうふ

比喩(비유) … 견줄 비, 깨우칠 유 영a figure of speech 일ひゆ

液體(액체) … 진 액, 몸 체 영a liquid 일えきたい

固體(고체) … 굳을 고, 몸 체 영a solid 일こたい

空氣(공기) … 빌 공, 기운 기 영air 일くうき

獨占(독점) … 홀로 독, 차지할 점 영monopoly 일どくせん

循環(순환) … 좇을 순, 고리 환 영circulation 일じゅんかん

屬性(속성) … 엮을 속, 성품 성 영an attribute 일ぞくせい

特性(특성) … 수컷 특, 성품 성 영a special[distinctive] quality 일とくせい

價値(가치) … 값 가, 값 치 영value 일かち

競爭(경쟁) … 겨룰 경, 다툴 쟁 영competition 일きょうそう

協力(협력) … 맞을 협, 힘 력 영cooperation 일きょうりょく

閉鎖(폐쇄) … 닫을 폐, 쇠사슬 쇄 영closing 일へいさ

해야 한다.

그리고 市場의 價格이 아니라 마음의 價値를 먼저 생각하는 시스템의 認識이 무엇보다 必要하다. 그것이 곧 知識情報社會에서 市場을 先占하고, 消費大衆의 心理를 사로잡는 秘法이다. 이미 尖端 디지털 製品에 人間的인 感性과 情緒를 담은 商品 마케팅으로 脚光받고 있는 디지로그는 휴대폰이나 MP3 같은 類型의 最新 資本 市場에서부터, 政治·社會 리더십이나 企業의 매니지먼트, 스포츠 戰略과 같은 無形의 市場에까지 감성 마케팅의 새로운 類型으로 適用되고 있다. 오늘의 무대에서 眞正한 리더가 되기 위해

開放(개방) … 열 개, 놓을 방 ⓔopening ⓙかいほう
消費(소비) … 사라질 소, 쓸 비 ⓔconsumption ⓙしょうひ
秘法(비법) … 숨길 비, 법 법 ⓔa secret method ⓙひほう
脚光(각광) … 다리 각, 빛 광 ⓔspotlight ⓙフットーライト
類型(유형) … 무리 류, 거푸집 형 ⓔa type ⓙるいけい
資本(자본) … 재물 자, 밑 본 ⓔcapital ⓙしほん
無形(무형) … 없을 무, 모양 형 ⓔformless ⓙむけい
眞正(진정) … 참 진, 바를 정 ⓔreally ⓙしんせい

서는 디지털과 아날로그가 합쳐진 디지로그적 時代精神이 必要하다. 最尖端 技術만으로, 最高의 힘과 두뇌만으로, 혹은 單純히 산뜻하고 콤팩트한 外的 이미지만으로는 世界를 리드할 수 없다. 거기에 어떤 컨텐츠를 담고, 어떤 使用者 親和的인 옷(Ware)을 입히는가가 重要하다.

그런 점에서 이어령 教授의 다음과 같은 指摘은 귀담아 듣기에 充分하다.

"젓가락은 構造 自體가 짝으로 되어 있다. 그중 하나만 가지고서는 음식을 집을 수 없다. 두 개가 한데 어우러져야만 비로소 그 機能을 다할 수 있다. IT

▲ 한국 특유의 젓가락 문화

單純(단순) … 홑 단, 생사 순 [영]simplicity [일]たんじゅん
親和(친화) … 친할 친, 화할 화 [영]friendship [일]しんわ
教授(교수) … 가르칠 교, 줄 수 [영]a professor [일]きょうじゅ
指摘(지적) … 손가락 지, 딸 적 [영]pointing out [일]してき
充分(충분) … 찰 충, 나눌 분 [영]sufficient [일]じゅうぶん
構造(구조) … 얽을 구, 지을 조 [영]construction [일]こうぞう
自體(자체) … 스스로 자, 몸 체 [영]oneself [일]じたい

에 관련된 道具□□들은 모두가 젓가락과 같은 페어 시스템으로 되어 있다.……自己□□가 携帶電話□□□□를 가지고 있어도 相對方□□□이 가지고 있지 않다면 自身□□의 所有□□도 함께 否定□□된다. …… 極端的□□□으로 볼 때, 携帶電話□□□□의 所有者□□□는 果然□□ 누구인가? 雙方向□□□ 情報通信□□□□은 所有□□ 自體□□의 모델을 바꿔놓았다. 自己□□ 것이라도 남이 걸어 使用□□하면 그 사람 것이기도 하다.”

▲ 디지털기기의 눈부신 발전

携帶電話(휴대전화) … 끌 휴, 띠 대, 번개 전, 말할 화 [영]a cell(ular) phone [일]けいたでんわい
否定(부정) … 아닐 부, 정할 정 [영]denial [일]ひてい
極端的(극단적) … 다할 극, 끝 단, 과녁 적
果然(과연) … 실과 과, 그럴 연 [영]just as one thought [일]かぜん

先導(선도) … 앞장서서 이끌거나 안내함.

人口數(인구수) … 일정 지역 안에 사는 사람의 수.

超高速(초고속) … 극도로 빠른 속도.

堂堂(당당) … 남 앞에서 내세울 만큼 떳떳한 모습이나 태도.

融通性(융통성) … 금전, 물품 따위를 돌려쓸 수 있는 성질. 그때그때의 사정과 형편을 보아
　　　　일을 처리하는 재주. 또는 일의 형편에 따라 적절하게 처리하는 재주.

基盤(기반) … 기초가 되는 바탕. 또는 사물의 토대.

接木(접목) … 나무를 접붙임. 또는 그 나무. 둘 이상의 다른 현상 따위를 알맞게 조화시킴을
　　　　비유적으로 이르는 말.

最尖端(최첨단) … 가늘고 긴 사물이나 돌출한 곳의 맨 끝 부분. 시대나 유행의 맨 앞.

疏通(소통) … 막히지 아니하고 잘 통함. 뜻이 서로 통하여 오해가 없음.

蓄積(축적) … 지식, 경험, 자금 따위를 모아서 쌓음. 또는 모아서 쌓은 것.

作動(작동) … 기계 따위가 작용을 받아 움직임. 또는 기계 따위를 움직이게 함.

發揮(발휘) … 재능, 능력 따위를 떨치어 나타냄.

排除(배제) … 받아들이지 아니하고 물리쳐 제외함.

積極的(적극적) … 대상에 대한 태도가 긍정적이고 능동적인. 또는 그런 것.

定義(정의) … 어떤 말이나 사물의 뜻을 명백히 밝혀 규정함. 또는 그 뜻.

注目(주목) … 관심을 가지고 주의 깊게 살핌. 또는 그 시선. 조심하고 경계하는 눈으로 살핌.
　　　　또는 그 시선.

復古風(복고풍) … 과거의 모습으로 되돌아간 제도나 풍속. 또는 그런 유행.

應用(응용) … 어떤 이론이나 이미 얻은 지식을 구체적인 개개의 사례나 다른 분야의 일에 적
　　　　용시켜 이용함.

戰略(전략) … 전쟁을 전반적으로 이끌어 가는 방법이나 책략. 전술보다 상위의 개념이다. 정
　　　　치, 경제 따위의 사회적 활동을 하는 데 있어서의 책략.

開陳(개진) … 주장이나 사실 따위를 밝히기 위하여 의견이나 내용을 드러내어 말하거나 글
로 씀.

掌握(장악) … 손안에 잡아 쥔다는 뜻으로, 무엇을 마음대로 할 수 있게 됨을 이르는 말.

比喩(비유) … 어떤 현상이나 사물을 직접 설명하지 아니하고 다른 비슷한 현상이나 사물에
빗대어서 설명하는 일.

液體(액체) … 일정한 부피는 가졌으나 일정한 형태를 가지지 못한 물질. 구성하는 분자나 원
자의 간격이 기체의 경우보다 좁고, 고체에 비하여 응집력이 약하다. 상당히
강한 작용을 서로에게 미치고 있으며, 서로 위치가 끊임없이 바뀌고 결정처럼
정하여진 배열을 하고 있지 않다.

固體(고체) … 일정한 모양과 부피가 있으며 쉽게 변형되지 않는 물질의 상태. 나무, 돌, 쇠,
얼음 따위의 상태이다.

共有(공유) … 두 사람 이상이 한 물건을 공동으로 소유함.

獨占(독점) … 독차지. 개인이나 하나의 단체가 다른 경쟁자를 배제하고 생산과 시장을 지배
하여 이익을 독차지함. 또는 그런 경제 현상.

屬性(속성) … 사물의 특징이나 성질. 사물의 현상적 성질.

資本(자본) … 장사나 사업 따위의 기본이 되는 돈. 상품을 단드는 데 필요한 생산 수단이나
노동력을 통틀어 이르는 말.

親和(친화) … 사이좋게 잘 어울림. 서로 종류가 다른 물질이 화합함. 또는 그 현상.

極端的(극단적) … 길이나 일의 진행이 끝까지 미쳐 더 나아갈 데가 없는. 또는 그런 것. 중
용을 잃고 한쪽으로 크게 치우치는. 또는 그런 것.

果然(과연) … 아닌 게 아니라 정말로. 주로 생각과 실제가 같음을 확인할 때에 쓴다. 결과에
있어서도 참으로.

대안교육(代案敎育)

지난 몇 년 사이 代案敎育 이라는 말이 우리 社會 에 꽤 널리 퍼졌다. 學校 崩壞 니 하는 말들이 떠돌면서 그 對策 을 얘기하는 자리에서 甘草 처럼 登場 하는 것이 代案敎育 이었다. 公敎育 正常化 를 부르짖는 한편에서는 새로운 敎育 의 물꼬를 트는 作業 이 쉼 없이 일어나고 있는 것이 우리 現實 이다. 그러나 새로운 敎育 인 代案敎

代案敎育(대안교육) ⋯ 대신할 대, 책상 안, 가르칠 교, 기를 육
　　　영alternative school 일だいあんきょういく

崩壞(붕괴) ⋯ 무너질 붕, 무너질 괴 영collapse 일ほうかい

對策(대책) ⋯ 대답할 대, 채찍 책 영a measure 일たいさく

甘草(감초) ⋯ 달 감, 풀 초 영licorice root 일カンゾウ

公敎育(공교육) ⋯ 공변될 공, 가르칠 교, 기를 육

正常化(정상화) ⋯ 바를 정, 항상 상, 될 화 영normalization 일せいじょうか

育   이 公敎育   을 拒否   하고 學校敎
育   을 무너뜨리자는 움직임은 결코 아니다. 代案敎
育   이란 學校   안에서든 밖에서든 정말 敎育
      다운 敎育   을 해보자는 것이고, 敎育   의 眞正
      한 公共性   을 實現   하자는 움직임이다.

代案敎育   은 말 그대로 解釋   하자면 制度
      敎育   을 代身   할 수 있는 '또 하나의
(alternative)'敎育   을 가리키는 말이다. 制度敎育
      의 問題點   을 바라보는 視角   이 多樣
      한 만큼 새로운 敎育   의 靑寫眞   도 多樣
      할 것이다. '代案'   은 그 本質   상 열려 있는 것이
므로 '또 하나'의 代案   들은 셀 수 없이 많을 수도 있다. 그

現實(현실) … 나타날 현, 열매 실 영actuality 일げんじつ

拒否(거부) … 막을 거, 아닐 부 영refusal 일きょひ

公共性(공공성) … 공변될 공, 함께 공, 성품 성 영the public 일こうきょうせい

實現(실현) … 열매 실, 나타날 현 영realization 일じつげん

解釋(해석) … 풀 해, 풀 석 영interpretation 일かいしゃく

制度(제도) … 마를 제, 법도 도 영a system 일せいど

問題點(문제점) … 물을 문, 표제 제, 점 점 영the point at issue 일もんだいてん

靑寫眞(청사진) … 푸를 청, 베낄 사, 참 진 영a blueprint 일あおじゃしん

本質(본질) … 밑 본, 바탕 질 영essence 일ほんしつ

러나 그 代案ㅤㅤ이 참된 代案ㅤㅤ이 되려면 우리 삶을 짓

누르는 것이어서는 안 된다는 것, 삶을 꽃피울 수 있도록 돕는 것

이 敎育ㅤㅤ의 根本ㅤㅤ 方向ㅤㅤ이 되어야 한다는 데는

다같이 共感ㅤㅤ할 것이다.

　우리 社會ㅤㅤ에서 이른바 代案敎育ㅤㅤㅤ을 實踐

ㅤㅤ하는 現場ㅤㅤ은 相當ㅤㅤ히 多樣ㅤㅤ한 模襲ㅤ

ㅤ을 띠고 있다. 몇 년 전부터 特性化ㅤㅤㅤ 學校ㅤㅤ라

는 이름으로 定規ㅤㅤ 學校ㅤㅤ 形態ㅤㅤ를 갖춘 代案

ㅤㅤ 中高等學校ㅤㅤㅤㅤㅤ들이 해마다 몇 개씩 새로이

문을 열어 現在ㅤㅤ 20여 개에 이르고 있고, 最近ㅤㅤ에는

初等ㅤㅤ 代案學校ㅤㅤㅤㅤ들도 생겨나기 始作ㅤㅤ하

여 10여 군데가 非認可ㅤㅤㅤ 學校ㅤㅤ로 運營ㅤㅤ되

方向(방향) … 모 방, 향할 향 ㉏direction ㉠ほうこう
共感(공감) … 함께 공, 느낄 감 ㉏sympathy ㉠きょうかん
實踐(실천) … 열매 실, 밟을 천 ㉏practice ㉠じっせん
相當(상당) … 서로 상, 당할 당 ㉏considerable; pretty ㉠そうとう
模襲(모습) … 법 모, 엄습할 습 ㉏features ㉠ようぼう
特性(특성) … 수컷 특, 성품 성 ㉏a special[distinctive] quality ㉠とくせい
定規(정규) … 정할 정, 법 규 ㉏the fixed[established] regulation ㉠せいき
最近(최근) … 가장 최, 가까울 근 ㉏the latest ㉠さいきん
始作(시작) … 처음 시, 지을 작 ㉏the beginning ㉠始はじめること
非認可(비인가) … 아닐 비, 알 인, 옳을 가 ㉏non-confirmation ㉠ひにんか

고 있다. 季節學校□□□나 放課□□ 후 學校□□ 形態□□까지 包含□□하자면 셀 수 없이 많은 學校□□들이 나름대로 代案教育□□□□을 實現□□하고자 애를 쓰고 있다.

　最近□□ 들어서는 아예 學校□□를 벗어나 홈스쿨링(home schooling)을 試圖□□하는 家庭□□들도 눈에 띄게 늘고 있다. '教育□□=學校教育□□□□'이라는 固定觀念□□□□을 깨고 삶이 곧 教育□□이라는 새로운 패러다임을 生活□ 속에서 實踐□□하는 이들이다. 물론 홈스쿨러(homeschooler) 가운데는 學校教育□□□□ 方式□□을 그대로 집에서 踏襲□□하는 境遇□□도 있긴 하다.

▲ 간디학교를 다룬 책의 표지

季節(계절) ··· 끝 계, 마디 절 ㉐a season ㉑きせつ
放課(방과) ··· 놓을 방, 매길 과 ㉐dismissal of a class ㉑ほうか
包含(포함) ··· 쌀 포, 머금을 함 ㉐inclusion ㉑ほうがん
試圖(시도) ··· 시험할 시, 그림 도 ㉐an attempt ㉑しと
固定觀念(고정관념) ··· 굳을 고, 정할 정, 볼 관, 생각할 념 ㉐a fixed idea ㉑こてい念
踏襲(답습) ··· 밟을 답, 엄습할 습 ㉐following ㉑とうしゅう

學校□□ 안이든 밖이든 삶과 동떨어진 敎育□□은 이미 敎育□□이 아니라는 것을 自覺□□ 한 이들은 새로운 敎育 文化□□□를 만들어가고 있다. 홈스쿨링은 이미 世界的 □□□으로 擴散□□되고 있는 새로운 敎育□□ 潮流 □□이지만, 事實上□□□ 人類□□ 歷史上□□□ 가장 오래된 敎育□□ 形態□□이기도 하다.

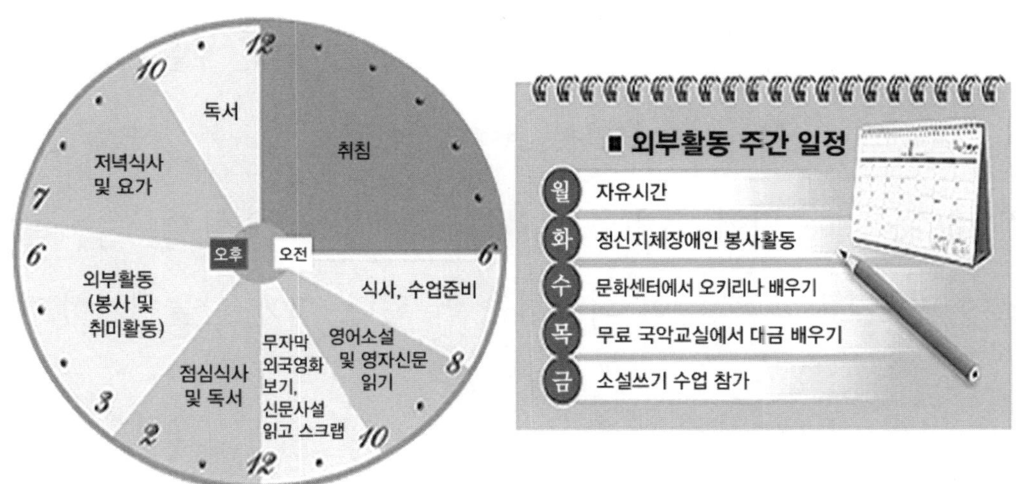

▲ 홈스쿨러 김수민 양의 하루 일정표

境遇(경우) … 지경 경, 만날 우 영circumstances 일ばあい
自覺(자각) … 스스로 자, 깨달을 각 영consciousness 일じかく
擴散(확산) … 넓힐 확, 흩을 산 영spread(ing) 일かくさん
潮流(조류) … 조수 조, 흐를 류 영the tide 일ちょうりゅう

産業 社會의 일꾼을 길러내거나 國家의 充實한 新民을 길러내기 위해 2백여 년 전에 企劃된 近代 學校 制度가 脫産業社會에 접어들면서 그 意味를 잃어가고 있는 徵候가 곳곳에서 나타나고 있다. 事實上 代案敎育이란 것도 現代 文明의 病弊를 克服하고자 나타난 多樣한 代案 運動의 延長線에서 봐야 할 것이다. 모든 代案 運動들이 그러하듯 代案敎育이란 것도 잘 包裝되어 敎育 슈퍼마켓 陳列欌에 놓여 있는 商品이 되어서는 안 된다. 함께 만들어가야 하

充實(충실) … 찰 충, 열매 실 [영]substantiality [일]じゅうじつ
企劃(기획) … 꾀할 기, 그을 획 [영]planning [일]きかく
脫産業化(탈산업화) … [영]overcome the industrialization [일]だつさんぎょうか
徵候(징후) … 부를 징, 물을 후 [영]a symptom [일]ちょうこう
現代(현대) … 나타날 현, 대신할 대 [영]the present age [일]げんだい
病弊(병폐) … 병 병, 해질 폐 [영]an evil [일]びょうへい
克服(극복) … 이길 극, 옷 복 [영]overcome [일]こくふく
運動(운동) … 돌 운, 움직일 동 [영]movement [일]うんどう
延長線(연장선) … 끌 연, 긴 장, 줄 선 [영]an extension (line) [일]えんちょうせん
包裝(포장) … 쌀 포, 꾸밀 장 [영]packing [일]ほうそう
陳列欌(진열장) … 늘어놓을 진, 벌릴 열, 장롱 장 [영]a showcase [일]ちんれつだな

는 것, 그 本質   에서 完成品   이 아니라 未完成品

          이라는 事實   을 놓쳐서는 안 될 것이다. 새로

운 敎育   , 새로운 社會   는 現在   進行形

     이며, 모든 '代案'   이라는 것은 그런 '過程'   의 意

味   로서 받아들여야 할 것이다.

     學校   든 家庭   이든 社會   의 一部   일 뿐

이며, 社會   의 影響   으로부터 결코 自由   롭지

못하다. 事實上   敎育   이라는 것은 따로 存在

     하지 않으며 社會   의 모든 問題   들이 敎育

問題   이기도 한 셈이다. 社會   를 만드는 것이 우리들

모두이고 보면, 結局   問題   解決   의 진정한

열쇠는 아이들을 어떻게 敎育   할 것인가가 아니라 우리 모

完成品(완성품)… 완전할 완, 이룰 성, 물건 품 영a finished product 일かんせいもの
未完成品(미완성품)… 아닐 미, 완전할 완, 이룰 성, 둘건 품 영a unfinished product 일みかんせい
事實(사실)… 일 사, 열매 실 영really 일じじつ
進行形(진행형)… 나아갈 진, 갈 행, 모양 형 영the progressive form 일しんこうけい
過程(과정)… 지날 과, 단위 정 영process 일かてい
影響(영향)… 그림자 영, 울릴 향 영influence 일えいきょう
存在(존재)… 있을 존, 있을 재 영existence 일そんざい
結局(결국)… 맺을 결, 판 국 영conclusion; close 일けっきょく
解決(해결)… 풀 해, 터질 결 영solution 일かいけつ

두가 어떻게 사는가 하는 데 있다. 우리의 日常   속에 배어

있는 競爭   至上主義   , 出世主義

, 暴力性   을 克服   하지 못한다면 아무리 새로

운 敎育   方法   을 찾는다 해도 結果   는 마찬가

지일 것이다.

  敎育   問題   라는 것이 따로 있지 않으며 우리 삶의

모든 순간순간이 敎育   이 이루어지는 때임을 깨닫는다면

우리가 살아가는 모든 空間   과 時間   이 곧 敎育

  의 現場   이 될 수 있을 것이다. 참된 敎育   이란 누

가 누구를 가르치는 그런 一方的   인 것이 아니라, 서로

의 關係   로부터 서로가 배우는 것이다. 무엇보다 父母

  와 敎師   는 스스로 자신을 再敎育   할 必要

競爭(경쟁) … 겨룰 경, 다툴 쟁 圏competition 囲きょうそう

至上主義(지상주의) … 이를 지, 위 상, 주인 주, 뜻 의

暴力性(폭력성) … 사나울 폭, 힘 력, 성품 성 圏aggression 囲ぼうりょくせい

結果(결과) … 맺을 결, 실과 과 圏result 囲けっか

空間(공간) … 빌 공, 틈 간 圏space 囲くうかん

時間(시간) … 때 시, 틈 간 圏an hour 囲じかん

關係(관계) … 빗장 관, 걸릴 계 圏connection 囲かんけい

敎師(교사) … 가르칠 교, 스승 사 圏a teacher 囲きょうし

再敎育(재교육) … 두 재, 가르칠 교, 기를 육 圏reeducation 囲さいきょういく

□가 있다. 父母□□ 노릇 教師□□ 노릇을 제대로 하기 위해, 아니 그보다도 自身□□을 위해서 그렇게 해야 한다. 結局□□ 함께 배우고 함께 成長□□하는 것이다.

▲ 사회문제에도 관심을 갖는 간디학교 아이들

必要(필요) … 반드시 필, 구할 요 [영]necessity [일]ひつよう
成長(성장) … 이룰 성, 길 장 [영]growth [일]せいちょう

代案敎育(대안교육) ··· 영국의 교육가 A.S.닐이 1921년 설립한 서머힐(Summer hill), I.일리치가 제창한 탈학교교육(deschooling) 등이 있다. 1960년대 후반 미국에서 일어난 자유학교(free school)·개방학교(open school) 등으로 불리는 학교교육개선의 영위(營爲)를 가리킨다.

甘草(감초) ··· 어느 일이나 사건에 끼어들어 앞장서서 해결사 노릇을 하며 잘난 체 하는 사람 또는 능력이 탁월한지 어쩐지는 몰라도 성격이 남 앞에 잘 나서는 이런 사람을 일컬을 때 사용하는 용어이다.

公敎育(공교육) ··· 공적인 재원(財源)에 의하여 이루어지는 교육. 국가 기관이나 지방 공공단체가 관리하고 운영하는 국립 학교 교육과 공립학교 교육이 있다.

公共性(공공성) ··· 한 개인이나 단체가 아닌 일반 사회 구성원 전체에 두루 관련되는 성질.

解釋(해석) ··· 문장이나 사물 따위로 표현된 내용을 이해하고 설명함. 또는 그 내용. 사물이나 행위 따위의 내용을 판단하고 이해하는 일. 또는 그 내용.

靑寫眞(청사진) ··· 미래에 대한 희망적인 계획이나 구상. '미래상'.

最近(최근) ··· 얼마 되지 않은 지나간 날. 거리 따위가 가장 가까움.

非認可(비인가) ··· 인정하여 허가하지 아니함.

放課(방과) ··· 그날 하루에 하도록 정해진 학과(學科)가 끝남. 또는 학과를 끝냄.

固定觀念(고정관념) ··· 잘 변하지 아니하는, 행동을 주로 결정하는 확고한 의식이나 관념. 어떤 집단의 사람들에 대한 단순하고 지나치게 일반화된 생각들.

踏襲(답습) ··· 예로부터 해 오던 방식이나 수법을 좇아 그대로 행함.

擴散(확산) ··· 흩어져 널리 퍼짐. 서로 농도가 다른 물질이 혼합될 때 시간이 지나면서 차츰 같은 농도가 되는 현상. '퍼짐'.

歷史上(역사상) ··· 역사에 나타나 있는 바.

産業(산업) ··· 인간의 생활을 경제적으로 풍요롭게 하기 위하여 재화나 서비스를 창출하는 생산적 기업이나 조직. 농업·목축업·임업·광업·공업을 비롯한 유형물(有形物)의 생산 이외에 상업·금융업·운수업·서비스업 따위와 같이 생산에 직접 결부되지 않으나 국민 경제에 불가결한 사업도 포함한다.

徵候(징후) … 겉으로 나타나는 낌새.

文明(문명) … 인류가 이룩한 물질적, 기술적, 사회 구조적인 발전. 자연 그대로의 원시적 생활에 상대하여 발전되고 세련된 삶의 양태를 뜻한다. 흔히 문화를 정신적·지적인 발전으로, 문명을 물질적·기술적인 발전으로 구별하기도 하나 그리 엄밀히 구별할 수 있는 것은 아니다.

病弊(병폐) … 병통과 폐단을 아울러 이르는 말.

延長線(연장선) … 어떤 일이나 현상, 행위 따위가 계속하여 이어지는 것.

進行形(진행형) … 움직임이 계속됨을 나타내는 동사 시제의 형태.

至上主義(지상주의) … {일정한 명사 뒤에 쓰여} 그 명사가 가리키는 것을 가장 으뜸으로 삼는 주의.

暴力性(폭력성) … 폭력의 내용이 담긴 성질. 또는 폭력을 불러일으키게 하는 성질.

▲ 냇가에서 마음껏 뛰노는 아이들

제4강

월드컵과 응원 문화

월드컵 蹴球大會□□□□는 全□ 世界人□□□의 祝祭□□이다.

韓國□□은 2002년 월드컵에서 主催國□□□인 同時□□에 世界□□ 4强□에 드는 異變□□의 主人公□□□이 됨으로써 國內外□□□에 월드컵 熱氣□□를 더욱 高潮□□시켰다. 4년 뒤 열린 2006 獨逸□□ 월드컵에서 韓

蹴球(축구) … 찰 축, 공 구 [영]soccer [일]サッカー
祝祭(축제) … 빌 축, 제사 제 [영]a festival [일]しゅくさい
主催國(주최국) … 주인 주, 재촉할 최, 나라 국 [영]the host nation [일]しゅさいこく
異變(이변) … 다를 이, 변할 변 [영]an accident [일]いへん
主人公(주인공) … 주인 주, 사람 인, 공변될 공 [영]a hero; a heroine [일]しゅじんこう
國內外(국내외) … 나라 국, 안 내, 바깥 외 [영]the inside and outside of the country [일]こくないと外こくがい
熱氣(열기) … 더울 열, 기운 기 [영]heat [일]ねっき
高潮(고조) … 높을 고, 조수 조 [영]an uprush [일]こうちょう

國   代表   팀이 비록 16强   進出   에는 失敗

        했지만, 월드컵이 韓國   社會   와 文化界

       에 미친 直間接的   인 影響   은 여전히

莫强   했다.

　스포츠에 있어서 다른 나라에 비해 韓國   만의 特徵

     이라고 한다면 斷然   獨特   한 應援文化

     를 꼽을 수 있다. 월드컵 期間   동안 온 나라가 붉은

물결로 뒤덮였으며 學生   과 職場人   들은 새벽에

열리는 競技   를 보기 위해 밤을 꼬박 새고, '월드컵 廢人'

     이라는 新造語   까지 생길 정도로 應援   熱

獨逸(독일) … 홀로 독, 달아날 일 ㉠Germany ㉺ドイツ
代表(대표) … 대신할 대, 겉 표 ㉠representation ㉺だいひょう
進出(진출) … 나아갈 진, 날 출 ㉠advance ㉺しんしゅつ
失敗(실패) … 잃을 실, 깨뜨릴 패 ㉠a failure ㉺しっぱい
直間接的(직간접적) … ㉠directness and indirectness ㉺ちょくせつ間接
影響(영향) … 그림자 영, 울림 향 ㉠influence ㉺えいきょう
莫强(막강) … 없을 막, 굳셀 강 ㉠be mighty ㉺くっきょう
特徵(특징) … 수컷 특, 부를 징 ㉠a special[distinctive] feature ㉺とくちょう
斷然(단연) … 끊을 단, 그러할 연 ㉠decisively ㉺だんぜん
獨特(독특) … 홀로 독, 수컷 특 ㉠unique ㉺どくとく
期間(기간) … 기약할 기, 틈 간 ㉠a period (of time) ㉺きかん
職場(직장) … 벼슬 직, 마당 장 ㉠one's place of work ㉺しょくば
競技(경기) … 겨룰 경, 재주 기 ㉠a game ㉺きょうぎ

氣　　가 뜨거웠다. 特　히, 蹴球　　競技　　가 열리는 날이면 數萬　　의 市民　　이 한자리에 모여 大韓民國　　　　을 외쳤다. 붉은 옷을 입은 수많은 市民　　들이 市廳　　앞 廣場　　에 모였다.

‘대~한민국!’ ‘대~한민국!’ ‘오~필승 코리아!’

“대~한민국, 짜짜짠 짠짠.”하고 손뼉을 치며 秩序整然　　　　하게 應援　　을 하였다. 이것은 分明　　2002년 以前　　에는 볼 수 없었던 成熟　　한 應援　　文化　　의 한 斷面　　이었다.

廢人(폐인) … 폐할 폐, 사람 인 옝a disabled person 일はいじん

新造語(신조어) … 새 신, 지을 조, 말씀 어 옝a (newly-)coined word 일しんご

大韓民國(대한민국) … 큰 대, 나라 이름 한, 백성 민, 나라 국 옝the Republic of Korea ≪ROK≫
　　일だいかんみんこく

市廳(시청) … 저자 시, 관청 청 옝the city hall 일しちょう

廣場(광장) … 넓을 광, 마당 장 옝a square 일ひろば

秩序整然(질서정연) … 차례 질, 차례 서, 가지런할 정, 그럴 연 옝be in perfect[systematic] order
　　일秩序ある行動

以前(이전) … 써 이, 앞 전 옝former times 일いぜん

成熟(성숙) … 이룰 성, 익을 숙 옝maturation 일せいじゅく

斷面(단면) … 끊을 단, 낯 면 옝a section 일だんめん

▲ 2002한일월드컵 응원전

韓國⬚⬚의 獨特⬚⬚한 應援文化⬚⬚⬚는 海外⬚⬚에도 傳達⬚⬚되어 韓國⬚⬚을 알리는 새로운 韓流⬚⬚코드가 되었다. <로스앤젤레스 타임스(LA TIMES)>는 서울發⬚ 記事⬚⬚에서 "새벽 4시에 벌어지는 競技⬚⬚를 應援⬚⬚하기 위해 온 家族⬚⬚이 페이스 페인팅을 하고 반짝이는 헤드밴드의 붉은 惡魔⬚⬚ 服裝⬚⬚에 各種⬚⬚

傳達(전달) … 전할 전, 통달할 달 영delivery 일でんたつ
惡魔(악마) … 악할 악, 마귀 마 영an evil spirit 일あくま
服裝(복장) … 옷 복, 꾸밀 장 영dress 일ふくそう
各種(각종) … 각각 각, 씨 종 영every kind 일かくしゅ

應援道具를 든 채 거리로 쏟아져 나오는 場面을 經驗할 수 있는 곳이 韓國"이라고 紹介했다. 그 당시의 뜨거웠던 應援 文化를 스위스의 한 일간지는 韓國과 프랑스의 競技 때 獨逸 라이프치히를 찾은 韓國 應援團을 紹介하며 "蹴球應援 월드컵이 열린다면 韓國이 强力한 優勝候補"라고 報道했을 정도였다. 이러한 韓國의 成熟한 應援文化는 外國의 또 다른 應援文化인 훌리건과 克明하게 對比되어 世界 言論의 注目과 讚辭를 받았다.

道具(도구) … 길 도, 갖출 구 [영]a tool [일]どうぐ
場面(장면) … 마당 장, 낯 면 [영]a scene [일]ばめん
紹介(소개) … 이을 소, 끼일 개 [영]introduction [일]しょうかい
應援團(응원단) … 응할 응, 당길 원, 둥글 단 [영]a cheering party [일]おうえんだん
强力(강력) … 굳셀 강, 힘 력 [영]strong [일]きょうりょく
優勝(우승) … 넉넉할 우, 이길 승 [영]a victory [일]ゆうしょう
候補(후보) … 물을 후, 기울 보 [영]candidature [일]こうほ
報道(보도) … 갚을 보, 길 도 [영]news [일]ほうどう
克明(극명) … 이길 극, 밝을 명 [영]making ≪a matter≫ clear [일]こくめい
對比(대비) … 대답할 대, 견줄 비 [영]comparison [일]たいひ
讚辭(찬사) … 기릴 찬, 말 사 [영]a praise [일]さんじ

2002년 월드컵의 應援   은 主   로 네티즌(netizen)을 中心   으로 결성된 젊은이들의 自生的   인 文化   였다. ‘붉은 악마’라고 命名   된 應援   組織   이 네티즌을 中心   으로 온라인 上   에서 結成   되었다. 이제는 월드컵 공식 응원부대가 된 ‘붉은 악마’의 마스코트는 蚩尤   이다. 치우는 倍達國   14대 임금(B.C. 2707~2599)으로 알려졌다. 겨레의 상징인 치우를 상징한 붉은 악마를 가슴에 그린 붉은 악마 응원단들은 體系的   인 應援   文化   를 形成   하는 데 主導的   인 役割   을 하였다. 젊은이들은 韓國   의 오랜 冷戰時代   의 雰圍氣   에서 벗어나 個人   의 表現   欲求   를 마음껏 發散   하면서도 集團的

自生(자생) ··· 스스로 자, 날 생 영autogenesis
命名(명명) ··· 목숨 명, 이름 명 영naming 일名付こと
組織(조직) ··· 끈 조, 짤 직 영organization 일そしき
結成(결성) ··· 맺을 결, 이룰 성 영formation 일けっせい
體系的(체계적) ··· 몸 체, 이을 계, 과녁 적 영systematic 일たいけいてき
主導的(주도적) ··· 주인 주, 이끌 도, 과녁 적 영lead 일しゅどうてき
冷戰時代(냉전시대) ··· 찰 냉, 싸울 전, 때 시, 대신할 대 영an age of a cold war일れいせんじだい
雰圍氣(분위기) ··· 안개 분, 둘레 위, 기운 기 영an atmosphere 일ふんいき
表現(표현) ··· 겉 표, 나타날 현 영expression 일ひょうげん
欲求(욕구) ··· 하고자할 욕, 구할 구 영desire 일よっきゅう

□□인 凝集力□□□을 發揮□□, 새로운 共同體□□□□ 文化□□를 만들어낼 수 있는 可能性□□□을 거리 應援□□에서 發見□□했다. 이런 雰圍氣□□□가 造成□□되자 應援□□을 支援□□하기 위해 地下鐵□□□이 延長運行□□□□하고 各種□□ 演劇□과 展示□□ 등이 公演時間□□□□을 맞추거나 開館時間□□□□을 延長□□하는 등 월드컵 應援□□에 모든 社會的□□□인 時間表□□□를 맞추는 現狀□□이 連鎖的□□□으로 일어나게 되었다.

發散(발산) … 쏠 발, 흩을 산 영diffusion 일はっさん
集團(집단) … 모일 집, 둥글 단 영a group 일しゅうだん
凝集力(응집력) … 엉길 응, 모일 집, 힘 력 영cohesive power 일ぎょうしゅうりょく
發揮(발휘) … 쏠 발, 휘두를 휘 영display; exhibition 일はっき
共同體(공동체) … 함께 공, 한가지 동, 몸 체 영groups[nations] sharing a common destiny 일きょうどうたい
造成(조성) … 지을 조, 이룰 성 영make일ぞうせい
支援(지원) … 가를 지, 당길 원 영support 일しえん
地下鐵(지하철) … 땅 지, 아래 하, 쇠 철 영the subway 일ちかてつ
延長(연장) … 끌 연, 긴 장 영extension 일えんちょう
運行(운행) … 돌 운, 갈 행 영operation 일うんこう
演劇(연극) … 멀리 흐를 연, 연극 극 영a drama 일えんげき
展示(전시) … 펼 전, 보일 시 영exhibition 일てんじ
開館(개관) … 열 개, 객사 관 영the opening of a hall 일かいかん
時間表(시간표) … 때 시, 틈 간, 겉 표 영a timetable 일じかんひょう
連鎖的(연쇄적) … 잇닿을 연, 쇠사슬 쇄, 과녁 적 영consecutive일くさりのようにつながっていること

2002년에 처음 선보인 붉은 惡魔□□들의 거리 應援□□

은 2006년 獨逸□□ 월드컵에서도 男女老少□□□□와

地域□□, 貧富□□를 莫論□□하고 마음을 터놓고 어울

리는 國民統合□□□□과 祝祭□□의 場□으로 변모했

다. 文化藝術界□□□□□는 2002년 韓日□□ 월드컵

의 學習效果□□□□를 十分

□□ 되살려 월드컵 코드에 맞춘

公演□□·展示□□·出版物

□□□들을 쏟아내 重要□□

한 文化□마케팅의 素材□

□로 活用□□했다.

하지만 월드컵에 대한 關心□

□이 過熱□□되면서 一角□

▲ 월드컵을 소재로 활용한 마케팅의 예

莫論(막론) … 없을 막, 논할 논 圏go without question 圄;…(に)係なく

統合(통합) … 큰 줄기 통, 합할 합 圏unity 圄とうごう

學習效果(학습효과) … 배울 학, 익힐 습, 본받을 효, 실과 과 圏studying effect 圄がくしゅうの果

出版物(출판물) … 날 출, 널 판, 만물 물 圏a publication 圄しゅっぱんぶつ

重要(중요) … 무거울 중, 구할 요 圏importance 圄じゅうよう

素材(소재) … 흴 소, 재목 재 圏matter 圄そざい

活用(활용) … 살 활, 쓸 용 圏practical use 圄かつよう

□에서는 憂慮□□의 목소리도 나왔다.

월드컵이 끝난 뒤에도 사람들은 월드컵 後遺症□□□에서 쉽사리 빠져 나오지 못하고 現實□□에 適應□□하지 못하는 境遇□□가 생기기도 하였다. 또한 월드컵 後遺症□□□으로 苦生□□하는 사람들 때문에 生業□□에 支障□□을 받는 等□ 副作用□□□이 만만치 않아짐으로써 이는 社會的□□□ 問題□□로 發展□□되기에 이르렀다.

그러나 이런 많은 월드컵 副作用□□□에도 불구하고 월드컵은 한국에 새로운 文化的□□□ 革命□□을 일으켰다. 그간 상대적으로 應援文化□□□□에 소외되었던 수많은 여성들이 응원전에 활발하게 參與□□하게 되었다. 억눌렸던 欲求□□를 發散□□할 기회가 상대적으로 적었던 여성들이 월드컵 응원에 적극 나섬으로써 자신들의 欲求□□를 表出□□할 수 있는 계기가 되었던 것이다. 또한 어른, 아이, 남녀 노소

關心(관심) … 빗장 관, 마음 심 [영]concern [일]かんしん
過熱(과열) … 지날 과, 더울 열 [영]overheating [일]かねつ
一角(일각) … 한 일, 뿔 각 [영]a corner [일]いっかく
憂慮(우려) … 근심할 우, 생각할 려 [영]worry [일]ゆうりょ
後遺症(후유증) … 뒤 후, 끼칠 유, 증세 증 [영]a sequela [일]こういしょう
參與(참여) … 간여할 참, 줄 여 [영]participation [일]さんよ

할 것 없이 한데 어울려 춤추고 노래하는 肯定的 인 응원 문화가 定着 된 것이다. 外國 에까지 알려진 붉은 악마가 내지르는 '대~한민국' 함성 소리는 우리나라 이름 대한민국(KOREA)을 자랑스럽고 親近 한 것으로 바꿔놓았다.

그러나 월드컵은 祝祭 일 뿐이다. 世界人 의 祝祭 에 스스로 나서서 맘껏 즐기고 參與 하는 붉은 惡魔 와 市民 들의 應援 模襲 은 그래서 더 感動的 이었다. 그 어마어마한 應援 人口數 는 물론이거니와, 秩序整然 하면서도 攻擊的 이지 않은 應援模襲 에 전세계인의 놀라움과 讚辭 가 쏟아진 것은 어찌보면 當然 한 結果 였다. 世界 의 祝祭 , 월드컵을 祝祭 그 自體 로 즐기는 韓國人 의 應援 文化 가 韓國 의 또다른 底力 을 보여주었다.

感動的(감동적) … 느낄 감, 움직일 동, 과녁 적 [영]impressive [일]かんどうてき
攻擊(공격) … 칠 공, 부딪칠 격 [영]an attack [일]こうげき
當然(당연) … 당할 당, 그러할 연 [영]proper [일]とうぜん
結果(결과) … 맺을 결, 실과 과 [영]result [일]けっか
自體(자체) … 스스로 자, 몸 체 [영]oneself [일]じたい
底力(저력) … 밑 저, 힘 력 [영]latent[potential] energy [일]そこぢから

祝祭(축제) … 축하하여 벌이는 큰 규모의 행사. '잔치', '축전'. 축하와 제사를 통틀어 이르는 말.

異變(이변) … 예상하지 못한 사태나 괴이한 변고.

文化界(문화계) … 문화와 관계되는 사회적 분야.

特徵(특징) … 다른 것에 비하여 특별히 눈에 뜨이는 점.

斷然(단연) … 확실히 단정할 만하게.

文化(문화) … 자연 상태에서 벗어나 일정한 목적 또는 생활 이상을 실현하고자 사회 구성원에 의하여 습득, 공유, 전달되는 행동 양식이나 생활양식의 과정 및 그 과정에서 이룩하여 낸 물질적·정신적 소득을 통틀어 이르는 말. 의식주를 비롯하여 언어, 풍습, 종교, 학문, 예술, 제도 등을 아울러 말한다.

廢人(폐인) … 어떤 것에 아주 중독돼 일상생활에 심각한 지장을 받는 사람을 비유적으로 이르는 말. 인터넷이나 게임에 중독되어 그로 인해 사회 생활을 못 할 정도로 몸을 망친 사람.

韓流(한류) … 1996년 한국의 텔레비전 드라마가 중국에 수출되고, 2년 뒤에는 가요 쪽으로 확대되면서 중국에서 한국 대중문화의 열풍이 일기 시작하였다. 한류는 중국에서 일고 있는 이러한 한국 대중문화의 열기를 표현하기 위해 2000년 2월 중국 언론이 붙인 용어이다. 이후 한국 대중문화의 열풍은 중국뿐 아니라 타이완·홍콩·베트남·타이·인도네시아·필리핀 등 동남아시아 전역으로 확산되었다. 특히 2000년 이후에는 드라마·가요·영화 등 대중문화만이 아니라 김치·고추장·라면·가전제품 등 한국 관련 제품의 이상적인 선호현상까지 나타났는데, 포괄적인 의미에서는 이러한 모든 현상을 가리켜 한류라고 한다.

붉은 惡魔(악마)[Red devil] … 붉은악마는 한국 국가대표 축구팀 서포터스(supporters)의 이름. '붉은악마'란 이름은 83년 멕시코 세계청소년 축구대회에서 우리나라가 4강에 오르며 전세계를 깜짝 놀라게 했을 당시 외국 언론들이 우리 대표팀을 '붉은 악령' 등으로 지칭한 데서 비롯됐다. 붉은악마를 상징하는 깃발은 '치우천왕기(蚩尤天王旗)'로, 치우천왕은 환인의 후손인 환웅천왕이 건국한 배달국(倍達國)의 제14대 천왕. 환단고기(桓檀古記)에 의하면 2707년에 즉위해 109

년간 나라를 통치했던 왕으로 전쟁의 신을 상징한다.

經驗(경험) … 자신이 실제로 해 보거나 겪어 봄. 또는 거기서 얻은 지식이나 기능.

報道(보도) … 대중 전달 매체를 통하여 일반 사람들에게 새로운 소식을 알림. 또는 그 소식.

自生(자생) … 자기 자신의 힘으로 살아감. 저절로 나서 자람.

▲ 붉은 악마 로고

命名(명명) … 사람, 사물, 사건 등의 대상에 이름을 지어 붙임.

蚩尤(치우) … 환인의 후손인 환웅천왕이 건국한 배달국(倍達國)의 제14대 천왕. 환단고기(桓檀古記)에 의하면 2707년에 즉위해 109년간 나라를 통치했던 왕으로 전쟁의 신을 상징한다. 나중에 치우의 강인한 인상과 믿음이 해학적으로 표현하면서 도깨비처럼 전하게 되었다. 따라서 고대 왕릉, 기와, 민담 등에 나타나는 도깨비 문양은 귀신인 도깨비가 아니라 용감하고 매서운 인상을 지닌 '치우' 환웅을 표현한 것이다.

倍達國(배달국) … 환인의 후손인 환웅천왕이 건국한 나라.

組織(조직) … 공동의 목표를 달성하기 위해 형성된 분업과 통합의 활동체계를 갖춘 사회적 단위(social unit)를 말한다.

體系的(체계적) … 일정한 원리에 따라서 낱낱의 부분이 짜임새 있게 조직되어 통일된 전체를 이루는. 또는 그런 것.

雰圍氣(분위기) … 지구를 둘러싸고 있는 기체. 그 자리나 장면에서 느껴지는 기분. 주위를 둘러싸고 있는 상황이나 환경.

發散(발산) … 감정 따위가 밖으로 퍼져서 흩어지게 함. 냄새, 빛, 열 따위가 사방으로 퍼져 나감.

凝集力(응집력) … 어떤 단체나 조직에 속하는 구성원들을 통합하는 힘.

共同體(공동체) … 생활이나 행동 또는 목적 따위를 같이하는 집단. 공동 사회.

發見(발견) … 미처 찾아내지 못하였거나 아직 알려지지 아니한 사물이나 현상, 사실 따위를 찾아냄.

演劇(연극) … 배우가 각본에 따라 어떤 사건이나 인물을 말과 동작으로 관객에게 보여 주는 무대 예술. 남을 속이기 위하여 꾸며 낸 말이나 행동.

男女老少(남녀노소) … 남자와 여자, 늙은이와 젊은이이란 뜻으로, 모든 사람을 이르는 말.

莫論(막론) … 이것저것 따지고 가려 말하지 아니하다.

十分(십분) … 아주 충분히.

出版物(출판물) … 팔거나 퍼뜨릴 목적으로 인쇄한 서적이나 회화 따위를 통틀어 이르는 말.

後遺症(후유증) … 어떤 병을 앓고 난 뒤에도 남아 있는 병적인 증상. 뇌졸중에서의 수족 마비, 뇌염에서의 정신적·신체적 장애 따위이다. 어떤 일을 치르고 난 뒤에 생긴 부작용.

人口數(인구수) … 일정 지역 안에 사는 사람의 수.

底力(저력) … 속에 간직하고 있는 든든한 힘.

▲ 국가대표 축구 경기 장면

한류(韓流)의 중심, TV를 읽다 1

겨울 연가

‖ 등장 인물을 통해본 줄거리 ‖

❖ 강준상 : 배용준

피아니스트인 강미희의 아들. 갸름하고 창백한 얼굴에는 항상 신경질어린 우수(憂愁)와 차갑게 일렁이는 눈빛, 그리고 태생적(胎生的)인 비극(悲劇)의 슬픔이 묻어 있다. 아버지를 찾아 자신의 존재를 확인받기 의해 전학 간 춘천(春川)의 제일고등학교에서 준상은 유진과 상혁이라는 아이들을 운명적(運命的)으로 만나게 된다. 자신의 아버지가 상혁의 아버지라고 생각한 준상은 상혁과 김진우에 대한 애증(愛憎)에 방황하면서도 유진과의 사랑에 위안(慰安)을 받는다. 그러던 준상은 사소한 오해(誤解)로 인해 자신의 아버지가 유진의 아버지였다고 착각(錯覺)하고는 충격(衝擊)을 받는다. 감당할 수 없는 절망감(絶望感)을 안고 춘천을 떠나려던 준상은 교통사고(交通事故)를 당하게 된다.

❖ 이민형 : 배용준

10년 후 유진 앞에 나타나는 준상과 외모(外貌)가 똑같은 남자. 세운그룹에 속해 있는 "화이트"스키장의 책임자(責任者)이지만 드러내놓고 행동하지 않는다. 회사에 속해 있는 건설회사의 대표로 스키장 리노베이션 관계로 유진과 운명적인 만남을 갖게 된다. 부유(富裕)한 재미교포 2세에 탁월한 능력과 다정다감(多情多感)한 행동은 여자들의 호감(好感)을 사는 데 너무나 당연한 조건들이다. 때문에 민형은 자신을 향해 다가오는 말초적(末梢的)인 즐거움을 즐기는 것에

어떠한 거부감(拒否感)도 느끼지 않는다. 유진과는 처음 만났을 때부터 알 수 없는 오해와 사소한 충돌(衝突)로 틀어지게 되지만 함께 일하면서 민형은 자신도 모르게 유진에게 점점 이끌리게 된다.

❖ **정유진** : 최지우

고등학교 때의 유진은 밝고 명랑한 성격에 정의(正義)로움까지 갖춘 여자아이였다. 아버지를 일찍 여의고 어려운 생계(生計)를 책임진 어머니, 어린 여동생과 어렵게 살고 있지만 항상 웃음을 잃지 않았었다. 거기에는 유진 특유의 낙천적(樂天的)인 성격도 있었지만 어린 시절부터 형제(兄弟)처럼 자신을 지켜봐준 상혁이와 고 2때 전학온 준상이와의 사랑이 결정적(決定的)인 버팀목이 되어 준 것이

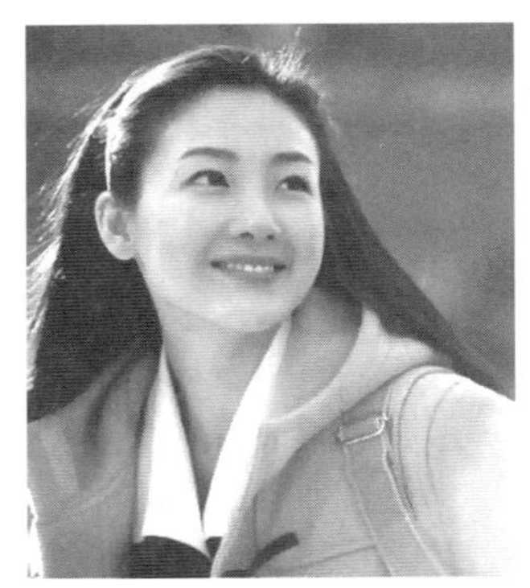

다. 그로부터 10년 후 유진은 "폴라리스"라는 인테리어 회사를 동료(同僚)들과 함께 운영(運營)하고 있다. 그리고 상혁이와 약혼(約婚)을 하게 되었는데…… 채린이 데리고 온 준상과 똑같은 외모를 갖은 민형이 나타나면서 유진은 가슴 깊이 묻어둔 준상에 대한 사랑으로 혼란(混亂)에 빠지게 된다.

❖ **김상혁** : 박용하

김진우의 아들. 현재는 방송국의 라디오 PD로 일하고 있다. 착하고 곧은 심성(心性)에 항상 매사에 공정(公正)하려고 노력하는 스타일. 상혁에게 가장 큰 상처(傷

處)는 유진을 준상에게 빼앗겼다는 열패감(劣敗感)이었다. 하지만 준상이 죽은 지 10년이 지난 지금, 상혁은 유진과의 약혼으로 행복(幸福)한 나날을 보내고 있다. 그러던 어느 날, 유진이 일하게 될 "화이트"스키장의 리노베이션 책임자(責任者)인 이민형이 준상과 똑같은 외모를 가진 남자라는 것에 충격을 받는다. 10년 전에 죽었던 준상과 똑같은 외모를 지닌 민형을 만나면서 상혁의 내부에 숨겨졌던 열등감(劣等感)과 승부욕(勝負慾)이 다시 고개를 들기 시작한다.

❖ **오채린 : 박솔미**

패션 디자이너로서 "오채린 부띠끄"를 운영하고 있다. 고교시절부터 근거(根據) 없는 자신감(自信感)과 오만(傲慢)함에 익숙한 인물로 자신이 원하는 것은 무슨 일이 있어도 갖으려고 하는 집념(執念)과 야망(野望)을 가진 여자이다. 오채린의 유일한 상처는 준상에게 마음을 거절(拒絕)당한 것이다. 이러한 마음은 유진을 시기(猜忌)하고 질투(嫉妬)하는 것으로 전이(轉移)된다. 10년 후, 미국(美國) 유학(遊學) 생활을 하다가 한국(韓國)으로 들어오기 직전에 준상과 닮은 이민형을 만난 채린은 곧바로 사랑에 빠지게 된다. 한국으로 들어와서 부띠끄를 오픈한 채린은 동창(同窓)들을 찾기 시작한다. 그리고는 드디어 유진과 상혁의 약혼식날에 보란 듯이 민형을 데리고 등장(登場)하게 된다. 첫사랑의 상처에 사로잡힌 여자의 마음을 대변(代辯)해주는 또 다른 인물로서 유진과는 다른 차원(次元)에서 시청자(視聽者)들의 연민(憐憫)을 자극(刺戟)하게 된다.

유진, 電話□□를 내려놓고는 걱정스러운 表情□□. 유진, 생각에 잠겨 있다가 벌떡 일어난다.

18. 준상의 집 앞 (午後□□)

門□을 꽝꽝 두드리면서 "준상아! 준상아…" 하는데 아무 棄擲□□도 없다.

19. 마르시안 앞 (오후)

비서(소리) 理事□□님 자리에 안 계십니다. 아무 連絡□□도 없었고요.

유진이 풀이 죽은 模襲□□으로 걸어 나온다. 유진, 걸음을 멈추고 마르시안을 올려다본다. 한숨을 쉬고 어딘가로 가는 유진의 模襲□□.

20. 公演企劃社□□□□□ 建物□□ 외경 (오후)

電話(전화) … 번개 전, 말할 화 [영]a telephone [일]でんわ
表情(표정) … 겉 표, 뜻 정 [영]expression [일]ひょうじょう
午後(오후) … 일곱째 지지 오, 뒤 후 [영]afternoon;p.m. [일]ごご
連絡(연락) … 잇닿을 연, 헌솜 락 [영]connection [일]れんらく
公演(공연) … 공변될 공, 멀리 흐를 연 [영]a public performance [일]こうえん
企劃(기획) … [영]planning [일]きかく
建物(건물) … 세울 건, 만물 물 [영]a building [일]たてもの

21. 練習室□□□ 밖 복도 (오후)

유진이 손가락을 不安□□한 듯 만지고 있는데 練習室□□□ 門□이 열리면서 미희가 나온다.
미희 유진을 보고 흠칫 놀라는.

유진 (일어나며) 아, 안녕하셨어요?

미희 (싸늘하게) 무슨 일이죠?

유진 저… 준상이… 지금 어딨는지 아시나요?

미희 (!) … 그게 무슨 말이에요?

유진 (多急□□하게) 준상이, 지금 스키장에도 會社□□에도, 집에도 없어요. 連絡□□이 안 돼요… 어머니는 알고 계시죠? 준상이 어딨는지… 네?

미희 (차갑게) … 유진씨, 지금도 우리 준상이랑 만나고 있나요? 난 두 사람, 分明□□히 反對□□한다고 유진씨 어머니한테 말한 걸로 記憶□□하는데…

유진 … 죄송합니다. 어머니가 反對□□하신다는 건 알지만… 저희, 헤어질 수 없어요.

미희 내가 왜 두 사람을 反對□□하는지 우리 준상이가 말 안 하던가요?

練習室(연습실) … 익힐 련, 익힐 습, 집 실 [영]a practice room [일]れんしゅうちょう
不安(불안) … 아니 불, 편안할 안 [영]uneasiness [일]ふあん
多急(다급) … 많을 다, 급할 급 [영]imminent[일]きんきゅうだ
會社(회사) … 모일 회, 토지신 사 [영]a company [일]かいしゃ
反對(반대) … 되돌릴 반, 대답할 대 [영]objection [일]はんたい
記憶(기억) … 기록할 기, 생각할 억 [영]memory [일]きおく

유진　　?

미희　　(알겠다는 듯) 그렇군요. 아무 말 안 했군요. 돌아가요. 난 유진씨하
　　　　고 할 말 없으니까…

유진　　(切迫□□하게) 준상이 어머님!

미희　　(천천히 돌아본다)

유진　　… 제발… 알려주세요… 준상이 어딨는지 알고 계시다면 알려주세
　　　　요. 付託□□드립니다.

미희　　난 몰라요. 그리고 유진씨도 알려고 하지 않는 게 좋을 거예요.

　　　　미희, 練習室□□□로 그냥 들어가 버린다. 유진, 切望的□□
　　　　□인 表情□□.

22. 公演企劃社□□□□□ 建物□□ 앞 (오후)

　　　　建物□□을 나오는 유진. 힘없이 터벅터벅 걷는데 뭔가가 툭 떨어
　　　　진다. 폴라리스 목걸이의 별이 바닥에 떨어졌다. 별을 집어든 유진.
　　　　갑자기 눈물이 나온다.
　　　　거리에 주저앉아서 우는 유진. 사람들 힐끔거리며 지나가는데도 그
　　　　냥 울어버린다.

유진　　준상아… (하는데)

23. 미희의 차안 (밤)

　　　　미희 차를 타고 가고 있다. 차 창밖으로 스치는 風景□□.

플래쉬 백으로 어린 준상이 아버지가 누구죠? 하는 模襲□□과

얼마 전 준상이 찾아와 아버지가 누구죠? 하는 模襲□□이 번갈

아 떠오른다.

정말로 정현수씨가 저희 아버진가요 하던 준상 그렇다고 對答□

□하는 미희.

24. 준상의 집 앞 駐車場□□□ (밤)

준상의 차가 들어온다. 준상, 지친 얼굴로 차에서 내린다.
이때 맞은편에 있던 검은 승용차에서 미희가 내린다.

미희   준상아.

준상   (表情□□)

미희   돌아왔구나. (그러다가) 미안하다 준상아.

25. 준상의 집 안 (밤)

준상은 창가에 서 있고 미희는 의자에 앉아 있다.

미희   유진이가 날 찾아왔었다.

준상   (돌아본다)

風景(풍경) … 바람 풍, 볕 경 영a landscape 일ふうけい

駐車場(주차장) … 머무를 주, 수레 차, 마당 장 영a parking place 일ちゅうしゃじょう

미희   (준상 보며) 널 찾더구나.

준상   ……

미희   니가 얼마나 힘든지 엄마 알아.

준상   아세요. (피식) 그렇군요 그러셨군요. 아셨어요.

미희   준상아… (글썽) 미안하다. 니 마음 이렇게 아프게 하고 나… 엄마는…

준상   (그대로)

미희   엄마, 유진이 아버지 정말로 사랑했다. 그래서 너 키우며 아무리 누가 뭐라고 해도 너는 니 아버지 아들이라고.

준상   그만하세요!

미희   헤어져! 당장 헤어져! 이대로 오래 걸리면 너만 힘들어 너도 유진이도 망가지고 괴로워질 뿐이야.

준상   (苦痛　　스러운 表情　　으로 찡그리고)

미희   (斷乎　　하게 일어나며) 니가 못하겠다면 내가 말한다. 유진이한테 내가 말하겠어.

준상   (놀라서 확 돌아본다)

미희   내가, 너하고 結婚　　해선 안 되는 이유 유진이한테 말할 거다.

준상   (切迫　　하게) 안 돼요!

미희   말할 거야!

준상   그건 안 됩니다. 絕對　　유진이가 알게 해서는 안 돼요.

結婚(결혼) … 맺을 결, 혼인할 혼 영marriage 일けっこん

絕對(절대) … 끊을 절, 대할 대 영absoluteness 일ぜったい

미희, 준상 (팽팽하게 마주 보는)

준상   유진이… 못 견딜 거예요.

미희   決定☐☐해라. 유진이하고 헤어질 거니? 아니면 내가 해줄까…?

준상   (表情☐☐)

미희   준상아!

준상   … (멍한 狀態☐☐) … 헤어지겠습니다.

26. 유진의 집 (밤)

유진 옷 입은 채로 웅크리고 있는 그때 핸드폰이 울린다. 유진 ! 바라보는데

유진   (얼른 받아 보는) 여보세요?

떨구는 그대로 뛰어 나가는 유진.

27. 유진의 집 앞 (밤)

유진 뛰쳐나가면 준상이가 기다리고 있다. 유진, 준상이한테 선뜻 다가서지 못한다.

유진   (눈물 글썽해서) …뭐야…

준상   …유진아…

決定(결정) … 터질 결, 정할 정 ㉐decision ㉕けってい
狀態(상태) … 형상 상, 모양 태 ㉐a condition ㉕じょうたい

유진   (怨望□□스럽게 본다) …뭐야 너… 얼마나 걱정했는지 알아?

준상   (가슴 아프다) …미안해…

유진   連絡□□도 안 되고… 도대체 어디 갔던 거야.

준상   …… 그럴 일이 좀 있었어.

유진   무슨 일인데……

준상   그냥… 별일 아니야…

유진   내가 알면 안 되는 거니?

준상   …아니… 그런거 아니야… 그냥 좀 複雜□□한 일이 있었는데…
다 整理□□했어.

유진   그럼 내가 걱정 안 해도 되는 거야?

준상   …그래… 하나도 걱정할 필요 없어.

유진   (눈물 닦으며 웃는다) …알았어… 無事□□히 돌아왔으니까… 됐
어…됐어… (더 꼭 안아주는데)

준상   (가슴 아파 꼬옥 끌어 안아주며)

유진   (安心□□하는데)

준상   (잠시 그러다가) …우리… 바다 보러 가지 않을래?

유진   (表情□□)?

怨望(원망) … 원망할 원, 바랄 망 영a grudge 일えんぼう
複雜(복잡) … 겹옷 복, 섞일 잡 영complicated 일ふくざつ
整理(정리) … 가지런할 정, 다스릴 리 영arrangement 일せいり
無事(무사) … 없을 무, 일 사 영safety 일ぶじ
安心(안심) … 편안할 안, 마음 심 영relief 일あんしん

준상   (表情□□)

28. 國道□□ (밤)

어두운 國道□□를 달리는 준상의 차.

29. 바닷가 (새벽)

바닷가 모래사장에 세워둔 준상의 차. 동터오는 아름다운 바닷가의
風景□□.
유진과 준상이 바다 앞에 서서 동이 터오는 것을 보고 있다. 주홍빛
바다.

준상   ……그리고 보니까 바다엔 처음 와봤네……

유진   (문득 돌아보며) 너 지금까지 바다 한 번도 안 와봤어?

준상   아니… 너랑 같이 온 건 처음이라구. 그러니까 우리한텐 이게 첫
         번째 바다야.

유진   (웃는다) 그렇구나… 우리의 첫 번째 바다.

웃는 유진을 바라보는 준상의 表情□□ 위로.
준상(나레이션) 그리고… 마지막 바다. 이곳에서 나는 그녀를 떠나보
내려 한다.
진홍색 태양이 떠오르고 있다. 바닷가에 두 사람.

國道(국도) … 나라 국, 길 도 영a national[state] road 일こくどう

30. 몽타주 (오전)

둘의 幸福▢▢한 바닷가 模襲▢▢들.

– 신발 벗고 물가를 뛰어다니는 유진. 으 차거!

– 물 튕기며 장난도 치고

– 모래집도 짓고 괜히 모래도 뿌리고

– 그러다가 모래 속에서 동전 發見▢▢하고 신나서 意氣揚揚▢
▢▢▢ 준상에게 자랑하는 유진.

– 준상도 발견하고 유진에게 던져준다. 유진, 눈 동그래져서 더 없나
열심히 모래를 뒤지고 다닌다… 금방 또 발견하고… 웃으며 그 模襲
▢▢을 보는 준상.

31. 바닷가 (오전)

바닷가에 앉아있는 준상. 유진이 손에 銅錢▢▢을 모아 쥐고 달려
온다. 꽤 많다. 열 개도 넘는다.
준상 옆에 털썩 앉는 유진.

유진　　（신나서 보여준다） 이거 봐. 이렇게 많이 주웠다!

준상　　（웃으며） 부자 됐구나!

유진　　（끄덕끄덕 웃고） 신기하다 여긴 왜 이렇게 銅錢▢▢이 많지?

幸福(행복) … 다행 행, 복 복 ㉠happiness ㉡こうふく

發見(발견) … 쏠 발, 볼 견 ㉠discovery ㉡はっけん

意氣揚揚(의기양양) … 뜻 의, 기운 기, 오를 양, 오를 양 ㉠elation ㉡いき揚ようよう

준상   여름에 놀러왔던 사람들이 흘리고 갔나보지.

유진   아항! 그렇겠구나!

준상   (銅錢☐☐ 세어보며) 아이스크림 한 개 두 개 세 개… (하다가 銅錢☐☐ 하나 얼른 감추는데)

유진   (눈 부릅뜨고) 안 돼!!

         픽 웃어버리는 두 사람.

준상   (씁쓸하게 웃으며) 여긴 아직도 겨울인데…… 이 銅錢☐☐들만 여름이구나.

유진   (준상 보는 表情☐☐) …… (짐짓 밝게) 이걸로 뭐할까?

준상   글쎄…… (바다 보며) 많이 많이 주워서 배나 한 척 살까?

유진   …배?

준상   그래… 배… 그래서… 그래서… 우리 계속 바다만 떠돌아다니다가…… (유진 보는) 平生☐☐ 돌아오지 말아버릴까?

유진   …그래도 언젠간 돌아와야 될 걸?

준상   (보면)

유진   歲月☐☐이 좀 지나면…… 배도 낡을 거고… 沙工☐☐도 늙어갈 거고… 그땐 너무 힘들어서 돌아가고 싶어질 거야…

준상   (슬픈) …그럴까?

平生(평생) … 평평할 평, 날 생 圀one's (whole) life 圔いっしょう
歲月(세월) … 해 세, 달 월 圀times 圔さいげつ
沙工(사공) … 모래 사, 장인 공 圀a boatman 圔ふなかた

유진　어디든 너무 멀리 떠나는 건 별로 안 좋아. 엄마 희진이 그리고 친구들 보고싶은 사람 너무 많아서 가슴 아파서 어떡해. 응? (준상 돌아본다)

준상　… 그렇겠지? 보고 싶어서 안 되겠지?

유진　(웃어 준다)

준상　… (가만히 안아 주는)

유진　(기대면)

준상　그래 우리 所重□□한 사람들… 슬프게 하지 말자. 그거… 잊지 마.

유진　(모르고 表情□□)

준상　(속삭이듯) 잊지 마.

32. 바닷가 차 앞 (오후)

준상과 유진 손잡고 걸어오는데 한손에 손수건에 가득 동전을 든 유진.

짤랑거리다가 暫時□□만 하는 유진.

유진　暫時□□만 여기서 기다릴래? (뛰어 가는 유진)

준상　暫時□□ 팔랑 거리며 뛰어가는 유진의 뒷모습을 보다가. 그러가 주머니에서 핸드폰을 꺼내 본다.

所重(소중) … 바 소, 무거울 중 [영]important [일]たいせつだ

暫時(잠시) … 잠시 잠, 때 시 [영]a short while [일]しばらくの間

33. 상혁의 스튜디오 (오후)

사람들이 奔走⬜⬜하게 일하는 상혁의 스튜디오. 작가들과 디제이 奔走⬜⬜하게 오가는데 상혁 혼자 멍하게 앉아 있다. 그때 사무실의 전화벨이 울린다. 퍼뜩 精神⬜⬜차리며 多級⬜⬜하게 電話⬜⬜를 받는 상혁. 여보세요!! 하는데… 失望⬜⬜하는… 네 바꿔드리겠습니다 … 하고 다른 사람에게 電話⬜⬜ 바꿔 준다. 안 되겠는지 자리에서 일어난다. "잠깐 나갔다 올 게요"

34. 放送局⬜⬜⬜ 屋上⬜⬜/民泊⬜⬜ 집 近處⬜⬜ (오후)

상혁, 후– 담배피우며 風景⬜⬜ 내려다보는데 전화벨이 울린다. 놀라며 電話機⬜⬜⬜를 꺼내는 상혁. 暫時⬜⬜ 바라보다가 電話⬜⬜를 받는다.

상혁　　……여보세요……

준상　　상혁아… 나야…

상혁　　어… 그래… 준상아…

奔走(분주) … 달릴 분, 달릴 주 ᄋ᷇be busy ᄋ᷇いそがしいこと

精神(정신) … 슭을 쌀 정, 귀신 신 ᄋ᷇mind ᄋ᷇せいしん

放送局(방송국) … 놓을 방, 보낼 송, 판 국 ᄋ᷇a broadcasting[radio, TV] station ᄋ᷇ほうそうきょく

屋上(옥상) … 집 옥, 위 상 ᄋ᷇the roof ᄋ᷇おくじょう

民泊(민박) … 백성 민, 배 댈 박 ᄋ᷇a private residence temporarily taking lodgers ᄋ᷇民家に宿泊すること

近處(근처) … 가까울 근, 살 처 ᄋ᷇the neighborhood ᄋ᷇ふきん

電話機(전화기) … 번개 전, 말할 화, 틀 기 ᄋ᷇a telephone ᄋ᷇でんわき

준상　　　…내일 밤에… 니가 여기 와주면 좋겠어.

상혁　　　(마음 아픈) 그래… 그렇게…

준상　　　…번번이… 미안하다…

상혁　　　너 괜찮니…?

준상　　　(슬픈) …괜찮아… 아니… 괜찮을 거야…

상혁　　　(아무 말 할 수 없다) ……

준상　　　(애써 밝게) 참… 상혁아… 나, 부탁 하나 더 해도 되니?

상혁　　　(갈라지는) 그럼… 뭔데… 얘기해봐…

준상　　　내가… 얼마 전에 유진이랑 같이 寫眞□□을 찍었는데… 그땐 생
　　　　　각도 못하고… 유진이 집으로 그 사진을 부쳤어… 지금쯤 到着□
　　　　　□ 할 때가 된 것 같은데… 니가 유진이 보기 전에… 그 寫眞□□
　　　　　좀 없애줄래?

상혁　　　(아픈) ……준상아……

준상　　　… 유진이가 記憶□□할 만한 物件□□ 같은 거… 하나도 남기
　　　　　고 싶지 않아… 付託□□할게.

상혁　　　… 그래 … 알았어. 알았어… 내일 보자. (하는데)

　　　　　放送局□□□ 屋上□□에서 電話□□ 끊는 상혁. 준상과 유
　　　　　진이 가슴 아파 어쩔 줄을 모르겠다.

寫眞(사진) … 베낄 사, 참 진 영a photograph 일しゃしん

35. 바닷가 一角□□ (午後□□)

준상 電話□□를 끊고 茫然□□히 서 있는데.
유진 왁 한다. 돌아보는 준상의 表情.

유진　　뭐해? 많이 기다렸어? (電話機□□□ 보고) 어디 電話□□한
　　　　거야?

준상　　응… 會社□□ … 넌? 넌 어디 갔었어?

유진　　뭐 사러 갔었어.

준상　　아까… 주운 銅錢□□으로?

유진　　(끄덕 하고 1회용 카메라를 내민다) 짠~! (준상에게 건네주며) 작년
　　　　여름이 너한테 주는 膳物□□이야!

준상　　(보면)

유진　　(눈 찡긋하며) 이번 겨울을 記憶□□하라고.

준상　　(괜히 뭉클한데)

유진　　우리 여기서 追憶□□ 많이 많이 만들고 가자. 기억할 만한 거
　　　　이만큼~!

준상　　(소리) 유진이가 記憶□□할 만한 物件□□ 같은 거 하나도 남
　　　　기고 싶지 않아.

유진　　좋지?

준상　　(서글프게 끄덕인다)

一角(일각) … 한 일, 뿔 각 영a section 일いっかく
膳物(선물) … 반찬 선, 만물 물 영a present 일プレゼント

유진   그리고…… (주머니 뒤적뒤적) …… 이건 내가 주는 膳物□□! (준
　　　상의 손바닥에 오백 원짜리 銅錢□□ 하나를 올려놓는다)

준상   이게 뭐야?

유진   (웃으며) 뒤집어봐

준상   (뒤집어보면 또 앞면. 두 개를 붙여서 만든 銅錢□□)

유진   전에 니가 말한 영화 속 主人公□□□들은 이렇게 만든 銅錢
　　　□□으로 占□을 친 거야. (끄덕끄덕 짐짓 잘난 척) 이렇게 해야
　　　運命□□을 이길 수 있는 法□이지.

준상   (유진을 보는 表情□□)

유진   한 번 던져봐. 좋−은 답만 나올 거니까. (明朗□□하게 오바하
　　　는) 이제 뭘 해도 運命□□은 우리 편이다!

준상   ! (본다)

유진   (확 돌아보며) 그치?

준상   그래… (하는데)

　　　동전 짤랑거리며…"그래도 남았다?" 좋아하는 유진.

36. 바닷가 (午後□□)

　　　바다 앞에 선 유진. 준상을 향해 손을 흔든다.

主人公(주인공) ⋯ 주인 주, 사람 인, 공변될 공 ⑧a hero ⑨しゅじんこう
占(점) ⋯ 차지할 점 ⑧fortune−telling ⑨うらない
運命(운명) ⋯ 돌 운, 목숨 명 ⑧destiny ⑨うんめい
明朗(명랑) ⋯ 밝을 명, 밝을 랑 ⑧brightness ⑨めいろう

유진 하나 둘 셋 하고 찍어야 돼!!
유진, 신나서 브이자 그으며 장난스럽게 포즈를 잡는데… 눈물 날 것 같은 준상.

찰칵찰칵 유진의 寫眞을 찍는다… 자신의 마음 속에, 記憶 속에.
유진도 寫眞機 빼앗아 준상을 찍어준다. 찰칵 찰칵거리며.

37. 民泊집 (밤)

바닷가에 隣接한 낡은 民泊집. 방을 구하러 들어가는 두 사람. 아줌마를 부른다.
"누구요…?" 하고 문을 열고 나오는 아줌마. 뭔일인고 두 사람을 보는데…
괜히 쭈뼛거리는 준상. 오히려 당당하게 나서는 유진

유진 아줌마, 방 있어요?
아줌 방? …요샌 사람이 통 없어서 淸掃를 안 했는디…
유진 괜찮아요.
아줌 (유진과 준상 살피며) 방 몇 개?
준상 두 개…(하는데)

隣接(인접) … 이웃 린, 사귈 접 [영]contiguity [일]りんせつ
淸掃(청소) … 맑을 청, 쓸 소 [영]cleaning [일]そうじ

유진   (쿡 찌르며 얼른) 하나요! (씩 웃으며 자신과 준상 가리키는) 夫婦⬚
        ⬚거든요.

38. 민박집 방 (밤)

아줌마 방 열어서 보여주고… 둘러보고 끄덕끄덕 하는 두 사람.
아줌마 나가면.
방에 서 있는 두 사람. 유진 明朗⬚⬚하게 寫眞機⬚⬚⬚를 꺼내
든다.
찰칵 찍는. 그리고 유진 준상을 보며 웃는다.

유진   자 우리 첫날밤 記念⬚⬚. (그러다가) 어… (어색)

준상   (굳는)

유진   弄談⬚⬚이야 弄談⬚⬚.

준상   (짐짓 웃어 보이는)

        (時間⬚⬚ 經過⬚⬚)
        두 사람 짐 정리하고 있는. 조금 어색해진 두 사람.

유진   ……생각보다 깨끗하다. 나 대학 다닐 때 親舊⬚⬚들이랑 이런

夫婦(부부) ⋯ 지아비 부, 며느리 부 ㉐a married couple ㉕ふうふ
記念(기념) ⋯ 기록할 기, 생각할 념 ㉐commemoration ㉕きねん
弄談(농담) ⋯ 희롱할 농, 말씀 담 ㉐a joke ㉕じょうだん
時間(시간) ⋯ 때 시, 틈 간 ㉐time ㉕じかん
經過(경과) ⋯ 날 경, 지날 과 ㉐progress ㉕けいか
親舊(친구) ⋯ 친할 친, 예 구 ㉐a friend ㉕したしい友人

데로 엠티 온 적 많았는데… 그떤 막 스무 명씩 한 방에서 자고 그
랬다? 그때 갔던 데 비하면 여긴 너무 좋다… (그래도 어색하다)
…… (괜히 가방 뒤적뒤적) 아까 칫솔도 샀는데 어디다 뒀더라…?
니꺼도 샀는데… 아, 여깄구나?! 너 먼저 씻을래?

준상　아니… 나중에…

머쓱하게 마주앉은 두 사람. 두 사람 문득 視線□□이 부딪치는데
유진이 먼저 視線□□을 피해버린다.

유진　(괜히 방 둘러보며) 새벽에 춥지 않을까? (하는데)

천천히 유진의 뺨을 어루만지는 준상의 손. 유진, 멈칫 하며 돌아
본다.
준상, 유진의 얼굴을 쓰다듬어 본다…
뺨이며… 머리카락이며— 안타깝게 만져보는데… 유진… 視線□
□ 피하고…
준상 키스할 것처럼 얼굴 가까이 다가간다… 유진, 눈 스륵 감고
받아들이는…
그러나 준상, 멈칫하고 만다… 차마 더 이상 다가갈 수 없는 준상.
슬프게 바라보다가 고개 돌려버린다. 약간의 沈黙□□…

준상　……잠깐 나갔다 올게…

黙黙□□히 일어서 나가는 준상.

沈黙(침묵)… 가라앉을 침, 묵묵할 묵 영silence 일ちんもく
黙黙(묵묵)… 묵묵할 묵, 묵묵할 묵 영silent 일もくもく

39. 民泊[   ]집 앞 (밤)

준상, 바다 보면서 담배를 피우고 서있다. 한숨처럼 담배연기 뱉는데
유진이 준상의 뒤로 다가온다. 유진 가만히 준상을 뒤에서 안는다.
준상 눈 감는 表情[   ].

유진   난… 이제 아무것도 두렵지… 않아. 정말이야. 아무것도…
두려운 거 없어. 너만 있으면.

40. 民泊[   ]집 (밤)

유진이 쌔근쌔근 잘 자고 있다. 물끄러미 내려다보는 준상의 어두운
얼굴.
슬프게 바라보다가 유진의 옆에 아기처럼 웅크리고 눕는다.
쌍둥이처럼 똑같이 웅크리고 누운 두 사람의 模襲[   ].

41. 布帳馬車[   ] (밤)

혼자 술 먹고 있는 상혁의 模襲[   ].

42. 民泊[   ]집 (아침)

눈을 뜨는 준상. 밝게 빛이 들어오고 있다. 빛을 따라 문 열어 보면
마당에 서 있던 유진. 햇빛 속에 빛나고 있다.

布帳馬車(포장마차) … 베 포, 휘장 장, 말 마, 수레 차 ㊟a (wheeled) stall ㊟ほろばしゃ

유진을 바라보는 준상. 유진 준상의 視線□□을 느끼고 돌아본다.

유진　깼어?

준상　(보는)

유진　오늘은 뭐할 거니?

43. 食堂□□ 앞 거리 (오전)

꽤 繁華□□한 시골 小邑□□의 市場□□ 거리. 食堂□□ 앞에 선 두 사람.

준상　(유진 보며) 뭐하고 싶니?

유진　뭐할까?

준상　하고 싶은 거 있으면 다 말해. 니 所願□□ 뭐든지 다 들어줄게.

유진　뭐든지?

준상　뭐든지.

유진　(웃으며 터프하게 툭 치는) 어? 강준상, 수상한데? ……웬일이지?

준상　(대수롭지 않게) …그냥…

유진　(짐짓 印象□□ 찌푸리며) 그냥?!! …異常□□해…

食堂(식당) … 밥 식, 집 당 [영]a dining room [일]しょくどう
繁華(번화) … 많을 번, 꽃 화 [영]prosperity [일]はんか
小邑(소읍) … 작을 소, 고을 읍 [영]a small town [일]しょうゆうない
市場(시장) … 저자 시, 마당 장 [영]a market [일]マーケット
所願(소원) … 바 소, 원할 원 [영]one's desire [일]ねがい
印象(인상) … 도장 인, 코끼리 상 [영]impression [일]いんしょう

준상   (끄덕하고 선심 쓰듯) 오늘 딱 하루만이니까 내 맘 변하기 전에 빨리
       말해봐.

유진   그래? …… 그렇단 말이지…? 그렇다면 내가 또 말해줘야지… 그러
       면… (휘휘 둘러보다가 길 건너편에 붕어빵장사 발견!) 아! 여보게!
       우선 저 붕어빵이 하나 먹고 싶다네!

준상   (기가 막힌다) 방금 밥 먹었잖아!

유진   (배 똥똥 두드리며) 붕어가 들어갈 배는 따로 있다네!

준상   (픽 웃으며) 알.았.어!

       붕어빵을 사러 거리를 달려가는 준상. 유진 흐뭇하게 준상의 뒷 模
       襲□□을 바라본다. 얼마예요 하고 돈을 치루고 하는 준상을 바라
       보는 유진.
       불현듯 그 모습에 눈물이 난다.
       붕어빵을 사든 준상, 다시 거리를 가로질러 그 자리로 돌아오는데
       유진의 눈물 보고 멈춰 선다. 그렇게 서서.

준상   유진아…

유진   어 왜 이러지? (쑥쓰러워 눈물 닦는) 나 왜 이러니?

준상   (마음 아파 보고 서 있는)

유진   (짐짓 웃어 보인다) 다 니 책임이야. 니가 너무 슬퍼 보였어.
       니 모습이 어쩐지 슬퍼 보였단 말야. 진짜야. (웃어 보이는데)

준상   (가슴 찢어진다)

異常(이상) … 다를 이, 항상 상 영strangeness 일いじょう

44. 防波堤□□□ (오후)

찰칵 찰칵 사진 찍는 두 사람.

준상 가끔 가끔 表情□□이 어두워진다.

유진 그런 준상을 바라보고 의아해 하는데.

두 사람 나란히 앉아 있다.

준상의 深刻□□한 表情□□에 다시 유진 준상 들여다 본다.

유진   너 오늘은 왜 안 신나해. 내 所願□□만 잔뜩 들어줘서 심통 났니?

준상   아니. 니 맘대로 하는데 내가 왜 심통이나. 幸福□□하지.

유진   그럼…음… 내일 또 내 所願□□ 들어줘.

준상   (본다)

유진   (준상 보며) 준상아, 來日□□은 뭐할까? (하는데)

준상   來日□□은…… (하다가 表情□□ 어두워진다) …… (유진 보며) 유진이 너… 앞으로는 걸어다니면서 딴생각 하지 마?

유진   ?

준상   너 길 잘 잃어버리잖아.

유진   에이 그게 언제쩍 얘긴데.

준상   딴 생각 하니까 잘 넘어지구 그러잖아.

防波堤(방파제) … 둑 방, 물결 파, 둑 제 영a breakwater 일ぼうはてい

深刻(심각) … 깊을 심, 새길 각 영serious 일しんこく

來日(내일) … 올 래, 해 일 영tomorrow 일みょうにち

유진　　(입 뿡 나와서) ……알았어 알았어 딴 생각 안 해.

준상　　길가다가 신기한 거 봤다고 금새 한눈 팔지 말고… 그리고… 너…
　　　　니가 의외로 덜렁대는 性格□□이라는 거 알지? 저번에 스키장
　　　　에서도 設計圖面□□□□ 어디다 뒀는지 몰라서 한참 苦生
　　　　□□했잖아. 物件□□ 같은 거 잃어버리지 않게 操心□□
　　　　하고……
　　　　또…맞다. 유진이 넌, 拒絕□□하는 법을 좀 배워야 돼. 사람들
　　　　이 뭐 付託□□할 때 다 들어준다고 해서 좋은 사람 아니다? 오
　　　　히려 拒絕□□해줘서 그 사람에게 더 도움이 될 때도 있어. 그
　　　　리고 또…

유진　　너 진짜 異常□□하다.

준상　　(뜨끔한데)

유진　　꼭 어디 멀리 가는 사람처럼 말한다? (웃으며) 그리고… 너! 왜 나
　　　　쁜 것만 말하냐? 좋은 점 좀 말해봐. 좋은 점 없어?

준상　　좋은 점이 어딨니?

유진　　정말 없어?

준상　　없어.

유진　　나 삐진다.

性格(성격) … 성품 성, 바로잡을 격 영character 일せいかく
設計圖面(설계도면) … 베풀 설, 꾀 계, 그림 도, 낯 면 영a design sketch 일せっけい面ずめん
苦生(고생) … 쓸 고, 날 생 영suffering 일くろう
操心(조심) … 잡을 조, 마음 심 영heed; care 일けいかい
拒絕(거절) … 막을 거, 끊을 절 영refusal 일きょぜつすること

준상   (表情□□ 목이 멘다) 너는… 다 좋아. 다 이쁘고 다 좋아. 매일
       매일 새롭게 너 이쁜 거 좋은 거 나 깨달아 가는 중이야.

유진   平生□□ 그래야 한다.

준상   平生□□ 그럴게… 平生□□… 그 너머까지… 그럴 거야. 매
       일 매일 그 생각만 할게.
       니 생각만 할 거야. 나.

유진   (조금 쑥스럽다) …왜 그래…정말 이상해. 아까부터…너 다신 못 볼
       사람처럼…

준상   …(눈물 참으며 웃는다) …그러게… 다시 못 볼 사람처럼…

       고개 돌리는데 유진 준상 보다가.

유진   … 걱정되니? 우리 일 不安□□해?

준상   (가만히)

유진   銅錢□□ 줘봐. 내가 준 銅錢□□ 줘.

준상   ? 보다가 유진 보는 그러다 銅錢□□을 꺼내 준다.

유진   우리가 영원히 함께 있을 수 있는지 물어 보는 거야.

       유진 銅錢□□을 던진다. 반짝 빛나며 위로 올라가는 銅錢□□.
       유진 짠 銅錢□□을 보는데.

유진   와 앞면이다 앞면이야. 봤지? 앞면이지? (웃는데)

준상   (그런 유진을 바라본다)

45. 준상의 차 안 (노을)

海邊□□을 달리는 준상의 차. 一回用□□□ 카메라 만져 보는 유진.

유진 이거 한 장밖에 안 남았다.

준상 (表情□□ 그러다가) 나 줘… 내가… 찾아다 놓을게.

유진 그럴래? (그러다가) 나… 하나 더 付託□□할 거 있는데.

준상 ?

유진 (목걸이 만지작거리며) 있잖아…… 이 목걸이… 이상하게 별이 떨어져 버렸다? 이 고리 되게 튼튼하게 생겼는데…

준상 (表情□□) !

유진 이거 고쳐야 하는데.

준상 (유진 보며) 그것도 나 줘. 내가 고쳐 줄게.

유진 …그래줄래?

준상 그래 … 나 줘…

유진, 끄덕하고 목걸이를 풀려고 한다. 준상, 차를 세우는.
유진 보면 준상 유진에게 다가가 목걸이를 풀어준다.
유진에게서 벗어나 준상의 손안에 쥐어지는 목걸이.

海邊(해변)…바다 해, 가 변 [영]the beach [일]かいへん・うみべ
一回用(일회용)…한 일, 돌 회, 쓸 용 [영]an article for the use of one time [일]一回ようひん

유진   (웃으며) 고쳐서… 빨리 돌려줘.

준상   (아픈) ……그래 알았어.

       목걸이를 꼭 쥔 준상의 손.

유진   (모르고) 어참. 寫眞□□! 한 장 남은 거 찍자.

준상   아냐, 됐어. 내가 너 찍어줄게. 놔둬.

유진   아냐. 내가 너 찍어 줄 거야.

       카메라 눈에 대고 運轉□□하는 준상의 옆모습을 가늠하는 유진.

유진   카메라는 안 봐도 되니까 웃어!! 넌 웃는 게 멋있어.

       준상 울지 않으려 이를 악문다.

유진   (소리) 자, 웃으세요… 하나, 둘, 셋!

       찰칵! 카메라 셔터 소리와 함께

46. 상혁의 차 안 (밤)

       유진과 준상이 寫眞館□□□에서 찍었던 사진으로 連結□
       □…

運轉(운전) ··· 돌 운, 구를 전 영driving 일うんてん

寫眞館(사진관) ··· 베낄 사, 참 진, 객사 관 영a photo(graph) studio 일しゃしんかん

물끄러미 寫眞▢▢을 내려다보는 상혁의 슬픈 表情▢▢.

상혁, 寫眞▢▢을 다시 封套▢▢에다 다시 넣고 가방에 집어넣는다.

始動▢▢을 걸고, 천천히 출발한다.

47. 民泊▢▢집 (밤)

곤히 잠든 유진의 模襲▢▢. 물끄러미 내려다보고 있는 준상.

준상   (낮게 중얼거리는) 유진아… 미안해…

준상, 잠든 유진의 입술에 키스한다. 눈물이 유진의 뺨 위에 뚝 떨어진다.

48. 바닷가 (밤)

밤 바닷가 앞에 선 준상. 유진이 준 앞뒷면 같은 銅錢▢▢을 꺼내본다.

유진(소리) 우리가 영원히 함께 있을 수 있는지 물어보는 거야.

준상, 동전을 하늘 높이 던졌다가 잡는다. 銅錢▢▢을 꼭 쥔 자신의 주먹을 내려다보는 준상.

펴 볼까… 망설이다가… 주먹 펴보지 않은 채 바다로 휙 던져버린다.

連結(연결) … 잇닿을 연, 맺을 결 圏connection 圏れんけつ
封套(봉투) … 봉할 봉, 덮개 투 圏an envelope 圏ふうとう
始動(시동) … 처음 시, 움직일 동 圏starting 圏しどう

유진과 함께 寫眞□□을 찍었던 1회용 카메라도 던져버린다.

그리고 폴라리스 목걸이도… 던져버린다…

반짝! 어두운 하늘을 가르며 날아가는 목걸이.

눈물이 떨어진다.

이를 악물고 돌아서 걷는 준상. 그러다가 확 돌아선다.

바다로 뛰어가는 준상.

바닷가로 첨벙 첨벙 들어가는 준상.

49. 바닷가 一角□□ (밤)

상혁의 차가 들어온다. 차에서 내리는 상혁.

꽤 세게 바닷바람이 불고… 어깨를 움츠린다.

멀리, 바다 속에 준상이 보인다.

상혁! 놀라서 뛰어가는.

상혁	준상아!
준상	… (돌아본다)
상혁	준상아. 너… (보는) 너… 뭐하는 거야?
준상	도와줘. 도와줘 상혁아.
상혁	(표정) ?!
준상	이렇게 버리면 안 되는 거야……이렇게 버려선 안 되는 건데. 이대로 헤어질 수 없어. 이대로 안 돼. 찾아야겠어. 다시 찾을래. 다시 찾아서…
상혁	(表情□□) 준상아…

준상   다시… 찾아서… 幸福□□하게 (그대로 서서) 다시 찾아서 (눈물
        주루룩 흐른다)

        幸福□□하게…

        (時間□□ 經過□□)

        밤바닷가에 혼자 쓸쓸히 앉아있는 준상. 상혁이 자신의 옷을 덮어
        준다.

상혁   (소리) 준상아…

준상   (돌아본다)

        상혁, 준상의 옆에 털썩 앉는다. 들고 온 비닐봉지에서 소주병을 꺼내
        내민다.

        한 마디 말없이 소주병만 비우는 두 사람…

        (時間□□ 經過□□)

        떨어져 앉은 두 사람 너머로 동이 터온다.

50. 民泊□□집 (아침)

        유진이 눈을 뜬다. 깨끗이 치워진 방. 준상의 짐은 하나도 보이지 않
        는다. 벌떡 일어나는 유진.

51. 民泊□□집 앞 (아침)

        유진이 급하게 문을 팍 열고 나오는데 상혁이 툇마루 같은데 앉아
        있다.

유진   (놀란다) …상혁아…!

상혁   (表情□□)

유진   니가 어떻게 여기…… (하다가 불안해지는) … 준상이는…? 너 준상
        이 못 봤니?

상혁   …유진아…!

유진   ……준상이 어디 갔니? 준상이 어디 갔어?

상혁   ……유진아… 준상이… 떠났어…

유진   (쿵) …거짓말하지 마. 준상…이가 왜…? 왜… 떠나…?

상혁   (視線□□ 피하고 거짓말하는) 준상이… 어머님 때문에… 어머님
        이 절대로 안 된다고 하셔서… 어머님께서… 너랑 結婚□□하
        면… 다신 안 보겠다고 하셔서… 준상이가… 더 이상 어머님… 마
        음 아프게 할 수 없다고…

유진   (눈물 나는) …그럴 리가…없어…

상혁   (이 악물고) …事實□□이야… 그래서 너 떠난다고… 그래서… 앞
        으론 너 다시는 보지 않을 거라고… 그말 전해달라고 하고… 갔어.

유진   (떨며) 그럴 리가 없어. (버럭) 그럴 리가 없어!!!

        확 뛰쳐나가는 유진.

52. 民泊□□ 집 近處□□ 바닷가 (아침)

유진이 精神□□ 없이 뛰쳐나가는데 따라나오는 상혁.
유진의 이름을 부르면서 뒤쫓아가 잡는데 상혁을 뿌리치고 미친 듯
이 달려가는 유진.

상혁 (유진을 붙잡으며) 유진아 이러지 마!

유진 이거 놔! 놓으란 말이야!!

거칠게 뿌리치고 달려가려 하는데 상혁이 유진을 뒤에서 꽉 끌어안는다.

상혁 …준상이 떠났어… 정말이야… 다신 돌아오지 않을 거라구… (운다)

유진 (털썩 무너져내린다) … 거짓말 마… 그럴 리가… 그럴 리가 없어…
(茫然自失 □□□□ 한) …그럴 리가 없는데……

바닷가에 주저앉은 유진 그리고 상혁……

▲ 겨울연가 주인공들

茫然自失(망연자실) … 아득할 망, 그러할 연, 스스로 자, 잃을 실 영abstraction 일ぼうぜん自失

 **단어 및 용어 풀이**

連絡(연락) … 어떤 사실을 상대편에게 알림. 서로 잇대어 줌.

企劃(기획) … 일을 꾀하여 계획함.

切迫(절박) … 어떤 일이나 때가 가까이 닥쳐서 몹시 급하다. 인정이 없고 냉정하다.

斷乎(단호) … 결심이나 태도, 입장 따위가 과단성 있고 엄격하다.

狀態(상태) … 사물·현상이 놓여 있는 모양이나 형편.

複雜(복잡) … 일이나 감정 따위가 갈피를 잡기 어려울 만큼 여러 가지가 얽혀 있다.

國道(국도) … 나라에서 직접 관리하는 도로. 고속 국도와 일반 국도가 있다.

意氣揚揚(의기양양) … 뜻한 바를 이루어 만족한 마음이 얼굴에 나타난 모양.

歲月(세월) … 흘러가는 시간. 지내는 형편이나 사정 또는 재미.

民泊(민박) … 여행할 때에 일반 민가에서 묵음.

黙黙(묵묵) … 말없이 잠잠하다.

布帳馬車(포장마차) … 비바람, 먼지, 햇볕 따위를 막기 위하여 포장을 둘러친 마차. 손수레
　　　　　　 따위에 네 기둥을 세우고 포장을 씌워 만든 이동식 간이주점. 주로 밤에 한길
　　　　　　 가나 공터에서 국수, 소주, 안주 따위를 판다.

繁華(번화) … 번성하고 화려하다. 얼굴에 달기(達氣)가 있고 화려하다.

防波堤(방파제) … 파도를 막기 위하여 항만에 쌓은 둑. 바다의 센 물결을 막아서 항구를 보
　　　　　　 호한다.

拒絶(거절) … 상대편의 요구, 제안, 선물, 부탁 따위를 받아들이지 않고 물리침.

茫然自失(망연자실) … 멍하니 정신을 잃음.

한류(韓流)의 중심, TV를 읽다 2

대장금(大長今)

‖ 등장 인물을 통해본 줄거리 ‖

❖ 서장금(徐長今) : 이영애

주인공. 지성미(智性美)를 갖춘 총명한 여인으로 적극적인 성격. 온갖 풍상(風霜)을 겪으나 강인한 의지로 끝내 이겨낸다. 모종의 사건 때문에 백정마을에서 숨어사는 부모 밑에서 어린 시절을 보내던 중, 갑자사화(甲子士禍)로 아버지와 헤어지고 어머니와 사별(死別)한다. 10살에 입궁하여 궁중 최고의 요리사(料理師)가 되고자 심혈을 기울여 능력을 인정받는다. 그러나 한상궁과 관련된 모함에 빠져 궁(宮)에서 쫓겨나 관비(官婢)가 된다. 제주관아 관비로 있으면서 의술(醫術)을 배워 다시 입궁(入宮), 최고의 의녀(醫女)가 되어 조선조 역사상 처음으로 임금[中宗] 주치의(主治醫)가 된다. 그녀의 명성은 중종실록에 이름 앞에 대(大)자를 붙인 "대장금(大長今)"으로까지 불릴 정도이다.

❖ 민정호(閔政浩) : 지진희

한성부 판관(判官)으로 근무하던 중, 금계(金鷄)구입 건으로 장금을 도와주다가 그로 인해 죽을 고비를 겪는다. 내금위 종사관으로 옮겨오면서 장금과 깊은 인연을 맺음. 문과에 급제한 선비 출신임에도 무술이 뛰어나 잠시 내금위(內禁衛)에서 근무한다. 수려한 용모에 학식이 깊다. 일찍 부인을 여의고 외로움에 직숙(直宿)을 자청하다가 장금과 가까워지며, 교서각이 두 사람 만남의 장소이다. 장금의 총명함과 학문에 대한 열정에 감복, 그녀를 도와주는 과정에서 그녀를 사랑하게 되며 그로 인해 여러 번 위기에 처한다. 후에 동부승지(同副承旨)로 내의원 부제조(副提調)가 되어 장금을 돕다가 사헌부(司憲府)의 탄핵(彈劾)을 받고 파직(罷職)되어 유배(流配)당한다.

❖ **최금영(崔今英)** : 홍리나

생각시 때 장금과 함께 궁(宮)에 들어와 궁녀생활을 함께 하는 수랏간 나인. 장금과 오랜 기간 같이 지낸다. 야심이 크고 출세욕이 강하며 미모(美貌)를 바탕으로 오만하다. 수랏간 실세 최상궁(崔成今)의 조카. 신분의 차이에도 불구하고 최씨 집안의 외가(外家)쪽 적손(嫡孫)인 민정호를 어려서부터 흠모하고 짝사랑함. 장금과 함께 궁중 최고의 요리사가 되기 위해 혼신을 다하나, 장금을 늘 경계하며 끝까지 장금과 경쟁관계가 된다.

❖ **중종(中宗)** : 임호

조선조 제11대 임금. 온화하나 우유부단한 성격. 자순대비(慈順大妃)의 아들로 연산군(燕山君)이 폐위된 후 보위에 오른다. 조광조(趙光祖) 기용을 계기로 개혁정치를 펴다가 장금(長今)을 만나며 그녀의 따뜻한 성품과 뛰어난 재주를 아낀다. 후(後)에 그녀를 주치의가 아닌 여자로 사랑한다.

‖줄거리‖

中宗의 飮食에 말똥버섯(독버섯)을 使用했다는 嫌疑를 받고 있는 崔尙宮과 금영이 長今의 도움으로 陋名을 벗을 수 있게 된다. 中宗의 병에 대해 長今과 정윤수는 診斷과 處方에서 많은 差異를 보이고 結局, 中宗의 安危는 長今의 손에 맡겨지게 되는데…… 崔尙宮과 금영은 自身들을 陰害한 背後 勢力을 內醫正 정윤수로 確信하고 열이를 통해 일을 꾸미는데……

씬36　　내의원 마당

長今□□이 捕縛□□된 채 兵士□□들에 의해 끌려오는데…
민정호… 역시 捕縛□□된 채 끌려와 무릎꿇려 있다. 보는 長今

飮食(음식) … 마실 음, 밥 식 영food 일いんしょく
使用(사용) … 하여금 사, 쓸 용 영use 일しよう
嫌疑(혐의) … 싫어할 혐, 의심할 의 영suspicion 일けんぎ
陋名(누명) … 좁을 누, 목숨 명 영a false charge 일いかがわしいうわさにのぼる名
診斷(진단) … 볼 진, 끊을 단 영diagnosis 일しんだん
處方(처방) … 살 처, 모 방 영a prescription 일しょほう
差異(차이) … 어긋날 차, 다를 이 영difference 일さい
結局(결국) … 맺을 결, 판 국 영conclusion 일けっきょく
安危(안위) … 편안할 안, 위태할 위 영safety and danger 일あんき
自身(자신) … 스스로 자, 몸 신 영one's self 일じしん
陰害(음해) … 응달 음, 해칠 해 영backbiting 일がい
背後(배후) … 등 배, 뒤 후 영the rear 일はいご
勢力(세력) … 기세 세, 힘 력 영influence 일いきおい
確信(확신) … 굳을 확, 믿을 신 영conviction 일かくしん
捕縛(포박) … 사로잡을 포, 묶을 박 영arrest 일ほばく
兵士(병사) … 군사 병, 선비 사 영a soldier 일へいし

□□과 민정호. 역시 무릎 꿇리는 長今□□. 보면 오겸호와 內醫院□□□ 食口□□들이 모두 나와 서있고…

오겸호 : 殿下□□께서 앞이 보이질 않으신다!

長今 : ……!

민정호 : ……!

오겸호 : 이것이 네 處方□□을 따른 結果□□야! 감히 醫女□□ 따위가 殿下□□의 患候□□를 알아낸다 어쩐다 들먹이고. 더구나 堂上官□□□ 副提調□□□의 직을 가진 官員□□이 內命婦□□□를 움직여 中殿□□마마의 密命□□을 받아내 이런 엄청난 結果□□를 招來□□하다니! 입이 있거든 말을 해보거라!

정윤수 : 어찌 말을 못해! 自身□□의 處方□□을 따르지 않으면… 殿下□□께서 큰 危險□□에 닥칠 듯 말을 하던 그 입으로

食口(식구) … 밥 식, 입 구 [영]members of a family [일]かぞく

殿下(전하) … 큰집 전, 아래 하 [영]His[Her] Royal Highness [일]でんか

結果(결과) … 맺을 결, 실과 과 [영]result [일]けっか

醫女(의녀) … 의원 의, 여자 녀

患候(환후) … 근심 환, 물을 후 [영]the sickness of a person honored [일]めうえの人ひとの病の敬語

堂上官(당상관) … 집 당, 위 상, 벼슬 관

副提調(부제조) … 버금 부, 끌 제, 고를 조

官員(관원) … 벼슬 관, 수효 원 [영]a government official [일]かんいん

內命婦(내명부) … [영]a lady of a court

中殿(중전) … 가운데 중, 큰집 전 [영]the Queen [일]おうひの敬語

密命(밀명) … 빽빽할 밀, 목숨 명

招來(초래) … 부를 초, 올 래 [영]bring about [일]しょうらい

어찌 말을 못 해!

長令   : ……

오겸호 : 더 이상 들을 것도 없다! 內醫院☐☐☐ 副提調☐☐☐ 민 정호는 당장 끌고 가 義禁府☐☐☐에 下獄☐☐시키고 醫女☐☐ 長令☐☐은 궁 밖으로 내치고 梟首☐☐하라!

지밀상 : (E)中殿☐☐마마 납시오!

모두 머리를 조아리면 中殿☐☐이 內侍☐☐와 尚宮☐☐들을 이끌고 온다. 中殿☐☐… 長令☐☐을 보는데…

中殿   : (크게 화가 나 보는데) 내 너를 믿었거늘… 어찌하여 이런 天崩☐☐의 일을 저지른 것이냐! 緣由☐☐를 말하거라!

長令   : ……

中殿   : 內醫院☐☐☐에서 地倉☐☐에서 혁거까지의 施鍼☐☐이☐☐ 危險☐☐하다 말렸는데도 施鍼☐☐을 하게 한 緣由☐☐가 무엇이냔 말이다!

義禁府(의금부)… 옳을 의, 금할 금, 곳집 부

下獄(하옥)… 아래 하, 옥 옥 영imprisonment 일げごく

梟首(효수)… 올빼미 효, 머리 수 영hang up the head of a decapitated criminal 일きょうしゅ;さらし首

內侍(내시)… 안 내, 모실 시 영a eunuch 일ないしふの官かんり

尚宮(상궁)… 오히려 상, 집 궁 영a court lady 일しょうごいの女官じょかん

天崩(천붕)… 하늘 천, 무너질 붕

緣由(연유)… 가선 연, 말미암을 유 영a reason 일えんゆう

地倉(지창)… 땅 지, 곳집 창

施鍼(시침)… 베풀 시, 침 침 일からだに鍼を打こと

長今 : 殿下□□께서 失明□□하실까 그리 하였습니다!

中殿 : 네 말은?

長今 : 施鍼□□ 자리가 危險□□하여 눈이 침침해지시는 것이 아니고 병의 進行□□이 그러하옵니다!

민정호 : 殿下□□의 玉體□□에 대해 그런 엄청난 말씀을 아뢸 수가 없어 말씀드리지 않았으나… 의녀 長今□□은 殿下□□의 눈이 침침해질 것을 豫見□□하고 있었습니다. 하여 그런 處方□□을 내린 것입니다.

中殿 : ……

정윤수 : 거짓이옵니다.

정윤수 : 이제 와 발뺌을 하기 위해 갖다 붙이는 것입니다.

민정호 : 다재헌에 中殿□□마마의 명으로 차려진 病舍□□가 있습니다. 그곳에 가면 殿下□□와 病症□□이 같은 두 명의 病者□□ 중 한 명이 失明□□된 病者□□이옵니다.

모두들 : (숨죽여보는데)

中殿 : (무슨 말을 해야할지 長今□□을 보는데)

失明(실명) … 잃을 실, 밝을 명 [영]loss of eyesight [일]しつめい
進行(진행) … 나아갈 진, 갈 행 [영]progress [일]しんこう
玉體(옥체) … 옥 옥, 몸 체 [영]the person of the king [일]ぎょくたい
豫見(예견) … 미리 예, 볼 견 [영]foresight [일]よけん
病舍(병사) … 병 병, 집 사 [영]an infirmary [일]びょうしゃ
病症(병증) … 병 병, 증세 증 [영]the nature[symptoms] of a disease [일]びょうしょう
病者(병자) … 병 병, 놈 자 [영]a sick person [일]びょうしゃ

長今 : 허니 마마!

민정호 : (담담한 표정으로 長今을 보면)

長今 : 제가 殿下를 직접 診脈케 해주십시오!

모두 : (충격)

정윤수 : 저… 저것이 이제 아주 정신이 나간 것이 아니냐! 감히! 醫女가 어찌 殿下의 옥체를…

長今 : 少女 비록 醫女이오나 저 또한 醫術을 행하는 자입니다. 殿下의 病症을 알아내기 위해 病夫日誌를 보고 다른 病者를 보았을 뿐 정작 殿下의 玉體는 단 한번도 診脈하지 못했습니다. 마마! 제발 診脈케 해주십시오!

中殿 : ……허면 네가 고칠 수 있느냐?

長今 : 마마! 아뢰옵기 惶恐하오나 병을 두고 醫員의 壯談이란 있을 수 없나이다!

모두들 : (아주 간이 부었구나)

中殿 : 하면 어차피 죽을 목숨 時刻이나 延長해보자는 것이냐?

診脈(진맥)··· 볼 진, 맥 맥 영feeling the pulse for diagnosis 일しんみゃく
少女(소녀)··· 적을 소, 여자 녀 영a young[little] girl 일しょうじょ
惶恐(황공)··· 두려워할 황, 두려워할 공 영awe-inspiring 일おそれ多こと
壯談(장담)··· 씩씩할 장, 말씀 담 영assurance 일そうご
時刻(시각)··· 때 시, 새길 각 영the time of day 일じこく
延長(연장)··· 끌 연, 길 장 영extension 일えんちょう

長今 : 역시 아뢰옵기 惶恐□□하오나… 病者□□를 놓고 제 몸을 먼저 구하지는 않습니다!

오겸호 : (나서는데 왠지 餘裕□□) 中殿□□마마! 어차피 마마께서 벌이신 일입니다. 마마께서 決定□□을 하시지요!

中殿 : ……(정말로 複雜□□한 表情□□)

그런 中殿□□을 보는 모든 사람들.

씬38 大闕□□ 一角□□

박부겸과 오겸호 걷고 있다.

박부겸 : 大監□□의 뜻이 무엇입니까?

오겸호 : ……

박부겸 : 지금으로도 中殿□□마마나 左贊成□□□ 勢力□□을 모두 없앨 수 있습니다. 저러다가 만에 하나 殿下□□의 玉體□□가 상하신다면…

오겸호 : 그리 된다 한들 우리에게 나쁠 게 무엇인가?

餘裕(여유) … 남을 여, 넉넉할 유 영space; time 일よゆう
決定(결정) … 터질 결, 정할 정 영decision 일けってい
複雜(복잡) … 겹옷 복, 섞일 잡 영complicated 일ふくざつ
表情(표정) … 겉 표, 뜻 정 영expression 일ひょうじょう
一角(일각) … 한 일, 뿔 각 영a corner;a section 일いっかく
大監(대감) … 큰 대, 볼 감 영His[Your] Excellency 일ちょうせん王時代, 正二位以上の官員のそんしょう
勢力(세력) … 기세 세, 힘 력 영influence 일せいりょく

박부겸 : 예?

오겸호 : 우리에겐 世子邸下□□□□가 계신데… 一擧□□에 모든
　　　　 것을 얻을 수 있는 것 아닌가?

박부겸 : ……

씬39　　中宮殿□□□(밤)

　　　　혼자 苦惱□□하고 있는 中殿□□.

씬40　　內醫院□□□ 마당(밤)

　　　　兵士□□들이 횃불을 켜놓은 채 長今□□과 민정호는 捕縛□
　　　　□되어 무릎 꿇려져 있다.

長今　　 : …제가 벼랑끝으로 내몰았습니다.

민정호 : 그 벼랑 끝에 徐醫女□□□도 같이 있지 않습니까? 1년이 되
　　　　 든… 10년이 되든 같이 있겠다 했습니다.

長今　　 : (바라본다)

민정호 : (바라보는데)

世子(세자)… 세상 세, 아들 자 圀the crown prince 圁おうせいし
邸下(저하)… 집 저, 아래 하
一擧(일거)… 한 일, 들 거 圀one effort 圁いっきょ
苦惱(고뇌)… 쓸 고, 괴로워할 뇌 圀suffering 圁くのう

이때… 中殿◻◻이 나온다. 둘도 中殿◻◻을 보고… 中殿
◻◻도 둘을 본다.

中殿 : 내가 만약 너의 말을 들어준다면 나는 나의 모든 것을 너에게 걸
　　　 어야한다.
　　　 中殿◻◻이라는 이 자리를 걸어야 해. 네 마음은 믿는다. 또한
　　　 네 말도 믿는다.

長今 : ……

中殿 : 허나 마음이나 말이 네 재주나 네 實力◻◻은 아니야. 하여 난
　　　 착하고 實力◻◻ 없는 사람이나 實力◻◻ 있고 못된 사람이
　　　 나 사람을 해하기는 마찬가지라고 생각한다. 前者◻◻는 本意
　　　 ◻◻ 아니게… 後者◻◻는 本意로 그러는 차이만 있을 뿐이
　　　 지. 네 本意◻◻는 아닐 것이나 네 재주가 모자라다면 나는 크
　　　 나큰 傷處◻◻를 입는다. 그래도 내가 너를 믿어야하느냐?

長今 : ……

中殿 : 내가 그래야 해?

長今 : ……

민정호: …예. 첫 번째 緣由◻◻는 이미 中殿◻◻마마께서는 두 다리를
　　　　 잃으셨습니다. 診脈◻◻케 하지 않는다 하여… 두 다리가 다

實力(실력) … 열매 실, 힘 력 영one's (real) ability 일じつりょく
前者(전자) … 앞 전, 놈 자 영the former 일ぜんしゃ
本意(본의) … 밑 본, 뜻 의 영one's will 일ほんい
後者(후자) … 뒤 후, 놈 자 영the latter 일こうしゃ

시 나지는 않습니다. 허나… 만약… 診脈□□케 하여 殿下□□의 患候□□를 고친다면 마마께서는 두 다리가 살아남은 물론 두 날개도 얻습니다.

中殿　: 그건 長今□□이가 반드시 殿下□□의 눈을 뜨게 하여야 可能□□한 것이다.

민정호 : 그것이 두 번째 緣由□□입니다.

長今　: ……

中殿　: ……

민정호 : 醫女□□ 長今□□은 반드시 고칩니다!

中殿　: ……

長今　: ……

씬63　大殿□□

長番內侍□□□□, 崔尙宮□□□□, 至密尙宮□□□□. 정윤수, 정운백, 신익필 있고…
오겸호와 대신… 두엇 있고… 中殿□□과 長今□□이 있는 가운데…

中殿　: 處方□□을 정하였느냐?

長今　: …예.

可能(가능) … 옳을 가, 능할 능 [영]possibility [일]かのう
至密(지밀) … 이를 지, 빽빽할 밀

中殿　　：무엇이냐?

長今　　：防己□□와 紅蔘□□이옵니다!

정윤수　：(크게 놀라고)

오겸호　：(醫官□□들의 反應□□을 보고는 뭔가 심상치 않다 느끼는데)

長今　　：緣由□□는…

中殿　　：湯藥□□을 올리거라! 時刻□□이 없다!

長今　　：…예.

醫官□□들은 不安□□한 表情□□인데…

씬64　　藥材倉□□□

신비는 芳紀□□를 끓이고 있고… 長今□□이는 紅蔘□□을 만들고 있다.
이때… 신익필과 정운백 들어오는데…

長今　　：안 그래도… 鄭主簿□□□ 나으리의 도움이 必要□□했습니다. 紅蔘□□ 만드는 법을 다시 가르쳐주십시오.

紅蔘(홍삼)…붉을 홍, 인삼 삼 영ginseng steamed red 일こうさん
反應(반응)…되돌릴 반, 응할 응 영reaction 일はんのう
湯藥(탕약)…넘어질 탕, 약 약 영a medicinal decoction 일とうやく
不安(불안)…아닐 불, 편안할 안 영uneasiness 일ふあん
藥材倉(약재창)…약 약, 재목 재, 곳집 창
必要(필요)…반드시 필, 구할 요 영necessity 일ひつよう

정운백 : 그것을 疑心□□하는 것이냐?

長今 : 예.

신익필 : 정윤수 내의정 나으리를 더할 수 없는 困境□□에 빠트리기 위한 것은 아니리라 믿는다.

長今 : 아닙니다. 內醫正□□□ 나으리의 處方□□엔 飮用□□은 없습니다.

신비 : (의아하고)

씬73 **大殿**□□

崔尙宮□□□과 長番內侍□□□□, 지켜보는 가운데… 中殿□□이 中宗□□에게

中殿 : 마마! 아직도 보이지 않으십니까?

中宗 : 그렇소.

中殿 : ……

이때… 長今□□이 다시 飮食□□을 들고 들어온다. 中殿□□, 점점 理性□□을 잃어가는데… 長今□□은 다시 와… 中宗□□에게 飮食□□을 먹이기 始作□□한다. 허나… 먹던 中宗□□… 먹기가 힘이 드는지… 울컥 토하고 만다.

疑心(의심) … 의심할 의, 마음 심 ⓔdoubt ⓙぎしん

困境(곤경) … 괴로울 곤, 지경 경 ⓔan awkward[a hard, a difficult] position ⓙくきょう

飮用(음용) … 마실 음, 쓸 용 ⓔdrinking purpose ⓙいんよう

理性(이성) … 다스릴 리, 성 성 ⓔreason ⓙりせい

中殿　　：마마! 마마! (참다못해 爆發□□) 널 믿었거늘! 어찌하여 눈도
　　　　　皮膚病□□□도 아무 것도 낫지 않는 것이냐! 대체! 눈이 안
　　　　　보이시는 마당에 芳紀□□와 紅蔘□□이 어찌 處方□□
　　　　　이 된다는 것이냐! 더구나 이따위 飮食□□이 무슨 도움이 돼!
　　　　　당장 치우거라! 당장!

　　　　　崔尚宮□□□과 至密尚宮□□□□… 와… 中殿□□을 鎮
　　　　　定□□시키려하고

長今　　：아닙니다, 마마! 드셔야 합니다! 分明□□… 나으실 겁니다!
　　　　　나아가고 계십니다.

中殿　　：(虛脫□□해져서 혼잣소리로) 널 믿은 내가 罪人□□이로고!
　　　　　널 믿은 내가 罪人□□이야!!!

長今　　：마마!

中殿　　：殿下□□! 저를 죽여주십시오! 저를 죽여…… (하고는 흐느끼
　　　　　는데)

中宗　　：(그런 中殿□□의 얼굴조차 보이지 않는지 손을 虛空□□에 휘
　　　　　저으며) 고정하시오… 中殿□□…

爆發(폭발)… 터질 폭, 쏠 발 ㉥explosion ㉺ばくはつ
皮膚病(피부병)… 가죽 피, 살갗 부, 병 병 ㉥a skin[cutaneous] disease ㉺ひふびょう
分明(분명)… 나눌 분, 밝을 명 ㉥clearly ㉺ぶんめい
虛脫(허탈)… 빌 허, 벗을 탈 ㉥blankness of (mind) ㉺きょだつ
罪人(죄인)… 허물 죄, 사람 인 ㉥a criminal ㉺ざいにん

中殿□□… 그런 中宗□□의 모습을 본 中殿□□, 더욱 理性□□을 잃으며

中殿 : 저 년을 당장 下獄□□시켜라! 당장 下獄□□시키라니까! 저년을 당장!

內侍□□와 나인들 들어와 長今□□을 잡아가고…

長今 : (끌려 나가면서) 마마! 제가 올린 湯藥□□과 飮食□□을 드셔야 합니다! 반드시 드셔야 합니다!

中殿□□은 흐느끼고… 中宗□□은 慘憺□□하고…

씬79 義禁府□□□ 마당

長今□□이 나오는데… 민정호도 있다. 서로를 바라보고… 다시 羅卒□□들에 의해 끌려가고… 형틀에 둘이 앉힌다. 이때… 推鞫官□□□으로 오겸호 나타나고… 둘을 바라보는데… 민정호와 長今□□은 담담하게 그를 바라본다.

오겸호 : (뚫어지게 둘을 보더니 冷靜□□하게) 너희 죄를 實吐□□하라!

慘憺(참담) … 참혹할 참, 편안할 담 [영]misery [일]さんたん
羅卒(나졸) … 새 그물 나, 병사 졸
推鞫官(추국관) … 옳을 추, 국문할 국, 벼슬 관
冷靜(냉정) … 찰 냉, 고요할 정 [영]calmness [일]れいせい
實吐(실토) … 열매 실, 토할 토 [영]a true confession [일]じじつをありのままに言いうこと

長今　: ……

민정호 : ……

오겸호 : 罪人□□들은 오늘 이 地境□□□까지 일을 만든 모든 經緯□□를 實吐□□하라!

長今　: ……

민정호 : ……

오겸호 : 여봐라!

나장들 : 예에!

오겸호 : 이들이 모든 罪過□□를 吐說□□할 때까지 주리를 틀어라!

하면… 羅卒□□들… 주리를 틀려는데…

장번내 : (E)멈추시오! 멈추시오!

오겸호 : (보면 長番內侍□□□□가 달려오고 있다)

長今□□과 민정호도 보고…

장번내 : 醫女□□ 長今□□을 얼른 待令□□하라는 中殿□□마마의 명이십니다!

地境(지경) … 땅 지, 지경 경 [영]a state [일]たちば
經緯(경위) … 날 경, 씨 위 [영]circumstances [일]けいい
罪過(죄과) … 허물 죄, 지날 과 [영]a crime [일]ざいか
吐說(토설) … 토할 토, 말씀 설 [영]a true confession [일]かくしていた事を明にすること

오겸호 : 무슨 緣由□□로?

장번내 : 지금 緣由□□를 댈 時刻□□이 없습니다. 얼른 풀어주십시
오. 얼른이요!

하면… 오겸호… 떨떠름한 가운데… 羅卒□□들… 長今□□을
풀고… 민정호와 長今□□… 希望的□□□인 表情□□으로
둘이 바라보는데…

씬80　　　大殿□□

長今□□이 들어오면… 정윤수와 신익필, 정운백 있고… 中殿□
□이 있는데…

中殿　　 : 너를 내치고 醫官□□들이 다시 와 살펴보았더니…

신익필 : 殿下□□의 皮膚□□가 아주 좋아지셨다.

정운백 : 온몸의 皮膚病□□□이 싹 들어갔어.

정윤수 : (못마땅)

中殿　　 : 申主簿□□□나 鄭主簿□□□가 네 處方□□ 때문이다
하여 다시 불렀다. 皮膚□□는 나아졌는데도 눈은 아직 그대
로이시다. 얼른 다시 보거라!

長今□□, 中宗□□의 곁으로 간다. 우선… 이불을 열어… 皮

希望的(희망적) … 바랄 희, 바랄 망, 과녁 적 영wishful 일きぼうてき

膚□□를 살피고… 눈을 다시 본다. 그리고 高度□□의 集中力
□□□으로… 診脈□□을 하고는… 드디어… 침을 꺼내든다.
보는 醫官□□들과 中殿□□… 緊張□□되고… 長今□□
□… 처음에 自身□□이 정윤수에게 했던 處方□□대로… 지
창에서 혁거까지… 침을 꽂기 始作□□한다. 보는 사람들… 長今
□□… 꽂아놓은 침을 쥐고… 흔들거나… 놀며… 刺戟□□을
준다. 보는 사람들… 그리고는 침을 뺀다.

中殿 : 다 된 것이냐?

長今□□… 두 손을 비벼 기를 모으는 듯 하더니… 양손으로 中宗
□□의 지창에서 혁거까지 經穴□□ 마사지를 하기 시작… 보
는 사람들… 長今□□은 쉬지 않고… 계속 하고… 보는 사람들,
컷. 時間□□ 經過□□(밤) 長今□□, 계속 하고… 컷… 時間
□□ 經過□□(밤) 長今□□… 계속하고. 이제는 長今□□
의 이마에서 땀이 흐르기 시작하고… 컷. 時間□□ 經過□□(새
벽) 長今□□… 계속하고… 長今□□… 힘이 드는지 얼굴에 苦
痛□□이 흐른다. 全體的□□□인 時間□□이 하루나 이틀
의 느낌으로 몽따주.

高度(고도) … 높을 고, 법도 도 圏a high power 圎こうど
集中力(집중력) … 모일 집, 가운데 중, 힘 력 圏one's power of concentration 圎しゅうちゅうりょく
緊張(긴장) … 굳게 얽을 긴, 베풀 장 圏tension 圎きんちょう
刺戟(자극) … 찌를 자, 창 극 圏a stimulus 圎しげき
經穴(경혈) … 날 경, 구멍 혈 圏spots on the body suitable for acupuncture 圎けいけつ
苦痛(고통) … 쓸 고, 아플 통 圏pain 圎くつう
全體的(전체적) … 온전할 전, 몸 체, 과녁 적 圏generally 圎ぜんたいてき

씬82　　大殿　☐☐

　　　醫官　☐☐　들과 中殿　☐☐　이 계속 지키고 있는 가운데 長今　☐☐
　　　은 아직도 經穴　☐☐　마사지를 하고 있다. 그리고는 드디어… 長今
　　　☐☐　이 손을 멈추는데… 모두들… 緊張　☐☐　하고… 長今☐
　　　☐… 中宗　☐☐　을 부축하여 일어나 앉히는데… 일어나 앉는 中宗
　　　☐☐. 눈을 감고 있다.

長今　　：……

中殿　　：……

中宗　　：……

長今　　：殿下　☐☐　… 이제 눈을 떠보시옵소서.

中宗　　：……

長今　　：……

中殿　　：마마! 눈을 뜨시옵소서!

　　　천천히 눈을 뜨기 시작하는 中宗　☐☐. 눈을 뜨는 中宗　☐☐… 稀
　　　微　☐☐　한 長今　☐☐　의 얼굴 中宗　☐☐　의 稀微　☐☐　한 視線
　　　☐☐　으로 차츰 또렷해 보이는 長今　☐☐　의 얼굴에서 엔딩.

稀微(희미) … 드물 희, 작을 미 영faint 일かすかなこと
視線(시선) … 볼 시, 줄 선 영one's eye(s) 일しせん

中宗(중종) … 조선 제11대 왕(1488~1544). 이름은 역(懌). 자는 낙천(樂天). 혁신 정치를 꾀
하다가 훈구파의 반대로 실패하고 기묘사화를 불러일으켰다. 재위 기간은
1506~1544년이다.

嫌疑(혐의) … 꺼리고 미워함. 범죄를 저지른 사실이 있을 가능성. 수사를 개시하게 되는 동
기가 된다.

陋名(누명) … 사실이 아닌 일로 이름을 더럽히는 억울한 평판.

處方(처방) … 병을 치료하기 위하여 증상에 따라 약을 짓는 방법. 일정한 문제를 처리하는
방법.

結局(결국) … 일이 마무리되는 마당이나 일의 결과가 그렇게 돌아감을 이르는 말. 어떤 일이
벌어질 형편이나 국면을 완전히 갖춤.

陰害(음해) … 몸을 드러내지 아니한 채 음흉한 방법으로 남에게 해를 가함.

背後(배후) … 등의 뒤. 어떤 대상이나 대오의 뒤쪽. 어떤 일의 드러나지 않은 이면.

捕縛(포박) … 잡아서 묶음. 또는 그런 줄.

食口(식구) … 한집에서 함께 살면서 끼니를 같이하는 사람. 한조직에 속하여 함께 일하는 사
람을 비유적으로 이르는 말.

醫女(의녀) … 조선 시대에, 간단한 의술을 익혀 내의원과 혜민서에서 심부름하던 여자. 뒤에
차차 기생과 같이 대우되어 의기(醫妓)라고도 불리었다.

患候(환후) … 웃어른의 병을 높여 이르는 말.

堂上官(당상관) … 조선시대 관리들의 품계 가운데 정1품부터 정3품까지를 가리키는 말. 동
반 東班의 정3품 이상과 서반 西班 의 정3품 절충장군(折衝將軍) 이상을 당상
관이라 불렀다

副提調(부제조) … 조선 시대에, 내의원·사옹원·승문원에 속한 정삼품 벼슬.

內命婦(내명부) … 조선 시대에, 궁중에서 품계를 받은 여인을 통틀어 이르는 말. 빈(嬪), 귀
인(貴人), 소의(昭儀), 숙의(淑儀), 소용(昭容), 숙용(淑容), 소원(昭媛), 숙원
(淑媛), 상궁 따위이다.

中殿(중전) … 왕비가 거처하던 궁전. '왕비(王妃)'를 높여 이르던 말.

密命(밀명) … 남모르게 명령을 내림. 또는 그 명령.

招來(초래) … 어떤 결과를 가져오게 함. 불러서 오게 함.

義禁府(의금부) … 조선 시대에, 임금의 명령을 받들어 중죄인을 신문하는 일을 맡아 하던 관아.

梟首(효수) … 죄인의 목을 베어 높은 곳에 매달아 놓던 형벌.

內侍(내시) … 조선 시대에, 내시부에 속한 궁중의 남자 내관. 임금의 시중을 들거나 숙직 따위의 일을 맡아보았으며, 모두 거세된 사람이었다.

天崩(천붕) … 하늘이 무너지는 것 같은 큰 일로, 주로 임금이나 아버지의 상사(喪事)를 입은 슬픔을 말함. 천붕지함(天崩地陷)의 약자임.

地倉(지창) … 위경(胃經)에 속하는 혈(穴). 입아귀로부터 양옆으로 네 푼 되는 곳이다.

施鍼(시침) … 몸에 침을 놓음.

玉體(옥체) … 옥같이 아름다운 몸. 임금의 몸.

診脈(진맥) … 병을 진찰하기 위하여 손목의 맥을 짚어 보는 일.

病夫日誌(병부일지) … 아픈 사람의 진료 기록을 매일같이 적은 책.

壯談(장담) … 확신을 가지고 아주 자신 있게 말함. 또는 그런 말.

大監(대감) … 조선 시대에, 정이품 이상의 벼슬아치를 높여 부르던 말. 벼슬이나 지명에 붙여서 불렀다.

左贊成(좌찬성) … 조선 시대에, 의정부에 속하여 백관(百官)을 통솔하고 일반 정사(政事)의 처리, 국토 계획, 외교 따위를 맡아 하던 종일품 벼슬.

邸下(저하) … 조선 시대에, 왕세자를 높여 이르던 말.

苦惱(고뇌) … 괴로워하고 번뇌함.

前者(전자) … 지난번. 두 가지의 사물이나 사람을 들어 말할 때, 먼저 든 사물이나 사람.

至密(지밀) … 지극히 은밀하고 비밀스럽다는 뜻에서, 임금이 늘 거처하던 곳을 이르던 말. 대전(大殿), 내전(內殿) 등이 있다. 각 궁방(宮房)의 침실.

防己(방기) … 새모래덩굴과의 낙엽 활엽 덩굴나무. 줄기와 뿌리는 약재로 쓴다.

紅蔘(홍삼) … 수삼을 쪄서 말린 붉은 빛깔의 인삼.

藥材倉(약재창) … 한약 등을 넣어 두는 곳간.

虛脫(허탈) … 몸에 기운이 빠지고 정신이 멍함. 또는 그런 상태.

慘憺(참담) … 끔찍하고 절망적임. 몹시 슬프고 괴로움.

羅卒(나졸) … 조선 시대에, 지방 관아에 속한 사령(使令)과 군뢰를 통틀어 이르던 말.

推鞫官(추국관) … 의금부(義禁府)에서 왕명에 의하여 중죄인(重罪人)을 국문(鞠問)하는 일을 담당하는 관리.

實吐(실토) … 거짓 없이 사실대로 다 말함.

經緯(경위) … 일이 진행되어 온 과정.

吐說(토설) … 숨겼던 사실을 비로소 밝히어 말함.

希望的(희망적) … 앞일에 대하여 어떤 기대를 가지고 바라는. 또는 그런 것.

集中力(집중력) … 마음이나 주의를 집중할 수 있는 힘.

刺戟(자극) … 외부에서 작용을 주어 감각이나 마음에 반응이 일어나게 함. 또는 그런 작용을 하는 사물. 생체에 작용하여 반응을 일으키게 하는 일. 또는 그런 작용의 요인.

經穴(경혈) … 14 경맥(經脈)에 속해 있는 혈(穴)을 이르는 말. 경락(經絡)의 기혈(氣血)이 신체 표면에 모여 통과하는 부위로, 침을 놓거나 뜸을 떠서 자극을 내부 장기(臟器)로 전달하기도 하고 내부 장기의 징후를 드러내기도 한다.

稀微(희미) … 분명하지 못하고 어렴풋하다.

甲子士禍(갑자사화) … 조선 연산군 10년(1504)에 폐비 윤씨와 관련하여 많은 선비들이 죽음을 당한 사건. 연산군의 생모 윤씨가 폐위되어 사약을 받고 죽은 일에 관계한 신하들과 윤씨의 복위를 반대한 사람들이 임금의 노여움을 사게 되어 화를 입었다.

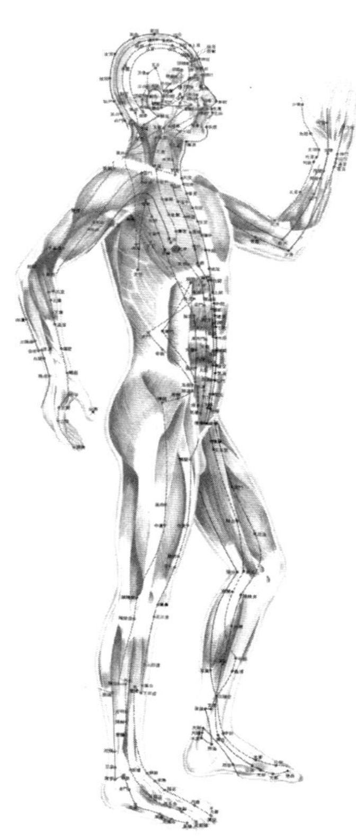

▲ 인간의 측면경혈도

漢城府(한성부) ··· 조선 시대에, 서울의 행정 · 사법을 맡아보던 관아. 태조 5년(1396)에 한
　　　　　양부를 고친 것으로 삼법사의 하나이다.

判官(판관) ··· 조선 시대에 중앙에 둔, 정오품 벼슬. 돈령부, 한성부, 상서원, 봉상시, 사옹
　　　　　원, 내의원, 상의원, 사복시, 군기시 따위에 두었다.

金鷄(금계) ··· 꿩과의 새. 꿩과 비슷한데 수컷은 광택 있는 황금색 우관(羽冠)과 뒤 목에는
　　　　　누런 갈색, 어두운 녹색의 장식깃이 있어 매우 아름답다. 암컷은 엷은 갈색 바
　　　　　탕에 검은 점이 있다. 번식이 쉽고 추위에 강하여 관상용으로 기르며 중국이
　　　　　원산지이다.

官婢(관비) ··· 예전에, 관가에 속하여 있던 계집종.

直宿(직숙) ··· 관청, 회사, 학교 따위의 직장에서 밤에 교대로 잠을 자면서 지키는 일. 또는
　　　　　그런 사람.

同副承旨(동부승지) ··· 조선시대 승정원(承政院)에 속한 정3품 관직.

流配(유배) ··· 오형(五刑) 가운데 죄인을 귀양 보내던 일. 그 죄의 가볍고 무거움에 따라 원
　　　　　근(遠近)의 등급이 있었다.

司憲府(사헌부) ··· 고려 · 조선 시대에, 정사(政事)를 논의하고 풍속을 바로잡으며 관리의 비
　　　　　행을 조사하여 그 책임을 규탄하는 일을 맡아보던 관아.

彈劾(탄핵) ··· 죄상을 들어서 책망함. 법률적으로는 보통의 파면 절차에 의한 파면이 곤란하
　　　　　거나 검찰 기관에 의한 소추(訴追)가 사실상 곤란한 대통령 · 국무 위원 · 법관
　　　　　등을 국회에서 소추하여 해임하거나 처벌하는 일. 또는 그런 제도.

慈順大妃(자순대비) ··· 중종의 어머니로 내명부(內命婦)의 가장 높은 어른.『대장금』에서
　　　　　는 법도를 엄숙하게 지키는 보수적인 인물로 묘사되었다.

燕山君(연산군) ··· 조선 제10대 왕(1476~1506). 이름은 융(隆). 무오사화, 갑자사화를 일으
　　　　　켜 많은 선비들을 죽였다. 폭군으로 지탄받아 중종반정으로 폐위되었다. 재위
　　　　　기간은 1494~1506년이다.

趙光祖(조광조) ··· 조선 중종 때의 문신 · 성리학자(1482~1519). 자는 효직(孝直). 호는 정
　　　　　암(靜庵). 시호는 문정(文正). 부제학, 대사헌을 지냈다. 김종직의 학통을 이
　　　　　은 사림파의 영수로서, 급진적인 개혁을 추진하다가 훈구파 남곤 일파가 일으
　　　　　킨 기묘사화 때에 죽임을 당하였다. 저서에『정암집』이 있다.

제2부

전통의 재창조

제7강

박물관(博物館) 찾아가기

博物館□□□은 教養□□·調查□□ 研究□□·레크리에이션 등에 資料□□를 提供□□하기 위하여 必要□□한 事業□□을 推進□□하고, 아울러 이들의 資料□□에 관한 調查□□ 研究□□를 目的□□으로 하는 機關□□이다. 이를 國際博物館協議會□□□□□□

博物館(박물관) … 넓을 박, 물건 물, 관청 관 [영]museum. [일]はくぶつかん
教養(교양) … 가르칠 교, 기를 양 [영]culture;education. [일]きょうよう
調查(조사) … 고를 조, 사실할 사 [영]inquiry [일]ちょう-さ
研究(연구) … 갈 연, 궁구할 구 [영]study [일]けんきゅう
資料(자료) … 재물 자, 되질할 료 [영]data [일]し-りょう
必要(필요) … 반드시 필, 구할 요 [영]necessity [일]ひつ-よう
事業(사업) … 일 사, 업 업 [영]work [일]し-ごと
推進(추진) … 옮을 추, 나아갈 진 [영]propulsion [일]すい-しん
目的(목적) … 눈 목, 과녁 적 [영]aim [일]もく-てき
機關(기관) … 틀 기, 빗장 관 [영]authority [일]きかん
國際(국제) … 나라 국, 사이 제 [영]international [일]こく-さい

(International Council of Museums:ICOM)에서는 "文化的 　　 또는 學術的 　　 意義 　가 깊은 資料 　를 收集 　하여 그것들을 研究 　·教育 　 및 趣樂 　을 위하여 保管 　하고 展示 　하는 常設機關 　은 모두 博物館 　으로 看做 　한다"라고 定義 　하고 있다.

博物館 　은 一般的 　으로 收藏 　資料 　의 種類 　에 따라 區分 　할 수 있다. 모든 分野 　의 資料 　를 收藏 　하고 있는 綜合 　博物館 　, 美術 　·歷史 　·科學 　 등 特定

收集(수집) … 거둘 수, 모일 집 영collection 일しゅうしゅう
趣樂(취락) … 달릴 취, 즐길 락 영interest 일しゅみ
保管(보관) … 지킬 보, 피리 관 영keep 일ほかん
展示(전시) … 펼 전, 보일 시 영exhibition 일てんじ
常設(상설) … 항상 상, 펼 설 영permanent establishment 일じょうせつ
看做(간주) … 볼 간, 지을 주 영regard 일おもうこと
定義(정의) … 정할 정, 뜻 의 영a definition 일ていぎ
收藏(수장) … 거둘 수, 감출 장 영storage 일しゅうぞう
種類(종류) … 씨 종, 무리 류 영a kind 일しゅるい
區分(구분) … 지경 구, 나눌 분 영a division 일くぶん
分野(분야) … 나눌 분, 들 야 영a field 일ぶんや
綜合(종합) … 잉아 종, 합할 합 영synthesis 일そうごう
美術(미술) … 아름다울 미, 꾀 술 영art 일びじゅつ

□□ 分野□□의 資料□□를 專門的□□으로 收藏□□하고 있는 專門□□ 博物館□□□, 그리고 專門□ 博物館□□은 다시 美術館□□□·歷史□□ 博物館□□□·科學□□ 博物館□□□으로 大別□□된다. 또한 展示場所□□□□로 볼 때에는 野外□□ 彫刻展示場□□□□□ 등의 種類□□도 있다.

博物館□□□은 實物□□에 依據□□하여, 體驗□□을 통해 文化□□ 및 學術□□상의 知識□□과 敎養□□을 얻을 수 있는 公開的□□□ 敎育機關□□□이기도 하다. 그러기에 一般人□□을 위한 多樣한 機能□□을 가지고 있다.

歷史(역사) … 지낼 력, 역사 사 ⑱history ⑬れきし
科學(과학) … 과정 과, 배울 학 ⑱science ⑬かがく
特定(특정) … 수컷 특, 정할 정 ⑱specification ⑬とくてい
專門的(전문적) … 오로지 전, 문 문, 과녁 적 ⑱a specialty ⑬せんもん
場所(장소) … 마당 장, 바 소 ⑱a place ⑬ばしょ
野外(야외) … 들 야, 바깥 외 ⑱the fields ⑬やがい
彫刻(조각) … 새길 조, 새길 각 ⑱sculpture ⑬ちょうこく
實物(실물) … 열매 실, 만물 물 ⑱the real thing ⑬じつぶつ
依據(의거) … 의지할 의, 의거할 거 ⑱conformity ⑬よること
體驗(체험) … 몸 체, 증험할 험 ⑱experience ⑬たいけん
公開的(공개적) … 공변될 공, 열 개, 과녁 적 ⑱open ⑬こうかいてき

우선 資料□□ 收集□□ 機能□□이다. 博物館□□
□의 基本的□□□ 要素□□는 그 資料□□에 있으므
로, 항상 價値□□ 있고 豊富□□한 實物資料□□□
를 準備□□하여야 한다.

둘째, 整理□□ 保管□□ 機能□□이다. 博物館□□
□에 收集□□된 資料□□는 保存□□을 위하여 系統的
□□□으로 整理□□ 分類□□하고, 退色□□ 防止
□□·防蟲□□·防濕□□ 등을 完備□□한 資料庫
□□에 保管□□한다. 또, 研究□□·展示□□·貸
出□□ 등의 要求□□에 能率的□□□이고 安全□□
하게 對應□□되도록 配慮□□한다.

要素(요소) … 구할 요, 흴 소 ㉔an important factor ㉕ようそ
價値(가치) … 값 가, 값 치 ㉔value ㉕かち
豊富(풍부) … 풍성할 풍, 가멸 부 ㉔abundant ㉕ほうふ
準備(준비) … 수준기 준, 갖출 비 ㉔preparation ㉕じゅんび
整理(정리) … 가지런할 정, 이치 리 ㉔arrangement ㉕せいり
系統(계통) … 이을 계, 큰 줄기 통 ㉔a system ㉕けいとう
退色(퇴색) … 물러날 퇴, 빛 색 ㉔discoloration ㉕たいしょく
防止(방지) … 둑 방, 발 지 ㉔prevention ㉕ぼうし
完備(완비) … 완전할 완, 갖출 비 ㉔perfection ㉕かんび
貸出(대출) … 빌릴 대, 날 출 ㉔loan;lending ㉕かし出だし
能率的(능률적) … 능할 능, 헤아릴 률, 과녁 적 ㉔efficiency ㉕のうりつてき

셋째, 調査□□ 研究□□ 機能□□이다. 博物館□□□에 收集□□・整理□□된 여러 資料□□는 一般□□에게 公開□□되어 調査研究□□□□에 提供□□된다. 그 뿐만 아니라 博物館□□□의 專門職員□□□□인 學藝官□□□이나 其他□□ 專門家□□□에 의해 모든 機會□□에 學術的□□□ 調査研究□□□□ 資料□□로써 利用□□되고 있다.

넷째, 展示□□ 및 敎育□□ 活動□□ 機能□□이다. 博物館□□□을 利用□□하는 첫 번째 理由□□는 博物館□□□에 整理□□된 資料□□를 보기 위해서이다. 따라서 박물관은 一般□□을 위한 敎育□□ 普及□□의 機能□□과 直接的□□□인 關聯□□을 가진다. 博物館□□□의 資料□□와 그 成果□□를 展示□□함으

對應(대응) … 대답할 대, 응할 응 [영]a countermeasure [일]たいおう
提供(제공) … 끌 제, 이바지할 공 [영]an offer [일]ていきょう
機會(기회) … 틀 기, 모일 회 [영]a chance [일]きかい
活動(활동) … 살 활, 움직일 동 [영]activity [일]かつどう
理由(이유) … 다스릴 리, 말미암을 유 [영]a reason [일]りゆう
普及(보급) … 널리 보, 미칠 급 [영]spread [일]ふきゅう
關聯(관련) … 빗장 관, 잇달 련 [영]relation [일]つづけて

로써 大衆□□의 文化的□□□·科學的□□□ 水準□□의 向上□□을 가져오도록 해야 한다.

▲ 국립중앙박물관 내부 전경

현재 韓國□□에는 많은 博物館□□□이 있다. 博物館 施設□□□□□은 全國□□ 各地□□에 걸쳐 國立中央博物館□□□□□□□·慶州博物館□□□□□·夫餘博物館□□□□□·光州博物館□□□□□·公州博物館□□□□□ 등 國立博物館□□□□□과 금정민속박물관을 비롯한 私設博物館□□□□□ 9개와 東西醫藥博物館□□□□□□□ 등 6箇□의 特殊博物館□□□□□, 서울대·慶熙大□□□·梨花女大□□□□ 등 全國□□의 綜合□□

施設(시설) … 베풀 시, 베풀 설 [영]establishment [일]しせつ
私設(사설) … 사사 사, 베풀 설 [영]a private establishment [일]しせつ
特殊(특수) … 수컷 특, 죽일 수 [영]speciality [일]とくしゅ

및 單科大學의 博物館 60여 箇가 있다. 이 外에도 遺物을 保有하고 있는 곳은 藏書閣·昌慶宮·昌德宮·德壽宮·景福宮·宗廟·國立民俗博物館 등이 있다. 博物館 設置基準令에 따라 全國의 綜合大學은 義務的으로 博物館을 設置하고 있으며, 이미 設置한 博物館에 대해서도 그 改善整備가 急速히 推進되고 있다. 또 敎育活動이 活潑하게 展開된 結果 近來에는 상당한 水準으로 發展하고 있다.

이 중 韓國의 代表的인 博物館으로는 國立中央博物館을 들 수 있다.

國立中央博物館은 우리 先祖들

單科大學(단과대학) … 홑 단, 과정 과, 큰 대, 배울 학 [영]college [일]たんか大だいがく
改善(개선) … 고칠 개, 착할 선 [영]improvement [일]かいぜん
急速(급속) … 급할 급, 빠를 속 [영]rapidity [일]きゅうそく

이 남겨놓은 모든 類型□□의 文化遺産□□□이 凝縮□□되어 있는 우리 文化□□를 代表□□하는 民族文化□□□의 殿堂□□이다. 1909년 昌慶宮□□에서 帝室博物館□□□□이란 이름으로 一般人□□에게 公開□된 以來□□, 朝鮮總督府博物館□□□□을 거쳐, 1972년 國立中央博物館□□□으로 名稱□□을 變更□□하면서 그 質的□□·量的□□ 成長□□을 거듭하여 왔다. 더욱이 지난 2005년 10월 28일 龍山□□으로 移轉□□하여 새로운 龍山時代□□□를 열면서 명실공이 韓國□□을 代表□□하는 複合文化空間□□□□으로 거듭나고 있다.

博物館□□□ 측이 밝힌 博物館□□□ 建築□□의 포인트는 다음 세 가지 정도로 要約□□된다.

類型(유형) … 무리 류, 거푸집 형 영a type 일るいけい
凝縮(응축) … 엉길 응, 줄일 축 영condensation 일ぎょうしゅく
殿堂(전당) … 큰집 전, 집 당 영a temple 일でんどう
名稱(명칭) … 이름 명, 일컬을 칭 영a name 일めいしょう
變更(변경) … 변할 변, 고칠 경 영change 일へんこう
建築(건축) … 세울 건, 쌓을 축 영building 일けんちく

▶국립중앙박물관 외부 전경

우선 建築□□의 基本□□ 概念□□이 우리의 傳統的 □□□ 建築精神□□□□을 現代的□□□으로 再解釋□□□한다는 立場□□이다. 壯大□□하게 하나로 보이는 두 建物□□ 가운데에 우리 建築□□의 固有□□ 空間□□인 마루를 象徵□□한 열린마당을 두어 모든 사람에게 開放□□하고, 展示室□□□이나 事務洞□□□ 등 博物館□□□의 모든 施設□□을 利用할□□ 수 있게 했다.

다음으로 背山臨水□□□□의 配置□□이다. 우리나라

概念(개념) … 평미레 개, 생각할 념 ㉎a general idea ㉺ がいねん
再解釋(재해석) … 다시 재, 풀 해, 풀 석 ㉎re-analysis ㉺もう一度 かいせき
壯大(장대) … 씩씩할 장, 큰 대 ㉎big and strong ㉺ちょうだい
開放(개방) … 열 개, 놓을 방 ㉎opening ㉺かいほう

에는 유난히 산이 많다. 그래서 산은 生活環境 □□□ 에서 떼어 놓을 수 없을 정도이다. 산은 물과 어울릴 때 음과 양으로써 調和 □ 와 均衡 □ 을 이루게 되고, 物質的 □□ 豊饒 □ 와 情緒的 □□ 安定 □ 을 누리게 된다. 博物館 □□ 建物 □ 은 大地 □ 안쪽 깊숙한 곳에 傳統 方式 □□□ 에 따라 南向 □ 받이와 背山臨水 □ □ 의 樣式 □ 으로 配置 □ 하였다.

마지막으로 公園 □ 의 景觀 □ 과 文化 □ 施設 □ 의 調和 □ 이다. 建立 □ 敷地 □ 는 中心部 □ 에 연못과 屋外 □ 에 展示 □ 空間 □, 休憩施設 □□□ 등을 調和 □ 롭게 配置 □ 核心空間 □□ 으로 構成 □ 하였다. 龍山 □ 家族公園 □

背山臨水(배산임수) … 등 배, 뫼 산, 임할 임, 물 수
配置(배치) … 아내 배, 둘 치 영arrangement 일はいち
均衡(균형) … 고를 균, 저울대 형 영balance 일きんこう
豊饒(풍요) … 풍성할 풍, 넉넉할 요 영richness 일ゆたかなこと
景觀(경관) … 볕 경, 볼 관 영a scene 일けいかん
敷地(부지) … 펼 부, 땅 지 영a (building) site 일しきち
中心部(중심부) … 가운데 중, 마음 심, 거느릴 부 영the core 일ちゅうしんぶ
屋外(옥외) … 집 옥, 밖 외 영outside the house 일おくがい
休憩(휴게) … 쉴 휴, 쉴 게 영a rest 일きゅうけい
構成(구성) … 얽을 구, 이룰 성 영organization 일こうせい

□□의 自然□□스러운 景觀□□을 保全□□하면서도 博物館□□□ 建物□□과 自然□□스럽게 調和□□될 수 있도록 했다. 또한, 瀑布□□·溪流□□·綠地□□ 空間□□ 등을 造成□□하여 格調□□ 높은 文化空間□□□□으로 만들어 利用度□□□를 極大化□□□하였다.

이제 國立中央博物館□□□□□□□은 世界□□ 最高□□ 水準□□의 博物館□□□을 目標□□로 우리 文化□□의 世界化□□□를 꿈꾸고 있다. 海外□□ 博物館□□□들에 속속 생겨나는 韓國館□□□의 新設□□과 世界□□ 有數□□ 博物館□□□에서 開催□□되는 韓國□□ 遺物□□ 特別展□□□은 우리 文化□□를 世界□□에 알리는 文化□□ 交流□□의 장이기도 하다. 오늘도 國立中央博物館□□□□□□□

瀑布(폭포) … 폭포 폭, 베 포 [영]a waterfall [일]ばくふ
溪流(계류) … 시내 계, 흐를 류 [영]a mountain stream [일]けいりゅう
綠地(녹지) … 초록빛 록, 땅 지 [영]a green tract of land [일]りょくち
格調(격조) … 바로잡을 격, 고를 조 [영]personality [일]かくちょう
新設(신설) … 새 신, 베풀 설 [영]new establishment [일]しんせつ
交流(교류) … 사귈 교, 흐를 류 [영]interchange [일]こうりゅう

은 우리 民族◻◻의 燦爛◻◻했던 文化◻◻가 世界◻

◻ 속에 꽃피는 21世紀◻◻를 위해 不斷◻◻한 勞力◻

◻을 傾注◻◻하고 있다.

燦爛(찬란) … 빛날 찬, 문드러질 란 ㉯shining; bright ㉺さんらん
不斷(부단) … 아닐 불, 끊을 단 ㉯continual ㉺ふだん
勞力(노력) … 일할 노, 힘 력 ㉯labor ㉺ろうりょく
傾注(경주) … 기울 경, 물댈 주 ㉯devotion ㉺けいちゅう

구	박물관·전시관	위치	휴관일	관람료	문의(02)
중	궁중유물전시관	정동	월	어른1000원. 청소년500원	771-9949
	동국대	필동3가	토·일·공휴	무료	2260-3462
	한국금융사	태평로1가	일·공휴	〃	738-6806
	종이미술	장충동1가	공휴	〃	2264-4561
	퀼트	남신동1가	일·공휴	어른5000원.어린이2000원	752-9018
	한국현대문학관	장충동2가	〃	무료	2277-4857
	화폐금융	남대문로3가	월·공휴	〃	759-4881
성동	수도	성수1가동	토·일·공휴	〃	461-2317
	한양대	행당동	〃	〃	2220-1392
송파	삼성어린이	신천동	월	어린이3000~6000원.어른5000원	2143-3600
	롯데월드민속	잠실 롯데월드3층	-	어린이2000원.중고생3000원.어른4500원	411-4762
	몽촌역사관	올림픽공원내	월	어린이:무료.청소년300원.어른700원	424-5138
동작	숭실대 한국기독교	상도5동	일·공휴	무료	820-0752
동대문	세종대왕기념관	청량리동	월	학생1200원.어른1800원	969-8851
	경희대 자연사	회기동	일·공휴	무료	961-0143
	서울시립대	전농3동	토·일·공휴	〃	2210-2285
	신림	청량2동	월	〃	961-2871
서초	전기	서초동 한전아트센터	월	〃	2105-8191
	분재	우면동	-	〃	577-0001
강서	허준	가양동	월	어린이500원.어른800원	3661-8686
성북	고려대	안암동5가	월	무료	3290-1511
강남	한국자수	논현동	토·일·공휴	〃	515-5114
	풀무원	삼성동	월	어른3000원.학생1000원	6002-6456
	관세	논현동	-	무료	3438-1294
	도산안창호기념관	신사동	월	〃	541-1800
	코리아나화장품	신사동	일·명절	어른3000원.학생2000원	547-9177
	산악	역삼동	공휴	무료	558-3331
	골프	논현동	명절	〃	515-6923
	경운	개포동 경기여고내	일·월	〃	3463-1336
노원	육군	공릉동	월	어른2000원.청소년1000원	976-6464
도봉	옹기민속	쌍문동	월	어른3000원.어린이2000원	900-0900
영등포	한국잡지	여의도동	일·공휴	무료	780-9132
서대문	서대문자연사	연희동	월	어른3000원.어린이1000원	330-8899
	서대문형무소역사관	현저동	〃	어른1500원.어린이500원	363-9750
마포	홍익대	상수동	토·일·공휴	무료	320-1322
구로	평강성서유물	오류2동	월	고등학생 이상2000원.중학생 이하1000원	2686-9496
강동	암사동 선사주거지	암사동	월	어른500원.어린이300원	3426-3857

考古學(고고학) … 자료와 미술품, 역사적 유물(遺物), 그 밖의 학술적 자료를 널리 수집·
보존(保存)·진열하고 일반에 전시(展示)하는 시설.

教養(교양) … 학문, 지식, 사회생활을 바탕으로 이루어지는 품위. 또는 문화에 대한 폭넓은
지식.

調査(조사) … 사물의 내용을 명확히 알기 위하여 자세히 살펴보거나 찾아봄.

研究(연구) … 어떤 일이나 사물에 대하여서 깊이 있게 조사하고 생각하여 진리를 따져 보
는 일.

資料(자료) … 이론을 세우는 데 기초가 되는 사실. 또는 바탕이 되는 자료.

提供(제공) … 갖다 주어 이바지함.

必要(필요) … 꼭 요구되는 바가 있음.

事業(사업) … 어떤 일을 일정한 목적과 계획을 가지고 짜임새 있게 지속적으로 경영함. 또는
그 일.

推進(추진) … 목표를 향하여 밀고 나아감.

目的(목적) … 실현하려고 하는 일이나 나아가는 방향.

機關(기관) … 사회생활의 영역에서 일정한 역할과 목적을 위하여 설치한 기구나 조직.

國際(국제) … 여러 나라에 공통됨.

文化的(문화적) … 문화와 관련된. 또는 그런 것.

學術的(학술적) … 학술에 관한. 또는 그런 것.

意義(의의) … 말이나 글의 속뜻

收集(수집) … 거두어 모음.

教育(교육) … 지식과 기술 따위를 가르치며 인격을 길러 줌.

趣樂(취락) … 아름다운 대상을 감상하고 이해하는 힘.

保管(보관) … 물건을 맡아서 간직하고 관리함.

展示(전시) … 여러 가지 물품을 한곳에 벌여 놓고 보임.

常設(상설) … 언제든지 이용할 수 있도록 설비와 시설을 갖추어 둠.

看做(간주) … 상태, 모양, 성질 따위가 그와 같다고 봄. 또는 그렇다고 여김.

定義(정의) … 어떤 말이나 사물의 뜻을 명백히 밝혀 규정함. 또는 그 뜻.

一般的(일반적) … 일부에 한정되지 아니하고 전체에 걸치는. 또는 그런 것

收藏(수장) … 거두어서 깊이 간직함.

種類(종류) … 사물의 부문을 나누는 갈래.

區分(구분) … 일정한 기준에 따라 전체를 몇 개로 갈라 나눔.

分野(분야) … 여러 갈래로 나누어진 범위나 부분.

綜合(종합) … 여러 가지를 한데 모아서 합함.

美術(미술) … 공간 및 시각의 미를 표현하는 예술. 그림·조각·건축·공예·서예 따위로, 공간 예술·조형 예술 등으로 불린다.

歷史(역사) … 인류 사회의 변천과 흥망의 과정. 또는 그 기록.

科學(과학) … 보편적인 진리나 법칙의 발견을 목적으로 한 체계적인 지식.

特定(특정) … 특별히 지정함.

專門的(전문적) … 어떤 분야에 상당한 지식과 경험을 가지고 그 일을 잘하는. 또는 그런 것.

大別(대별) … 주요한 것으로 크게 나눔.

場所(장소) … 어떤 일이 이루어지거나 일어나는 곳.

野外(야외) … 집 밖이나 노천(露天)을 이르는 말.

彫刻(조각) … 재료를 새기거나 깎아서 입체 형상을 만듦. 또는 그런 미술 분야. 주로 나무, 돌, 금속 따위로 만든다.

種類(종류) … 사물의 부문을 나누는 갈래.

實物(실물) … 실제로 있는 물건이나 사람.

依據(의거) … 어떤 사실이나 원리 따위에 근거함.

體驗(체험) … 자기가 몸소 겪음. 또는 그런 경험.

知識(지식) … 알고 있는 내용이나 사물.

公開的(공개적) … 어떤 사실이나 사물, 내용 따위를 여러 사람에게 터놓는. 또는 그런 것.

多樣(다양) … 여러 가지 모양이나 양식.

基本(기본) … 사물이나 현상, 이론, 시설 따위의 기초와 근본.

要素(요소) … 사물의 성립이나 효력 발생 따위에 꼭 필요한 성분. 또는 근본 조건.

價値(가치) … 사물이 지니고 있는 쓸모. 대상이 인간과의 관계에 의하여 지니게 되는 중요성.

豊富(풍부) … 넉넉하고 많다.

準備(준비) … 미리 마련하여 갖춤.

整理(정리) … 흐트러지거나 혼란스러운 상태에 있는 것을 한데 모으거나 치워서 질서 있는
상태가 되게 함.

系統(계통) … 일정한 체계에 따라 서로 관련되어 있는 부분들의 통일적 조직.

退色(퇴색) … 빛이나 색이 바램. 무엇이 낡거나 몰락하면서 그 존재가 희미해지거나 볼품없
이 됨을 비유적으로 이르는 말.

防止(방지) … 어떤 일이나 현상이 일어나지 못하게 막음.

防蟲(방충) … 해로운 벌레가 침범하여 해를 끼치지 못하도록 막음.

防濕(방습) … 습기를 막음.

完備(완비) … 빠짐없이 완전히 갖춤.

貸出(대출) … 돈이나 물건 따위를 빌려 줌.

要求(요구) … 받아야 할 것을 필요에 의하여 달라고 청함. 또는 그 청.

能率的(능률적) … 능률을 많이 내거나 능률이 많이 나는. 또는 그런 것.

對應(대응) … 어떤 일이나 사태에 맞추어 태도나 행동을 취함.

配慮(배려) … 도와주거나 보살펴 주려고 마음을 씀.

提供(제공) … 갖다 주어 이바지함.

職員(직원) … 일정한 직장에 근무하는 사람을 통틀어 이르는 말.

學藝官(학예관) … 행정적으로 사무 관리에 대한 지식과 능력을 갖추고 박물관 운영에 대한
기획, 진열하는 박물관 직원을 말한다.

其他(기타) … 그 밖의 또 다른 것.

機會(기회) … 어떠한 일을 하는 데 적절한 시기나 경우.

活動(활동) … 몸을 움직여 행동함. 어떤 일의 성과를 거두기 위하여 힘씀.

理由(이유) … 어떠한 결론이나 결과에 이른 까닭이나 근거.

普及(보급) … 널리 퍼서 많은 사람들에게 골고루 미치게 하여 누리게 함.

關聯(관련) … 사물이나 현상이 일정한 관계를 맺는 일.

成果(성과) … 이루어 낸 결실. '보람'.

水準(수준) … 사물의 가치나 질 따위의 기준이 되는 일정한 표준이나 정도.

向上(향상) … 실력, 수준, 기술 따위가 나아짐.

施設(시설) … 도구, 기계, 장치 따위를 베풀어 설비함. 또는 그런 설비.

全國(전국) … 온 나라.

各地(각지) … 각 지방. 또는 여러 곳.

慶州(경주) … 신라 천 년의 고도(古都)로 명승고적이 많아 관광 명소이다. 제삼차 산업과 농
업이 주요 산업이며 특산물로 유기, 죽세공품 따위가 있다. 불국사, 석굴암,
분황사와 그 밖에도 많은 명승지가 있다. 1995년 행정 구역 개편 때 경주군을
통합하여 도농 복합 형태의 시를 이루었다. 면적은 1,323.92㎢.

夫餘(부여) … 충청남도 부여군에 있는 읍. 백제의 성왕 때부터 의자왕 때까지 도읍지였다.
군청 소재지이다. 면적은 64.99㎢.

光州(광주) … 전라남도의 중앙부에 있는 시. 1995년 1월에 광역시가 되었다. 산업은 서비스
업이 중심을 이루며, 화순 탄광이 가까워 기계ㆍ금속 공업도 활발하다. 부근
평야는 삼백(三白) 지방이라 하여 쌀ㆍ면화ㆍ고치가 많이 나고, 군사 교육 기
관인 상무대(尙武臺)가 있다.

公州(공주) … 충청남도의 동부 중앙에 있는 시. 농업과 양잠ㆍ낙농ㆍ양돈 따위가 성하다. 명
승고적으로 백제의 유적지 및 계룡산 국립공원 따위가 있다. 1995년 1월 행정
구역 개편 때 공주군을 통합하여 도농 복합 형태의 시를 이루었다. 면적은
940.58㎢.

私設(사설) … 어떤 시설을 개인이 사사로이 설립함. 또는 그 시설.

特殊(특수) … 특별히 다름. 평균적인 것을 넘음. '뛰어남'.

單科大學(단과대학) … 한 가지 계통의 학부로만 구성된 대학.

藏書閣(장서각) … 예전에, 궁 안에 많은 책을 간직하여 두었던 서고(書庫).

昌慶宮(창경궁) … 서울특별시 종로구 원서동에 있는 궁. 조선 성종 14년(1483)에 수강궁을
　　　　중건하여 이 이름으로 고쳤으며, 지금의 건물은 임진왜란 때에 불에 탄 것을
　　　　광해군 8년(1616)에 중수(重修)한 것으로, 일제 강점기 이후에는 창경원으로
　　　　불리다가 1983년에 다시 이 이름으로 고쳤다. 국보 제226호.

▲ 창경궁

昌德宮(창덕궁) … 서울특별시 종로구 와룡동에 있는 궁궐. 조선 초기에 건립된 것으로 역대
　　　　왕이 정치를 하고 상주하던 곳이며, 보물 383호인 돈화문 따위가 있다. 1996
　　　　년에 유네스코 세계 문화유산으로 지정되었다. 사적 제122호.

德壽宮(덕수궁) … 서울특별시 중구 정동에 있는 조선 시대의 궁궐. 본래는 행궁(行宮)이었
　　　　으나 선조 26년(1593)에 의주에서 환도한 후 보수하여 궁궐로 삼았다. 지금 남
　　　　아 있는 건물은 중화전, 함녕전, 석조전 등이며 정문으로 대한문이 있다.

景福宮(경복궁) … 서울특별시 종로구 세종로에 있는 조선 시대의 궁전. 조선 태조 4년
　　　　(1395)에 건립되어 임진왜란 때 소실되었으나 고종 4년(1867)에 흥선 대원군
　　　　이 재건하였다.

宗廟(종묘) … 조선 시대에, 역대 임금과 왕비의 위패를 모시던 왕실의 사당. 세종 3년(1421)
　　　　에 영녕전을 세웠으나 임진왜란 때 타 버리고 선조 41년(1608)에 다시 세운 것
　　　　이 지금 종로 3가에 남아 있다. 1996년에 유네스코 세계 문화유산으로 지정되

었다. 국보 제227호.

國立民俗博物館(국립민속박물관) ··· 서울특별시 종로구 세종로 1번지 경복궁(景福宮) 경
내에 있는 민속박물관. 1975년 4월 11일 경복궁 내 전 현대미술관 건물을 수리
하여 문화재관리국 산하의 국립민속박물관으로 발족 개관하였으며, 1979년 4
월 13일 국립박물관 소속으로 직제가 개정되었다. 1982년 옛 중앙박물관 건물
로 이전하고, 1992년 시설공사를 벌여 지하 1층, 지상 3층에 옥탑층을 갖춘 건
물로 단장하였다.

義務(의무) ··· 사람으로서 마땅히 하여야 할 일. 곧 맡은 직분.

改善(개선) ··· 잘못된 것이나 부족한 것, 나쁜 것 따위를 고쳐 더 좋거나 착하게 만듦.

急速(급속) ··· 급하고 빠름.

近來(근래) ··· 가까운 요즈음.

類型(유형) ··· 성질이나 특징 따위가 공통적인 것끼리 묶은 하나의 틀. 또는 그 틀에 속하는 것.

凝縮(응축) ··· 한데 엉겨 굳어서 줄어듦.

殿堂(전당) ··· 높고 크게 지은 화려한 집. 학문, 예술, 과학, 기술, 교육 따위의 분야에서 가
장 권위 있는 연구 기관을 비유적으로 이르는 말.

朝鮮總督府博物館(조선총독부박물관) ··· 일본이 우리나라를 강제 점령했을 때 세운 박
물관. 1945년 우리나라 해방 이후 9월에 조선총독부박물관을 인수 개편하여
국립중앙박물관으로 이름 짓고 경복궁 안의 석조전 건물에서 처음으로 업무를
시작하였다.

名稱(명칭) ··· 사람이나 사물 따위를 부르는 이름.

建築(건축) ··· 집이나 성, 다리 따위의 구조물을 그 목적에 따라 설계하여 흙이나 나무, 돌,
벽돌, 쇠 따위를 써서 세우거나 쌓아 만드는 일.

槪念(개념) ··· 여러 관념 속에서 공통된 요소를 뽑아내어 종합하여서 얻은 하나의 보편적인
관념.

再解釋(재해석) ··· 옛것을 새로운 관점에서 다시 해석함.

壯大(장대) ··· 규모가 넓고 크다. 일이 크게 벌어져 거창하다.

象徵(상징) ··· 추상적인 개념이나 사물을 구체적인 사물로 나타냄. 또는 그렇게 나타낸 표지
(標識)·기호·물건 따위.

開放(개방) … 문이나 어떠한 공간 따위를 열어 자유롭게 드나들고 이용하게 함.

背山臨水(배산임수) … 지세(地勢)가 뒤로는 산을 등지고 앞으로는 물에 면하여 있음.

配置(배치) … 사람이나 물자 따위를 일정한 자리에 알맞게 나누어 둠.

豊饒(풍요) … 흠뻑 많아서 넉넉함.

情緒(정서) … 사람의 마음에 일어나는 여러 가지 감정. 또는 감정을 불러일으키는 기분이나 분위기.

大地(대지) … 대자연의 넓고 큰 땅.

方式(방식) … 일정한 방법이나 형식.

景觀(경관) … 산이나 들, 강, 바다 따위의 자연이나 지역의 풍경. '경치(景致)', '아름다운 경치'.

敷地(부지) … 건물을 세우거나 도로를 만들기 위하여 마련한 땅. '대지', '터'.

中心部(중심부) … 사물의 한가운데나 복판이 되는 부분. 매우 중요하고 기본이 되는 부분.

休憩(휴게) … 어떤 일을 하다가 잠깐 동안 쉼.

核心(핵심) … 사물의 가장 중심이 되는 부분. '알맹이'.

構成(구성) … 몇 가지 부분이나 요소들을 모아서 일정한 전체를 짜 이룸. 또는 그 이룬 결과.

綠地(녹지) … 천연적으로 풀이나 나무가 우거진 곳. 도시의 자연환경 보전과 공해 방지를 위하여 풀이나 나무를 일부러 심은 곳.

格調(격조) … 문예 작품 따위에서, 격식과 운치에 어울리는 가락. 사람의 품격과 취향.

極大化(극대화) … 아주 커짐. 또는 아주 크게 함.

新設(신설) … 새로 설치하거나 설비함.

有數(유수) … 손꼽을 만큼 두드러지거나 훌륭함. 정하여진 운수나 순서가 있음.

交流(교류) … 문화나 사상 따위가 서로 통함.

燦爛(찬란) … 빛이 번쩍거리거나 수많은 불빛이 빛나고 있다. 빛깔이나 모양 따위가 매우 화려하고 아름답다.

不斷(부단) … 꾸준하게 잇대어 끊임이 없다.

傾注(경주) … 물 따위를 기울여 붓거나 쏟음. 힘이나 정신을 한곳에만 기울임.

산사(山寺)의 일과(日課)

韓國　　 文化　　 遺産　　 중 7할 以上　　이 불교계 유산이라는 말도 있다. 이천 년의 歷史　　를 가지고 있는 佛教　　의 자취는 우리 民族　　 삶의 곳곳에 스며있다. 이렇듯 한국인의 생활에 깊이 浸透　　해있는 불교는 山寺　　를 그 基盤　　으로 한다.

山寺　　는 全國　　의 名山　　 곳곳에 자리하고 있다. 現代　　에 와서 布教堂　　　이 都心　　에 즐비

遺産(유산) … 끼칠 유, 낳을 산 영an inheritance 일いさん
歷史(역사) … 지낼 력, 역사 사 영history 일れきし
佛教(불교) … 부처 불, 가르칠 교 영Buddhism 일ぶっきょう
浸透(침투) … 담글 침, 통할 투 영infiltration 일しんとう
山寺(산사) … 뫼 산, 절 사 영a temple in a mountain 일やまでら
基盤(기반) … 터 기, 소반 반 영foundation; groundwork 일きばん
全國(전국) … 온전할 전, 나라 국 영the whole country 일ぜんこく

하게 들어섰지만, 朝鮮朝□□□ 以前□□ 절은 모두 깊은 산 속에 있었다. 儒學者□□□ 들의 主導□□로 抑佛□ □ 政策□□이 施行□□되고, 그 와중에 스님들은 깊은 산으로 들어가 淸淨□□ 修道□□에 邁進□□했다. 요즘은 이런 산사를 직접 경험해 보려는 일반인들을 위한 템플 스테이까지 성행할 정도로 산사에 대한 관심이 높아졌다. 이렇게 시간이 지나도 그 매력을 잃지 않는 山寺□□와 그곳의 생활을 은은히 들려오는 木鐸□□ 소리를 따라 들어 가보자.

微明□□의 새벽, 오전 3시 定刻□□, 山寺□□에서는 木鐸□□ 소리가 새벽을 깨운다. 이름하여 道場釋□□□ 큰 法堂□□ 어간의 섬돌에서 시작한 새벽 목탁은 마당을 가로

朝鮮朝(조선조) … 아침 조, 고울 선, 아침 조 몧the Joseon Dynasty 묗朝鮮おうちょう

以前(이전) … 써 이, 앞 전 몧former times 묗いぜん

儒學者(유학자) … 선비 유, 배울 학, 놈 자 몧a Confucianist 묗じゅがくしゃ

主導(주도) … 주인 주, 이끌 도 몧leading 묗しゅど

抑佛(억불) … 누를 억, 부처 불 몧Suppress Buddhism

政策(정책) … 정사 정, 채찍 책 몧Administrative plans 묗せいさく

施行(시행) … 베풀 시, 갈 행 몧Performing-as a ceremony 묗しこう

淸淨(청정) … 맑을 청, 깨끗할 정 몧To be clean; to be pure 묗しょうじょう

修道(수도) … 닦을 수, 도리 도 몧Spirituality 묗しゅうどう

邁進(매진) … 갈 매, 나아갈 진 몧Pushing on; dash 묗まいしん

木鐸(목탁) … 나무 목, 방울 탁 몧A wooden bell—as carried by Buddhists 묗ぼくたく

微明(미명) … 작을 미, 밝을 명 몧the gray of the morning 묗びめい

定刻(정각) … 정할 정, 새길 각 몧the appointed[fixed] time 묗ちょうどその時刻

질러 鐘樓　　　 밑을 지나 四天王門　　　　 을 두드린다. 그 소리는 冥府殿　　　　 과 觀音殿　　　　 을 끼고 돈다. 이 새벽 목탁은 盧殿　　　 의 중요한 所任　　　 거리이다.

　새벽 木鐸　　　 이 끝나면 鐘聲　　　 이라고 불리는 작은 종이 울린다. 이 일 역시 念佛　　　 과 함께 한다. 煩惱　　　 를 끊고 智慧　　　 를 얻는 일은 出家　　　 修行者　　　 의 本分　　　. 그리고 얻어진 지혜는 모두 이웃의 삶을 위해 回向　　　 되어야 할 目標　　　 이다. 종소리는 生命　　　 을 지닌

法堂(법당) ··· 법 법, 집 당 영a building that contains a statue of Buddha 일はっとう

鐘樓(종루) ··· 종 종, 다락 루 영A bell tower 일しょうろう

四天王門(사천왕문) ··· 넉 사, 하늘 천, 임금 왕, 문 문 영A gate of four Deva Kings 일(寺てらを守という意味で)四天王してんのうをつくって立た門

冥府殿(명부전) ··· 어두울 명, 곳집 부, 큰집 전

觀音殿(관음전) ··· 볼 관, 소리 음, 큰 집 전 영A sermon hall that attend on the Buddhist Goddess of Mercy 일音かんのん菩薩を安置た殿

所任(소임) ··· 바 소, 맡길 임 영one's duty 일にん

念佛(염불) ··· 생각 염, 부처 불 영Buddhist prayers 일ねんぶつ

煩惱(번뇌) ··· 괴로워할 번, 괴로워할 뇌 영Vexation 일ぼんのう

智慧(지혜) ··· 슬기 지, 슬기로울 혜 영intelligence 일ちえ

出家(출가) ··· 날 출, 집 가 영become a bonze[a Buddhist priest] 일俗世をすてて門に入こと

修行者(수행자) ··· 닦을 수, 다닐 행, 놈 자 영a trainee 일しゅぎょうじゃ

本分(본분) ··· 밑 본, 나눌 분 영one's position 일ほんぶん

回向(회향) ··· 돌 회, 향할 향 영a Buddhist memorial (for the dead) 일ししゃの冥をいのってどきょうしたり念を唱たりすること

目標(목표) ··· 눈 목, 우둠지 표 영A sign; a mark 일もくひょう

生命(생명) ··· 날 생, 목숨 명 영life 일せいめい

모든 것들을 위해 울린다. 地獄□
□, 餓鬼□□, 畜生□□, 人間
□□, 하늘, 修羅□□에 이르고,
다시 곤충이나 새들에게까지 慈悲
□□의 甘露□□ 法門□□
을 들려주기 위해 울린다.

　뒤이어 梵鐘□□ 소리가 莊嚴
□□하게 울려 퍼진다. 梵鐘은 하
늘의 소리이다. 慾心□□에 물들지 않는 世界□□, 먹을 것
탐하지 않고, 色慾□□에 굶주리지 않고, 기쁨으로 가득한 世

▲ 제120호 용주사범종

地獄(지옥) … 땅 지, 옥 옥 영The earth prison; hell 일じごく
餓鬼(아귀) … 주릴 아, 귀신 귀 영A hungry ghost 일がき;せいぜんに犯た罪の報によって鬼におちたもうじゃ
畜生(축생) … 쌓을 축, 날 생 영Animals; beasts 일すべてのけものやそののような生をたとえていう語
人間(인간) … 사람 인, 틈 간 영a human being 일にんげん
修羅(수라) … 닦을 수, 쇠그물 라 영Asura 일あしゅら
慈悲(자비) … 사랑할 자, 슬플 비 영Mercy; kindness 일じひ
甘露(감로) … 달 감, 이슬 로 영Sweet dew 일かんろ
法門(법문) … 법 법, 문 문 영Buddhist writings 일ほうもん
梵鐘(범종) … 범어 범, 종 종 영Buddhist bell
莊嚴(장엄) … 풀 성할 장, 엄할 엄 영Solemnity; sublimity 일そうごん
慾心(욕심) … 욕심 욕, 마음 심 영greed; avarice 일よくしん
世界(세계) … 대 세, 지경 계 영the world 일せかい
色慾(색욕) … 빛 색, 욕정 욕 영Lust; sexual desire 일しきよく

界□□. 그래서 아름답고 淸淨□□하고 기쁨만 가득하기를 바라는 人間□□의 理想鄕□□□이다.

出家僧□□□은 禮佛□□을 올린다. 두 손을 모아 合掌□□하고 무릎을 꿇어 이마를 마룻바닥에 닿게 한다. 반드시 이마가 바닥에 닿아야 한다. 그래서 頂禮□□라고 한다. 그런 다음 두 팔을 무릎에 맞대어 바닥에 놓는다. 양 무릎과 두 팔 그리고 이마가 바닥에 닿기 때문에 五體投地□□□□라고 한다. 절은 謙虛□□의 象徵□□으로 자신을 낮추는 禮法□□이기도 하다. 傲慢□□을 없애는 지름길이요, 業障□□을 녹이는 가장 적절한 修行□□ 方法□□이다. 合掌□□으로 恭敬□□하고, 머리 숙여 드리는 절은 오는 손님에 대한 最

理想鄕(이상향) … 다스릴 리, 생각할 상, 고향 향 [영]a Utopia [일]りそうきょう
禮佛(예불) … 예도 례, 부처 불 [영]worship before the image of Buddha [일]ほとけをらいはいすること
合掌(합장) … 합할 합, 손바닥 장 [영]Clasping the hands; putting the hands together [일]がっしょう
頂禮(정례) … 정수리 정, 예도 예 [영]A bow that show respect to one
謙虛(겸허) … 겸손할 겸, 빌 허 [영]To be modest; to be retiring [일]けんきょ
象徵(상징) … 코끼리 상, 부를 징 [영]a symbol [일]しょうちょう
禮法(예법) … 예도 예, 법 법 [영]courtesy [일]れいほう
傲慢(오만) … 거만할 오, 게으를 만 [영]Exaltation [일]ごうまん
業障(업장) … 업 업, 가로막을 장
修行(수행) … 닦을 수, 갈 행 [영]ascetic exercises [일]しゅぎょう
方法(방법) … 모 방, 법 법 [영]a way [일]ほうほう
恭敬(공경) … 공손할 공, 공경할 경 [영]respect [일]きょうけい

上◻◻의 禮法◻◻이다. 이것이 절에서 절을 하는 가장 큰 理由◻◻이다.

  새벽 禮佛◻◻이 끝나면 4시쯤 된다. 아침 供養◻◻은 6시 10분전에 종을 치니까 1시간 50분 정도가 아침 精進◻◻ 時間◻◻이다. 禪房◻◻에서는 時間◻◻이 되는 대로 坐禪◻◻이 계속된다. 講院◻◻ 學人◻◻들이 寄居◻◻하는 큰방에서는 오늘 받을 講義◻◻의 學習◻◻ 때문에 글 읽는 소리가 낭랑하다. 이 시간 後園◻◻에서는 아침 供養◻◻을 준비한다.

  종이 울리면 供養主◻◻◻와 羹頭◻◻와 菜供◻◻은

最上(최상) … 가장 최, 위 상 영the best 일さいじょう
理由(이유) … 다스릴 리, 말미암을 유 영a reason 일りゆう
供養(공양) … 이바지할 공, 기를 양 영Providing one's elders with food 일ほとけさまに供物を供こと
精進(정진) … 쓿을 쌀 정, 나아갈 진 영concentration of mind 일ざつねんをすてて一心にぶつどうを修行すること
時間(시간) … 때 시, 틈 간 영time 일じかん
禪房(선방) … 선 선, 방 방 영Studing room of the Zen cult[sect] 일さんぜんする部屋
坐禪(좌선) … 앉을 좌, 선 선 영sitting in Zen meditation 일念をはらってさとりの境地を得する修行法
講院(강원) … 익힐 강, 담 원 영lecture hall
寄居(기거) … 부칠 기, 있을 거 영To live; to reside; to dwell 일ききょ
講義(강의) … 영a lecture 일こうぎ
學習(학습) … 영studying 일がくしゅう
後園(후원) … 영a rear[back] garden 일こうえん
供養主(공양주) … 영a person who gives alms to Buddhist temple 일寺でめしを炊

큰방에 들어갈 어간과 大衆   의 飯饌牀   과 천수물, 밥, 국 등의 供養   거리 一體   를 큰방 뒷마루에 갖다 놓는다. 그걸 다시 큰방의 어간 앞에 정돈하는 일은 學人   스님들의 일이다.

6시 定刻   察衆   스님의 손에서 竹篦   가 세 번 울린다. 대중은 合掌   한 다음 鉢盂   를 편다. 食事   가 시작되면 천수물, 밥, 국, 반찬 순으로 상이 돈다. 각 스님들은 자기 鉢盂   에 飮食   들을 조금씩 덜어서 먹는다. 大衆   全體   가 供養   이 끝나면 다시 竹篦   가 한 번 울린다. 饌牀   도 내가고, 천수통도 들여오고, 발우도 씻으라는 신호다. 이 때 찌꺼기가 없어야 한다. 만일 찌꺼기가 있으면 가라 앉혀 윗물을 따라 낸 다음 그 찌꺼기를 마셔야 한다.

日常的   인 大衆   供事   는 供養   뒤

飯饌牀(반찬상) … 밥 반, 반찬 찬, 평상 상 영A dish table 일おかずしょうぎ

一體(일체) … 한 일, 몸 체 영one body 일いったい

竹篦(죽비) … 대죽, 빗치개 비 영A kind of pin for parting hair and cleaning bamboo combs

鉢盂(발우) … 바리때 발, 바리 우 영Dishes for a priest.

全體(전체) … 온전할 전, 몸 체 영the whole 일ぜんたい

日常的(일상적) … 해 일, 항상 상, 과녁 적 영daily; usual 일にちじょうてき

에 차를 들며 平凡□□하게 論議□□된다. 특별한 格式□□은 없지만, 所關□□ 事項□□의 소임자가 供養□□을 끝내는 竹篦□□가 울리기 전에 大衆□□에게 合掌□□하고 그 事項□□을 말한다. 나무하기와 밭과 논에 씨를 심는 일, 大衆□□의 勞動力□□□이 필요한 寺中□□의 일이 있으면 여기에서 일의 때와 곳 그리고 양이 決定□□된다. 大衆□□ 울력은 보통 한나절 程度□□로 잡혀 精進□□에 支障□□을 주지 않게 하는 것이 常例□□이다. 하지만 모내기와 收穫□□, 그리고 김장 등의 일은 며칠을 계속하는 境遇□□도 있다.

講院□□은 절집의 法度□□와 大衆□□ 處所□□에

平凡(평범) … 평평할 평, 무릇 범 [영]common [일]へいぼん
論議(논의) … 말한 논, 의논할 의 [영]discussion [일]ろんぎ
格式(격식) … 바로잡을 격, 법 식 [영]A rule [일]かくしき
所關(소관) … 바 소, 빗장 관 [영]Concern; interest [일]しょかん
事項(사항) … 일 사, 목 항 [영]a matter [일]じこう
勞動力(노동력) … 일할 노, 움직일 동, 힘 력 [영]labor; manpower [일]ろうどうりょく
決定(결정) … 터질 결, 정할 정 [영]decision [일]けってい
程度(정도) … 단위 정, 법도 도 [영]grade; degree [일]ていど
支障(지장) … 가를 지, 가로막을 장 [영]A hindrance; a stoppage [일]ししょう
常例(상례) … 항상 상, 법식 례 [영]common[an established] usage [일]じょうれい
收穫(수확) … 거둘 수, 벼 벨 확 [영]harvest [일]しゅうかく
境遇(경우) … 지경 경, 만날 우 [영]circumstances [일]ばあい

서의 生活□□을 익히고 부처님의 말씀인 經典□□을 배우는 곳이다. 上講禮□□□를 끝낸 뒤 同席□□한 講師□□ 스님으로부터 工夫□□와 生活□□에 대한 말씀을 듣는다. 그리고 나면 緇門□□, 四集□□, 四敎□□, 大敎□로 나뉘어진 각 班別□□로 講義□□가 始作□□된다.

　대부분 저녁 供養□□은 6시이다. 스님들 가운데는 하루 한 끼만 먹는 스님이 있다. 이름하여 一中食□□□. 그런가 하면 오후에는 먹지 않는 경우도 있다. 午後□□ 不食□□이 그것이다. 부처님은 正午□□ 以後□□ 드시지 않았다. 지금도 印度□□나 周邊□□ 國家□□ 승려들은 午後□□ 不

法度(법도) … 법 법, 법도 도 영Rules of politeness 일はっと

處所(처소) … 살 처, 바 소 영location 일いどころ

經典(경전) … 날 경, 법 전 영The scriptures; the Bible 일けいてん

上講禮(상강례) … 윗 상, 익힐 강, 예도 예

同席(동석) … 한가지 동, 자리 석 영sit with 일どうせき

工夫(공부) … 장인 공, 지아비 부 영study 일がくもんや技をまなびならうこと

緇門(치문) … 검은 비단 치, 문 문 영A course of buddhist studing

四集(사집) … 넉 사, 모을 집 영The four course of studing Buddhism.

四敎(사교) … 넉 사, 가르칠 교 영Four teaching

班別(반별) … 나눌 반, 나눌 별 영To distribute; to classify

印度(인도) … 도장 인, 법도 도 영(the Republic of) India 일インド

周邊(주변) … 두루 주, 가 변 영Perimeter; the circumference 일しゅうへん

國家(국가) … 나라 국, 집 가 영a state 일こっか

食□□을 原則□□으로 하고 있다. 生産□□ 勞動□□에 從事□□하지 않는 情神□□ 勞動者□□□들이 그들에게 갖는 感謝□□와 謙虛□□의 뜻을 표하는 意味□□가 담겨 있다. 그래서 저녁 供養□□을 藥石□□이라 했다.

저녁 禮佛□□을 마치면 각자의 處所□□로 돌아가 精進□□한다. 이때쯤이면 섬돌에 어둠이 짙게 내려 丈燈□□을 켠다. 하루 일과를 마치는 9시 定刻□□, 禪房□□을 제외한 모든 道場□□이 잠자리에 든다. 딱, 딱, 딱. 加行□□ 精進□□도 끝난다. 禪客□□들이 臥禪□□에 들면 山寺□□의 하루도 저무는 것이다.

原則(원칙) … 근원 원, 법칙 칙 [영]a principle [일]げんそく
生産(생산) … 날 생, 낳을 산 [영]Produce [일]せいさん
勞動(노동) … 일할 노, 움직일 동 [영]Labor; toil; effort [일]ろうどう
從事(종사) … 좇을 종, 일 사 [영]Engagement [일]じゅうじ
感謝(감사) … 느낄 감, 사례할 사 [영]thanks [일]かんしゃ
意味(의미) … 뜻 의, 맛 미 [영]meaning [일]いみ
藥石(약석) … 약 약, 돌 석 [영]medicine and acupuncture [일]やくせき
丈燈(장등) … 길 장. 등잔 등 [영]A long lamp [일]ぶつぜんにひをともすこと
定刻(정각) … 바를 정, 새길 각 [영]The exact time [일]ていじ
加行(가행) … 더할 가, 다닐 행
禪客(선객) … 봉선 선, 손 객 [영]a Zen priest [일]ぜんか・ぜんけ
臥禪(와선) … 엎드릴 와, 봉선 선 [영]Study of the Zen that lie in bed

民族(민족) … 한 조상에서 태어난 자손의 무리.

山寺(산사) … 산속에 있는 절.

基盤(기반) … 기초로 되는 바탕.

布敎堂(포교당) … 종교를 널리 전파하는 일을 맡아보는 곳.

都心(도심) … 도회의 중심.

朝鮮朝(조선조) … 1392~1910년에 한반도를 지배하던 왕조. 태조 이성계부터 순종에 이르
　　　　　기까지 27명의 임금이 계승하였다.

儒學者(유학자) … 유학을 깊이 연구하여 높은 경지에 오른 사람.

抑佛(억불) … 불교를 억제함.

政策(정책) … 정치적 목적을 이루려는 방책.

施行(시행) … 실지로 행함.

淸淨(청정) … 허물이나 번뇌의 더러움에서 벗어나 깨끗하다.

修道(수도) … 도를 닦음.

邁進(매진) … 힘차게 나아감.

木鐸(목탁) … 중이 불공할 때나 사람을 모을 때 두드려 소리를 내는 기구. 둥글게 만든 목어
　　　　　(木魚)를 우리나라에서는 목탁이라 한다. 목재로 원형(圓形), 중공(中空), 가
　　　　　로로 가늘고 긴 구멍을 뚫고, 표면에 물고기의 비늘이 조각되어 있는 불구(佛
　　　　　具)의 하나이다. 처음에는 사람들을 모을 때에 두르려 울리는 도구였지만, 후
　　　　　에는 독경(讀經) 시 박자를 맞추기 위해 울리게 되었구. 물고기 모양을 본 뜬
　　　　　것은 여러 가지 고사가 있다. 일설에는 물고기가 밤낮 눈을 뜨고 있다는 점에
　　　　　서, 태타(怠惰)·타면(惰眠)을 경계하기 위해 이 형태의 북을 친다고 전해졌다.

▲ 목탁

微明(미명) … 희미하게 밝음.

鐘樓(종루) … 종을 달아두는 다락집.

四天王門(사천왕문) … 사대천왕을 모신 문. 사천왕. 사천왕은 수미산의 중복(中腹)에 있는 사왕천(四王天)의 주인. 제석천(帝釋天)을 모시고 불법의 수호를 염원하며, 불법에 귀의하는 사람들을 수호하는 호법신(護法神). 동방의 지국천(地國天), 남방의 증장천(增長天), 서방의 광목천(廣目天), 북방의 다문천(多聞天)을 말한다. 각각 맡은 방향을 지킨다.

冥府殿(명부전) … 지장보살을 주로 하고, 염라대왕 등 십대왕을 봉안한 절 안의 전각. 명부(冥府)는 명토(冥土)의 왕인 염마왕(閻魔王)이 있는 곳으로, 사람이 죽은 뒤에 심판을 받는다는 곳이다. 명부에는 시왕(十王)이 있다. 명부전은 한국의 사원에 있는 당사(堂舍)로 지장보살(地藏菩薩)을 본존(本尊)으로, 염마 등의 상을 안치하고 있다. 여기에서 죽은 사람의 명복을 비는 법요를 집행하는 경우가 많다.

觀音殿(관음전) … 관세음상을 모신 법당.

觀世音菩薩(관세음보살) … 관세음은 산스크리트어 Avalokitesvara의 한역(漢譯). 관세음이라는 것은 세간의 중생이 구원을 구하는 것을 들으면, 곧바로 구제한다고 하는 뜻이다. 관자재(觀自在)라는 것은 일체제법(一切諸法)의 관찰과 같이 중생의 구제도 자재(自在)라는 뜻이다.

盧殿(노전) … 대웅전과 그 밖의 법당을 맡아보는 사람의

▼ 수덕사 사천왕

숙소.

鐘聲(종성) … 종소리

念佛(염불) … 부처의 모습과 공덕을 생각하면서 나무아미타불을 부르는 일.

煩惱(번뇌) … 마음이 시달려 괴로움.

出家(출가) … 집을 떠나감. 〈불교〉번뇌에 얽매인 세속의 인연을 버리고 성자(聖者)의 수행
생활에 들어감.

目標(목표) … 목적을 이루기 위하여 실제로 대상으로 삼는 것.

地獄(지옥) … 죄지은 사람이 죽은 뒤에 가서 여러 고통을 받는 곳이라는 상상의 세계.

餓鬼(아귀) … 계율을 어겨 아귀도에 떨어진 귀신. 귀(鬼)는 죽은 자의 영혼을 뜻한다. 아(餓)
는 그냥 붙인 자이다. 인도에서는 조상의 영혼을 산스크리트어 preta(가버린
자)라고 하고, 그것은 자손의 공양물을 기다린다고 생각했다. 이 관념이 불교
에 도입되어 굶주려서 음식을 기다리는 사자(死者)로 생각되었다. 육도(六道)
의 하나인 아귀도(餓鬼道)에 사는 자. 악업(惡業)의 보답으로 아귀도(餓鬼道)
에 떨어져 기갈로 고통을 받는다고 한다. 가끔 음식물을 얻어 먹으려해도 불꽃
이 일어나 먹을 수가 없다고 한다.

修羅(수라) … 아수라의 준말. 페르시아의 고어 ahura와 어원이 같으며, 처음엔 선신(善神)
의 이름이 앞에 있었다. 후대 인도에서는 신이 아닌 자라는 어원해석이 있다.
비천(非天), 즉 악신(惡神)으로 언제나 인드라신과 싸우거나 혹은 해와 달과
싸우는 자가 되었다. 신과 전투를 계속한다는 신화는 베다성전과 서사시 등에
서 볼 수 있다. 투쟁하여 그치지 않는 자. 투쟁의 생존자. 불교에서는 육도(六
道)의 하나. 일종의 귀신으로 보여 지며, 수미산 밑 큰 바다에 그 주거가 있다
고 한다.

慈悲(자비) … 중생들에게 복을 주어 괴로움을 없게 하는 일.

甘露(감로) … 신들이 상용(常用)하는 음료. 이것을 마시면 불로불사(不老不死)가 된다고 한
다. 신약(神藥). 그 맛이 꿀같이 달다고 불리는 것에서 감로라 하고, 기분 좋게
하는 맛있는 것에 대해서도 사용하고 술까지도 말한다. 하늘의 술. 하늘에서
내린 단 이슬이라고도 생각되어진 적이 있다. 마시면 불사(不死)를 얻고 빛이
되고, 신(神)이 된다고 말해진다. 이 관념은 불교에서도 수용되어 도리천(忉利
天)의 단 영액(靈液)이라 간주되었다. 고뇌를 싫어하고, 장수(長壽)하며, 죽은

이를 환생시킨다고 한다.

法門(법문)… 부처님 교법.

梵鐘(범종)… 절에서 대중을 모으거나 때를 알리려고 매달아 놓고 치는 종.

莊嚴(장엄)… 씩씩하고 엄숙하다.

色慾(색욕)… 성욕. 성교를 하고 싶은 욕망.

合掌(합장)… 불가에서 인사할 때나 절할 때 두 팔을 가슴께로 올려 손바닥을 합쳐서 예를 갖추는 것을 말한다. 양손의 손가락을 가지런히 합쳐서 공손히 절하는 것. 양 손바닥을 조금 중간 부분을 불룩하게 합쳐서 가슴 앞에 세운다. 정성을 들여 상대방에게 신순(信順)하는 태도의 표현이다. 인도인은 오른손을 신성한 손, 왼손을 부정한 손으로 나누어 쓰는 습관이 있었다. 그렇지만 그 합장하는 것은 인간 안에 있는 신성한 면과 부정한 명을 합일하는 것에 인간의 진실한 모습이 있다고 하는 생각의 표현이다.

▲ 관세음보살의 합장

頂禮(정례)… 가장 공경하는 뜻으로 이마가 땅에 닿게 몸을 구부려서 하는 절.

五體投地(오체투지)… 불교의 절하는 법의 하나. 오륜착지(五輪着地). 양 팔과 양 무릎과 머리를 땅에 대고 예배드릴 때의 형태이다. 양 손과 양 무릎과 머리를 땅에 던지는 것으로, 오체는 양 무릎과 양 팔과 머리를 말한다. 전신을 땅에 붙이는 일이다. 이것은 최상의 예배로 공손하게 불공을 드리는 일이다.

傲慢(오만)… 잘난 체 하고 건방짐.

業障(업장)… 전생에 지은 허물로 이생에서 받는 마장.

供養(공양)… 웃어른을 모시면서 음식 이바지를 함. 중이 하루 세 끼 음식을 먹는 일.

禪房(선방)… 참선하는 방.

講院(강원) … 강의나 의식 따위를 행하는 큰 방.

學人(학인) … 배우는 사람이라는 뜻으로, 학자나 문필가가 아호(雅號)로 쓰는 말. 〈불교〉도
　　　　　(道)를 배우는 사람.

寄居(기거) … 덧붙어서 삶.

供養主(공양주) … 절에 시주하는 사람. 절에서 밥 짓는 일을 주로 하는 사람.

羹頭(갱두) … 절에서 국 끓이는 소임을 맡은 사람이나 소임. =채로.

菜供(채공) … 절에서 부식물로 쓰는 야채를 맡은 사람 또는 소임.

飯饌牀(반찬상) … 밥과 반찬을 놓는 상.

察衆(찰중) … 대중을 규찰하는 일을 맡은 사람.

竹篦(죽비) … 두 개의 대쪽을 합하여 만든 물건.

鉢盂(발우) … 나무로 대접같이 만들어 안팎에 칠을 한 중의 밥그릇. patra의 음역어인 발다
　　　　　라(鉢多羅)의 발(鉢)과 우(盂)를 합친 말. 응기(應器)·응량기(應量器)라고 한
　　　　　역(漢譯)한다. 부처 또는 비구가 소지하는 밥그릇.

▲ 낙산사 발우 공양 모습

格式(격식) … 격에 맞는 일정한 방식.

所關(소관) … 관계되는 바.

決定(결정) … 어떻게 할 태도나 방향 등을 정함

支障(지장) … 일을 하는 데 거치적거리는 장애.

常例(상례) … 보통 있는 일.

法度(법도) … 생활 상의 예법과 제도.

經典(경전) … 변하지 않는 법식과 도리. 성인이 지은 글 또는 성인의 말과 행실을 적은 글.

緇門(치문) … 불경의 이름. 불교의 사미과의 과정.

四敎(사교) … 네 가지 가르침. 유교(詩書禮樂/ 文行忠信), 불교(중이 불경을 연구하는 네 과목. 기신론·능엄경·금강반야경·원각경). 천태종(天台宗)에서는 석존의 한 생애의 설교를 내용과 형식에 따라 4종으로 분류했다. 즉, 지의(智顗)의 설에서는 장(藏)·통(通)·별(別)·원(圓)의 화법(化法)의 사교와 돈(頓)·점(漸)·비밀(秘密)·부정(不定)의 화의(化義)의 사교가 있다.

四集(사집) … 불교를 배우는 네 가지 과정. 서장·도서·선장·절요.

班別(반별) … 반마다.

生産(생산) … 자연에 사람의 힘을 들여 사람의 욕망을 충족시킬 수 있는 효용가치를 만들거나 증가시키는 일.

勞動(노동) … 몸과 마음을 써서 하는 일.

從事(종사) … 한 가지 일에 마음과 힘을 다하여 씀.

丈燈(장등) … 부처 앞에 불을 밝힘.

定刻(정각) … 조금도 틀림없는 바로 그 시각.

加行(가행) … 목적을 이루려고 더욱 힘을 써서 마음과 계행을 닦는 일.

禪客(선객) … 선종(禪宗). 참선하는 중.

臥禪(와선) … 누워서 하는 참선.

호랑이 담배 피던 시절 이야기 1

왕 이야기

고조선(古朝鮮)과 단군(檀君)

　옛날에 桓因　　의 庶子　　桓雄　　이 있었는데, 자주 하늘 아래 世上　　에 뜻을 두어 人間　　世上　　을 다스려 보고자 하였다. 아버지 桓因　　이 아들의 뜻을 알고, 三危太伯　　　을 내려다보니, 널리 人間　　을 利　롭게 할 만한 곳이었다. 그래서 天符印　　　세 箇　를 주어 보내면서 그 곳을 다스리게 하였다. 桓雄　　은 무리 三千　　을 거느리고, 太伯山　　　꼭대기 神壇樹　　　아래에 내려온 뒤, 이곳을 神市　　라고 하였다. 바로 이 분이

庶子(서자) … 여러 서, 아들 자 영a child born of a concubine 일しょうふくのこ
太伯山(태백산) … 클 태, 맏 백, 뫼 산
神壇樹(신단수) … 귀신 신, 박달나무 단, 나무 수

桓雄天王□□□□이다. 風伯□□과 雨師□□와 雲師□□를 거느리고, 穀食□□·生命□□·疾病□□·刑罰□□·善惡□□ 등 人間□□ 360여 가지 일을 主管□□하여 다스리고 敎化□□시켰다. 이때에 雄□ 한 마리와 虎□ 한 마리가 같은 굴에 살고 있었다. 곰과 호랑이는 항상 桓雄□□에게 人間□□이 되기를 정성껏 빌었다. 그들의 간절한 소망을 안 桓雄□□이 靈驗□□한 쑥 한 줌과 마늘 20箇□를 주면서 "너희들이 이것을 먹고 百日□□ 동안 햇빛을 보지 않으면 사람이 될 것이다."라고 말하였다. 곰은 그것을 먹고 二十一日□□□□ 동안 禁忌□□를 지켜서 곰은 女子가 되었다. 그렇지만 범은 禁忌□□를 지키지 못하여 사람이 되지 못하였다. (그런데) 熊女□□는 婚姻□□할 사람이 없었으

風伯(풍백)··· 바람 풍, 맏 백 영the god of wind 일かぜのかみ
雨師(우사)··· 비 우, 스승 사 영the god of rain 일あめのかみ
雲師(운사)··· 구름 운, 스승 사 영the god of cloud일くものかみ
穀食(곡식)··· 곡식 곡, 밥 식 영cereals 일こくもつ
疾病(질병)··· 병 질, 병 병 영a disease 일しっぺい
刑罰(형벌)··· 형벌 형, 죄 벌 영a punishment 일けいばつ
主管(주관)··· 주인 주, 피리 관 영management 일しゅかん
敎化(교화)··· 가르칠 교, 될 화 영education 일きょうか
靈驗(영험)··· 신령 령, 증험할 험 영a miracle 일れいげん
禁忌(금기)··· 금할 금, 꺼릴 기 영taboo 일きんき

므로 每日□□ 神檀樹□□□ 아래에서 아이를 갖게 해 달라고 빌었다. 桓雄□□이 臨時□□로 變□해서 그女□와 婚姻□□하여 아들을 낳으니, 이름을 檀君王儉□□□□이라 하였다.

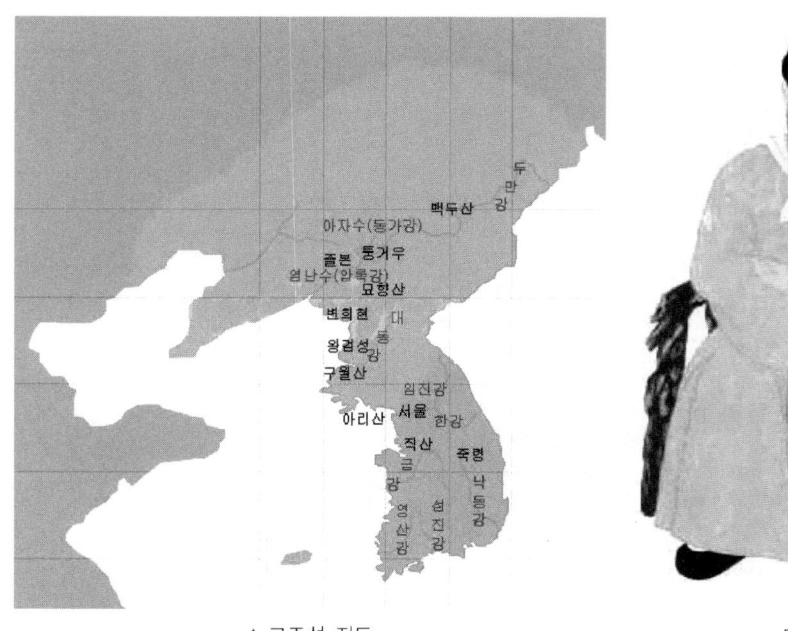

▲ 고조선 지도

▲ 단군 영정

婚姻(혼인) … 혼인할 혼, 혼인 인 영marriage 일こんいん
臨時(임시) … 임할 임, 때 시 영temporary 일りんじ

桓因(환인) … 단군 신화에 나오는 인물. 아들 환웅이 세상에 내려가고 싶어 하자 태백산에 내려 보내어 세상을 다스리게 하였다고 한다.

庶子(서자) … 본부인이 아닌 딴 여자에게서 태어난 아들.

桓雄(환웅) … 단군 신화에 나오는 인물. 천제(天帝)인 환인의 아들로, 천부인 3개와 무리 3천 명을 거느리고 태백산 신단수 밑에 내려와 신시를 베풀고, 인간의 360여 가지 일을 맡아서 세상을 다스렸으며, 웅녀와 결혼하여 단군을 낳았다고 한다.

人間(인간) … 언어를 가지고 사고할 줄 알고 사회를 이루며 사는 지구 상의 고등 동물. 사람이 사는 세상.

三危太伯(삼위태백) … 삼위산(三危山)과 태백산(太伯山)을 아울러 이르는 말. 삼위산은 중국 간쑤 성(甘肅城) 둔황 현(敦煌縣) 남쪽에 있으며 태백산은 장백산(長白山)이라고도 한다.

天符印(천부인) … 단군의 아버지 환웅(桓雄)이 천제(天帝) 환인(桓因)으로부터 받아 가지고 내려왔다는 것으로, 『삼국유사(三國遺事)』에 따르면 청동검 청동거울 청동방울의 3가지로 추측된다.

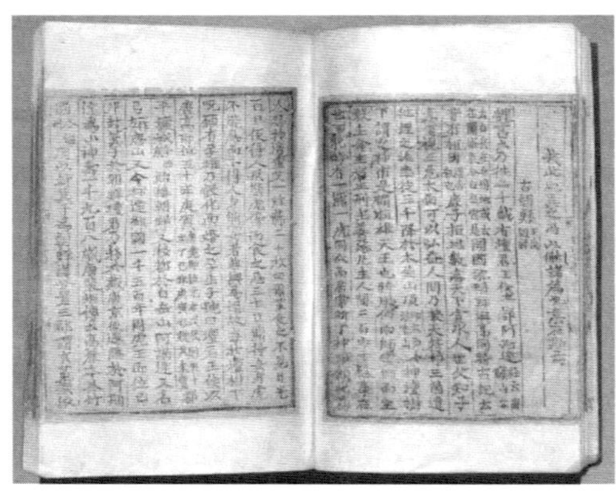

◀ 『삼국유사』 중 〈고조선조〉

太伯山(태백산) … 경상북도 봉화군 소천면과 강원도 태백시 사이에 있는 산. 태백산맥의 주봉(主峯)이다. 높이는 1,567미터. '백두산(白頭山)'의 전 이름을 뜻하기도 한다.

神壇樹(신단수) … 단군 신화에서, 환웅이 처음 하늘에서 그 밑으로 내려왔다는 신성한 나무.

神市(신시) … 상고(上古)시대 환웅(桓雄)이 태백산(太白山:백두산) 신단수 아래 세웠다는 도시이며 고조선의 건국지이다.

風伯(풍백) … 바람을 주관하는 주술사(呪術師).

雨師(우사) … 비를 다스리는 신.

雲師(운사) … 구름을 다스리는 신.

生命(생명) … 사람이 살아서 숨 쉬고 활동할 수 있게 하는 힘.

疾病(질병) … 몸의 온갖 병.

刑罰(형벌) … 범죄에 대한 법률에 있어서의 효과로서 국가 따위가 범죄자에게 제재를 가함.
　　　　　　 또는 그 제재.

善惡(선악) … 착한 것과 악한 것을 아울러 이르는 말.

主管(주관) … 어떤 일을 책임을 지고 맡아 관리함.

敎化(교화) … 가르치고 이끌어서 좋은 방향으로 나아가게 함.

靈驗(영험) … 사람의 기원대로 되는 신기한 징험.

禁忌(금기) … 마음에 꺼려서 하지 않거나 피함. 어떤 약이나 치료법이 특정 환자에게 나쁜
　　　　　　 영향이 있는 경우에 그 사용을 금지하는 일.

熊女(웅녀) … 단군 신화에 나오는 단군의 어머니. 단군 신화에 따르면 원래는 곰이었으나 동
　　　　　　 굴 속에서 햇빛을 보지 않고 쑥과 마늘만 먹는 시련을 견디어 여자로 환생한
　　　　　　 후, 환웅과 혼인하여 단군을 낳았다고 한다.

婚姻(혼인) … 남자와 여자가 부부가 되는 일.

臨時(임시) … 미리 정하지 아니하고 그때그때 필요에 따라 정한 것.

고구려(高句麗)와 주몽(朱蒙)

始祖□□ 東明聖帝□□□□의 姓□은 高氏□□이며 名□은 朱蒙□□이다. 이에 앞서 北扶餘王□□□□ 解夫婁□□□가 이미 東扶餘□□□로 避□해 갔다. 後□에 夫婁□□가 世上□□을 떠나자 金蛙□□가 王位□□를 繼承□□하였다. 이때 金蛙□□는 太白山□□□ 南□쪽 優渤水□□□에서 한 女子□□를 만났다. 그곳에 와 있는 理由□□를 물으니, 女子□□가 "저는 河伯□□의 딸로 名□은 柳花□□라고 합니다. 동생들과 함께 나와 놀고 있는데, 어떤 한 男子□□가 自己□□를 天帝□□의 아들 解慕漱□□□라고 하면서, 熊神山□□□ 아래 鴨綠江□□□ 가에 있는 집 안으로 꾀어서 情□을 通□

始祖(시조) … 처음 시, 조상 조 [영]the founder [일]しそ
避하다(피하다) … 피할 피 [영]avoid [일]さける
王位(왕위) … 임금 와, 자리 위 [영]the throne [일]おうい
繼承(계승) … 이을 계, 받들 승 [영]succession [일]けいしょう
優渤水(우발수) … 넉넉할 우, 바다이름 발, 물 수
天帝(천제) … 하늘 천, 임금 제 [영]God [일]てんてい
解慕漱(해모수) … 풀 해, 사모할 모, 양치질할 수
熊神山(웅신산) … 곰 웅, 신 신, 뫼 산
鴨綠江(압록강) … 오리 압, 초록빛 록, 강 강

했습니다. 그리고는 가버리고 돌아오지 않습니다. (그러자) 父母□□님께서는 저를 媒婆□□도 없이 男子□□를 따랐다고 하여 꾸짖으시고는 이곳으로 쫓아내셨습니다."라고 對答□□하였다.

金蛙王□□□은 異常□□하게 여겨 柳花를□□ 宮闕□□의 房□ 안에다 가두었다. 이상하게도 햇빛이 (柳花의□□ 몸을) 비추었다. 柳花는□□ 몸을 避□하였지만, 햇빛이 또 쫓아와 비추었다. 이로 因□해 姙娠□□을 하여, 크기가 5斗□ 가량 되는 卵□ 하나를 낳았다. 王□은 그 卵□을 犬猪□에게 주었으나 모두 먹지 않았다. 또 길에 버리자 牛馬□□가 避□하였다. 들판에 버리자 鳥獸□□들이 덮어주었다. 왕이 그것을 쪼개려고 했으나 깰 수도 없어서 결국 그 母□인 유화에게 돌려주었다. 유화가 그 卵□을 物件□□으로 싸

媒婆(매파) … 중매 매, 할미 파 [영]an old woman go-between [일]なこうどばあさん
對答(대답) … 대할 대, 대답할 답 [영]an answer [일]こたえ
異常(이상) … 다를 이, 항상 상 [영]strangeness [일]いじょう
宮闕(궁궐) … 집 궁, 대궐 궐 [영]the royal palace [일]きゅうけつ
姙娠(임신) … 아이 밸 임, 애 밸 신 [영]pregnancy [일]にんしん
犬猪(견저) … 개 견, 돼지 저 [영]a dog and pig [일]いぬとぶた
牛馬(우마) … 소 우, 말 마 [영]horses and cows [일]ぎゅうば

서 따뜻한 곳에 두니 어떤 한 兒□가 껍질을 깨고 나왔다. 신기하게도 그 아이는 骨格□□이나 外貌□□가 英特□□하고 뛰어났다. 나이가 겨우 七歲□□였는데도 容貌□□와 姿態□□가 남달랐으며, 스스로 弓矢□□를 만들어 쏘니 百發百中□□□□이었다. 그 당시는 나라의 風俗□□에 활을 잘 쏘는 사람을 朱蒙□□이라 하였다. 그래서 사람들은 그 아이의 名□을 朱蒙□□이라 하였다.

金蛙王□□□에게는 7名□의 아들이 있었다. 그들은 항상 朱蒙□□과 함께 놀아도 재주가 그에게 미치지 못하였다. 長子□□ 帶素□□는 王□에게 '朱蒙□□은 사람의 所生□□이 아니니, 만약 빨리 무슨 數□를 쓰지 않으면 後患□□

兒(아) … 아이 아 [영]a child [일]こども
骨格(골격) … 뼈 골, 바로잡을 격 [영]skeleton [일]こっかく
外貌(외모) … 밖 외, 얼굴 모 [영]appearance [일]がいぼう
英特(영특) … 꽃부리 영, 수컷 특 [영]wise [일]さいきにひいでて
容貌(용모) … 얼굴 용, 얼굴 모 [영]appearance [일]がいぼう
姿態(자태) … 맵시 자, 모양 태 [영]a figure [일]したい
弓矢(궁시) … 활 궁, 화살 시 [영]bow and arrow [일]ゆみや
百發百中(백발백중) … 일백 백, 필 발, 일백 백, 가운데 중 [영]a hundred hits to a hundred shots [일]ひゃっぱつひゃくちゅう
風俗(풍속) … 바람 풍, 풍속 속 [영]customs [일]ふうぞく
長子(장자) … 길 장, 아들 자 [영]the eldest[oldest] son [일]ちょうし
所生(소생) … 바 소, 날 생 [영]one's children[offspring] [일]うみの子こ

이 있을까 念慮☐☐되옵니다.'라고 말하였다. 王☐은 그 말을 듣지 않고 朱蒙☐☐에게 馬☐를 키우게 하였다. 朱蒙☐☐은 駿馬☐☐를 알아보고는 먹이를 줄여서 야위게 하고, 鈍☐한 말은 잘 먹여서 살이 찌게 하였다. 王☐은 自身☐☐은 살찐 말을 타고, 朱蒙☐☐에게는 야윈 말을 주었다. 왕의 여러 아들들과 臣下☐☐들이 그를 해치고자 하니 朱蒙☐☐의 母☐가 그것을 알고 그에게 '나라 사람들이 너를 해치고자 한단다. 네 재주로 어디로 간들 살 수 없겠니? 어서 빨리 달아나거라.'라고 말했다. 이에 朱蒙☐☐은 烏伊☐☐ 등 세 사람과 親舊☐☐가 되어 달아나다 淹水☐☐에 이르렀다. (朱蒙☐☐은) 물을 향해 말하였다.

"나는 바로 天帝☐☐의 아들이며, 河伯☐☐의 孫子☐☐이다. 오늘 逃亡☐☐을 가는데 追擊者☐☐☐가 들이닥치게 되었으니 어찌해야 좋을 것인가?"

後患(후환) … 뒤 후, 근심 환 영later[future] trouble 일こうかん
念慮(염려) … 생각할 염, 생각할 려 영worry 일ねんりょ
駿馬(준마) … 준마 준, 말 마 영an excellent horse 일しゅんめ
親舊(친구) … 친할 친, 예 구 영a friend 일したしいゆうじん
逃亡(도망) … 달아날 도, 망할 망 영escape 일とうぼう
追擊(추격) … 쫓을 추, 부딪칠 격 영pursuit 일ついげき

이 말을 듣고 魚鼈　　이 우르르 몰려와 다리를 만들어 주었다. 朱蒙　　 一行　　이 다 건너가고 나자 다리는 도로 흩어졌다. 그래서 그들을 쫓던 騎兵　　들은 물을 건널 수가 없었다. 주몽 일행은 卒本州　　　에 이르러 玄菟郡　　　의 地境　　을 都邑　　으로 삼았다. 미처 宮室　　을 지을 겨를이 없어 沸流水　　　 가에 臨時　　 居處　를 짓고 머무르며 國號　　를 '高句麗　　　'라 하였다. 이로 因　하여 高　로써 氏　를 삼으니 이때 주몽의 나이가 12歳　였다.

魚鼈(어별)···고기 어, 자라 별 ⑬a fish and a snapping turtle ⑭ぎょべつ
騎兵(기병)···말탈 기, 군사 병 ⑬a cavalry soldier ⑭きへい
地境(지경)···땅 지, 지경 경 ⑬a boundary ⑭ちきょう
都邑(도읍)···도읍 도, 고을 읍 ⑬the capital ⑭しゅと
宮室(궁실)···집 궁, 집 실 ⑬a royal chamber ⑭きゅうでんのしつ
居處(거처)···있을 거, 살 처 ⑬dwelling ⑭じゅうしょ
國號(국호)···나라 국, 부르짖을 호 ⑬the name of a country ⑭こくごう
高句麗(고구려)···높을 고, 글귀 구, 고울 려

始祖(시조) ··· 한 겨레나 가계의 맨 처음이 되는 조상. 어떤 학문이나 기술 따위를 처음으로 연 사람.

朱蒙(주몽) ··· '동명 성왕'의 이름.

北扶餘(북부여) ··· 기원전 1세기 무렵에 부여족이 북만주 일대에 세운 나라. 농경 생활을 주로 했고, 중국으로부터 철기 문화를 받아들이고 은력을 사용하는 등 진보된 제도와 조직을 갖추었으나, 3세기 말에 선비족의 침입으로 크게 쇠퇴한 후, 그 영토가 대부분 고구려에 편입되었다.

解夫婁(해부루) ··· 동부여의 시조(始祖). 전설상의 인물로, 316년 무렵에 해모수를 피하여 가섭원(迦葉原)에 나라를 열고 임금이 되었다고 한다.

金蛙(금와) ··· 동부여의 왕. 고대 난생 설화상의 인물로, 부여 왕 해부루에게 발견되어 그의 태자가 되었으며, 유화를 아내로 맞아 고구려의 시조 주몽을 낳았다.

繼承(계승) ··· 조상의 전통이나 문화유산, 업적 따위를 물려받아 이어 나감. 선임자의 뒤를 이어받음.

鴨綠江(압록강) ··· 우리나라와 중국과의 경계를 이루는 강. 우리나라에서 제일 긴 강으로 백두산에서 시작하여 황해로 흘러든다. 수풍 발전소가 유명하다. 길이는 790km.

媒婆(매파) ··· 혼인을 중매하는 할멈.

對答(대답) ··· 부르는 말에 응하여 어떤 말을 함. 또는 그 말.

鳥獸(조수) ··· 새와 짐승을 통틀어 이르는 말.

骨格(골격) ··· 동물의 체형(體型)을 이루고 몸을 지탱하는 뼈의 조직. 주로 근육이 붙어 운동 기관이 된다. 뼈대 . 어떤 사물이나 일에서 계획의 기본이 되는 틀이나 줄거리.

姿態(자태) ··· 어떤 모습이나 모양. 주로 여성의 고운 맵시나 태도에 대하여 이르며 식물, 건축물, 강, 산 따위를 사람에 비유하여 이르기도 한다.

弓矢(궁시) ··· 활과 화살을 아울러 이르는 말.

百發百中(백발백중) ··· 백 번 쏘아 백 번 맞힌다는 뜻으로, 총이나 활 따위를 쏠 때마다 겨눈 곳에 다 맞음을 이르는 말. 무슨 일이나 틀림없이 잘 들어맞음.

風俗(풍속) … 옛날부터 그 사회에 전해 오는 생활 전반에 걸친 습관 따위를 이르는 말.

所生(소생) … 자기가 낳은 아들이나 딸.

後患(후환) … 어떤 일로 말미암아 뒷날 생기는 걱정과 근심.

念慮(염려) … 앞일에 대하여 여러 가지로 마음을 써서 걱정함. 또는 그런 걱정.

駿馬(준마) … 빠르게 잘 달리는 말.

鈍(둔) … 칼이나 송곳 따위의 끝이나 날이 날카롭지 못하다. 느끼고 깨닫는 힘이나 표현하는 힘이 부족하고 둔하다.

逃亡(도망) … 피하거나 쫓기어 달아남.

追擊(추격) … 뒤쫓아 가며 공격함.

魚鼈(어별) … 물고기와 자라를 아울러 이르는 말. 바다 동물을 통틀어 이르는 말.

一行(일행) … 함께 길을 가는 사람들의 무리.

地境(지경) … 나라나 지역 따위의 구간을 가르는 경계.

宮室(궁실) … 궁전 안에 있는 방.

沸流水(비류수) … 고구려의 영토에 있던 강. 만주 통자 강(佟佳江) 상류로 추측된다. 고구려의 시조 주몽이 이 강의 계곡인 홀본(忽本) 서쪽에 성을 쌓았다는 설이 있으며, 위나라의 관구검이 환도성으로 쳐들어올 때 고구려군을 이 강에서 격파하였다고 한다.

高句麗(고구려) … 우리나라 고대의 삼국 가운데 동명왕 주몽이 기원전 37년에 세운 나라. 광개토 대왕 때에는 한반도 남부에서 요동 지방까지 영유하였으며, 668년에 신라와 중국 당나라의 연합군에게 멸망하였다.

▲ 고구려 고분벽화와 사냥하는 고구려 무사

신라(新羅)와 혁거세왕(赫居世王)

辰韓 ☐☐ 의 땅에는 옛날에 六村 ☐☐ 이 있었다. 그들은 모두 하늘에서 내려왔는데, 오늘날 李氏 ☐☐ ·鄭氏 ☐☐ ·孫氏 ☐☐ ·崔氏 ☐☐ ·裵氏 ☐☐ ·薛氏 ☐☐ 의 시조가 되었다. 三月 ☐☐ 보름에 六部 ☐☐ 의 始祖 ☐☐ 가 각각 子弟 ☐☐ 들을 거느리고 閼川 ☐☐ 언덕 위에 모여 (서로) 議論 ☐☐ 을 하였다.

"우리들에게는 위로 백성들을 다스릴 君主 ☐☐ 가 없어 백성들이 모두 放恣 ☐☐ 하고 제멋대로이다. (그러니) 어찌 德이＝ ☐☐ ＝ 있는 사람을 찾아 君主 ☐☐ 로 삼아 나라를 세우고 都邑 ☐☐ 을 定 ☐ 하지 않을 수 있겠는가!"

이때에 높은 곳에 올라 南 ☐ 쪽을 바라보니 楊山 ☐☐ 아래 蘿井 ☐☐ 옆에서 번갯불과 같은 異常 ☐☐ 한 氣運 ☐☐ 이 땅에 드리워져 있고, 白馬 ☐☐ 一匹 ☐☐ 이 무릎을 꿇고 절

辰韓(진한) … 별 이름 진, 나라 한
六村(육촌) … 여섯 육, 마디 촌 ⓘろくすん
議論(의논) … 의논할 의, 논할 론 ⓔconsultation ⓘぎろん
君主(군주) … 임금 군, 주인 주 ⓔa sovereign ⓘくんしゅ
放恣(방자) … 놓을 방, 방자할 자 ⓔinvoking evil upon ⓘほうし
氣運(기운) … 기운 기, 돌 운 ⓔa tendency ⓘきうん

을 올리는 모습을 하고 있었다. 그들이 놀라 그곳에 찾아가 살펴

보니 紫色□□ 卵□ 하나가 있었다. 白馬□□는 사람들을

보자 길게 울고서 하늘로 올라갔다. 그 알을 깨 보니 생긴 것이

반듯하고 아름다운 男子□□ 아이가 있었다. (모두들) 놀라 異

常□□하게 여기며 東泉□□에서 沐浴□□을 시켰다. 몸

에서는 光彩□□가 났으며, 鳥獸□□들이 모두 춤을 추고,

天地□□가 振動□□을 하고, 日月□□이 환하게 밝아졌

다. 이것을 보고 사람들은 그 아이를 赫居世王□□□□라고

이름짓고, 王位□□

의 칭호를 居瑟邯□

□□이라고 하였다.

　當時□□ 사람들이

다투어 祝賀□□하

▲ 알영정

紫色(자색) … 자줏빛 자, 빛 색 영purple 일ししょく
沐浴(목욕) … 머리 감을 목, 목욕할 욕 영a bath 일もくよく
光彩(광채) … 빛 광, 무늬 채 영luster 일こうさい
振動(진동) … 떨칠 진, 움직일 동 영vibration 일しんどう
日月(일월) … 해 일, 달 월 영the sun and the moon 일ひとつき
王位(왕위) … 임금 왕, 자리 위 영the throne 일おうい
居瑟邯(거슬감) … 살 거, 비파 슬, 땅이름 감
當時(당시) … 당할 당, 때 시 영at that[the] time 일とうじ

며 "이제 天子□□께서 내려 오셨으니 德□ 있는 女子□□를 찾아서 임금의 配匹□□로 삼아야 합니다."라고 말하였다. 이 날 沙梁里□□□ 閼英井□□□ 가에 鷄龍□□이 나타났는데 왼쪽 옆구리에서 女子□□아이를 낳았다. (그 계집아이는) 모습이 매우 고왔다. 하지만 입술이 닭 부리와 비슷했다. (그리하여) 月城□□ 北□쪽 냇물에 씻기니 부리가 떨어졌다. 그래서 그 냇물을 撥川□□이라 불렀다. 南山□□ 西□쪽 기슭에 집을 짓고 聖□스러운 두 아이를 모셔다 키웠다. 사내아이는 알에서 태어났는데 알이 표주박과 비슷하게 생겨 사람들이 박[瓠□]을 박(朴)으로 생각하여 성을 朴□이라고 했다. 女子□□아이는 그가 나온 우물 이름에서 이름을 땄다.

聖□스러운 두 아이가 十三歲□□□가 된 五鳳□□ 元年□□ 甲子□□(紀元前□□□57年□)에 사내아이는

祝賀(축하) … 빌 축, 하례 하 [영]congratulation [일]しゅくが
天子(천자) … 하늘 천, 아들 자 [영]an emperor [일]てんし
配匹(배필) … 아내 배, 필 필 [영]a spouse [일]はいぐうしゃ
瓠(호) … 표주박 호 [영]a gourd dipper [일]ひょうたん
鳳(봉) … 봉새 봉 [영]a phoenix [일]ほうおう
元年(원년) … 으뜸 원, 해 년 [영]the first year [일]がんねん
甲子(갑자) … 첫째 천간 갑, 아들 자 [영]the 1st year of the sexagenary cycle [일]じっかんのきのえと
紀元前(기원전) … 벼리 기, 으뜸 원, 앞 전 [영]B.C〔before Christ〕 [일]きげんぜん

王□이 되고 계집아이는 王后□□가 되었다. 그리고 國號□□를 徐羅伐□□□ 또는 徐伐□□이라고도 하였다. 처음 王□이 雞井□□에서 태어났기 때문에 혹 雞林國□□이라고도 한다. 이는 鷄龍□□이 祥瑞□□로움을 드러냈기 때문이다. 一說□□에는 脫解王□□□ 때 金閼智□□□를 얻으면서 닭이 숲 속에서 울었기 때문에 國號□□를 鷄林□□으로 고쳤다고도 한다. 後世□□에 (와서) 마침내 新羅□□라는 國號□□를 定□하였다.

(赫居世□□□는) 61年□ 동안 나라를 다스리다 하늘로 올라갔다. 7日□ 뒤 屍身□□이 흩어져 땅에 떨어졌는데 王后□□도 世上□□을 떠났다. 百姓□□들은 흩어진 王□의 屍身□□을 모아 葬禮□□를 치르려고 하였지만, 큰 뱀이 쫓아와 막았다. (할 수 없이 王□의 屍身□□ 중) 五體□□

王后(왕후) … 임금 왕, 임금 후 [영]a queen [일]おうこう
國號(국호) … 나라 국, 부르짖을 호 [영]the name of a country [일]こくごう
祥瑞(상서) … 상서로울 상, 상서 서 [영]a happy augury [일]しょうずい
一說(일설) … 한 일, 말씀 설 [영]one report [일]いっせつ
屍身(시신) … 주검 시, 몸 신 [영]a dead body [일]しかばね
百姓(백성) … 일백 백, 성 성 [영]the people [일]こくみん
葬禮(장례) … 장사지낼 장, 예도 례 [영]a funeral [일]そうれい

를 葬事☐☐ 지내어 五陵☐☐ 이 되었다. 그것을 蛇陵☐☐ 이라고도 하였는데, 曇嚴寺☐☐☐ 北☐ 쪽의 陵☐ 이 그것이다. 太子☐☐ 南解王☐☐☐ 이 王位☐☐ 를 이었다.

葬事(장사) … 장사지낼 장, 일 사 영a funeral 일そうれい

太子(태자) … 클 태, 아들 자 영the Crown Prince 일皇太子

辰韓(진한) … 삼한 가운데 경상북도를 중심으로 한 동북부 지역에 있던 12국. 일본에 진출하여 그곳 문화 발전에 큰 영향을 주었으나 4세기 중엽에 진한 12국 가운데 하나인 사로(斯盧)에게 망하여 신라에 병합되었다.

六村(육촌) … 사촌(四寸)의 자녀끼리의 촌수.

議論(의논) … 어떤 일에 대하여 서로 의견을 주고받음.

君主(군주) … 세습적으로 나라를 다스리는 최고 지위에 있는 사람.

放恣(방자) … 남이 못되거나 재앙을 받도록 귀신에게 빌어 저주하거나 그런 방술(方術)을 쓰는 일.

氣運(기운) … 어떤 일이 벌어지려고 하는 분위기.

光彩(광채) … 아름답고 찬란한 빛.

振動(진동) … 흔들려 움직임.

祝賀(축하) … 남의 좋은 일을 기뻐하고 즐거워한다는 뜻으로 인사함. 또는 그런 인사.

瓠(호) … 조롱박이나 둥근 박을 반으로 쪼개어 만든 작은 바가지.

元年(원년) … 임금이 즉위한 해. 나라를 세운 해.

紀元前(기원전) … 기원 원년 이전. 주로 예수가 태어난 해를 원년으로 하는 서력기원을 기준으로 하여 이른다.

徐羅伐(徐伐) (서라벌) … '신라'의 옛 이름.

雞林國(계림국) … '신라'의 다른 이름. 숲 속에서 이상한 닭 울음소리가 들리기에 가 보니, 나뭇가지에 흰 닭과 금빛의 궤 속에 신라 김씨 왕조의 시조가 되는 김알지가 있었다는 설화에서 유래한다.

一說(일설) … 어떤 하나의 주장이나 학설.

葬禮(장례) … 장사를 지내는 일. 또는 그런 예식.

지철로왕(智哲老王)

第　22代　智哲老王　　　은 姓　은 金氏　　이고 이름은 智大路　　　또는 智度路　　　이며 諡號　　는 智證　　이다. 우리나라에서 諡號　를 쓰기 始作　한 것은 이 때부터이다. 우리말로 王　을 麻立干　　　이라고 한 것도 이 王　때부터 비롯되었다. 王　은 陰莖　　이 길이가 한 자 다섯 치[一尺五寸　　　　]나 되어 좋은 配匹　　을 얻기가 어려웠다. 그래서 使臣　　을 세 갈래 길로 보내 配匹　　을 찾게 하였다. 使臣　　이 牟梁部　　　冬老樹　　　아래에 이르렀을 때였다. 마침 개 두 마리가 큰 북과 같은 똥 덩어리 하나를 양 쪽 끝에서 물고 싸우는 것을 보았다. 마을 사람에게 물으니 한 少女　　가 "우

智哲老王(지철로왕)… 알 지, 밝을 철, 늙을 로, 임금 왕
諡號(시호)… 시호 시, 부르짖을 호 영a posthumous epithet 일しごう
智證(지증)… 알 지, 증거 증
麻立干(마립간)… 삼 마, 설 립, 방패 간
陰莖(음경)… 응달 음, 줄기 경 영the penis 일いんけい
配匹(배필)… 아내 배, 필 필 영a life partner 일つれあい
使臣(사신)… 하여금 사, 신하 신 영an envoy 일ししん
牟梁部(모량부)… 소우는 소리 모, 들보 량, 떼 부
冬老樹(동로수)… 겨울 동, 늙을 로, 나무 수

리 部▢ 相公▢▢의 딸이 이 곳에서 빨래를 하다가 숲에 숨어서 눈 것입니다."라고 알려주었다. 그 집을 찾아가 알아보니 (그 女▢의) 키가 일곱 자 다섯 치[七尺五寸▢▢▢▢]나 되었다. 事情▢▢을 다 아뢰자 王▢이 수레를 보내 宮中▢▢으로 맞아들여 王后▢▢로 삼았다. 이것을 보고 여러 臣下▢▢들이 모두 賀禮▢▢하였다.

相公(상공) … 서로 상, 공변될 공 영the prime minister 일さいしょう
宮中(궁중) … 집 궁, 가운데 중 영the Royal Court 일きゅうちゅう
賀禮(하례) … 하례 하, 예도 례 영a congratulatory ceremony 일いわいのぎしき

 **단어 및 용어 풀이**

諡號(시호) … 제왕이나 재상, 유현(儒賢) 들이 죽은 뒤에, 그들의 공덕을 칭송하여 붙인 이름.

始作(시작) … 어떤 일이나 행동의 처음 단계를 이룸. 또는 그 단계.

麻立干(마립간) … 신라 때에, '임금'을 이르던 말. 『삼국사기』에는 눌지왕 때부터 지증왕 때까지, 『삼국유사』에는 내물왕 때부터 지증왕 때까지 이 칭호를 사용했다고 기록하고 있다.

配匹(배필) … 부부로서의 짝.

相公(상공) … '재상(宰相)'을 높여 이르던 말.

賀禮(하례) … 축하하여 예를 차림.

경문왕(景文王)

景文王　　　은 나이 18歲　에 國仙　　이 되었다. 弱冠　　에 이르자 憲安大王　　　　이 그를 불러 宮中　에서 잔치를 베풀면서 물었다.

"郎　은 國仙　　이 되어 四方　　을 두루 돌아다녔는데 무슨 異常　　한 일이라도 본 건 없는가?" "臣　은 行實　　이 아름다운 세 사람을 보았습니다."

"그 말을 나에게 들려주게." "남의 윗자리에 있을 만한 사람이면서도 謙遜　　하여 남의 밑에 있는 이가 그 하나요, 勢力　이 있고 富者　　이면서도 옷차림은 儉素　　하게 하는 사람이 둘이요, 本來　　부터 貴　하고 勢力　　이 있는데도 그 威力　　을 부리지 않는 사람이 그 셋입니다."

그 말을 들은 王　은 그가 仁者　　임을 깨닫고는, 자기도

國仙(국선) … 나라 국, 신선 선
弱冠(약관) … 약할 약, 갓 관 圐twenty years of agea youth of twenty;youth 圙じゃっかん
宮中(궁중) … 집 궁, 가운데 중 圐the Royal Court 圙きゅうちゅう
謙遜(겸손) … 겸손할 겸, 겸손할 손 圐modesty 圙けんそん
勢力(세력) … 기세 세, 힘 력 圐influence 圙せいりょく
富者(부자) … 가멸 부, 놈 자 圐a rich[wealthy] person 圙かねもち
儉素(검소) … 검소할 검, 흴 소 圐simplicity 圙けんそ
威力(위력) … 위엄 위, 힘 력 圐power 圙いりょく

모르게 눈물을 흘리며 말했다. "나에게 두 딸이 있는데 郎⬜과 結婚⬜⬜을 시키겠네."

郎⬜이 일어나 자리를 避⬜하여 절하고 머리를 조아리며 물러갔다. 郎⬜이 이 事實⬜⬜을 父母⬜⬜에게 告⬜했다. 그 父母⬜⬜는 무척 놀라고 기뻐하며 그 子弟⬜⬜들을 모아 놓고 議論⬜⬜했다. "王⬜의 첫째 公主⬜는 얼굴이 무척 볼품이 없고, 둘째 公主⬜⬜는 아름답다고 하는데 둘째를 아내로 맞이했으면 좋겠구나."

郎⬜의 무리들 중에 우두머리인 範敎師⬜⬜⬜가 이 말을 듣고, 郎⬜의 집에 와서 물었다.

"大王⬜⬜께서 公主⬜⬜를 公⬜의 아내로 주고자 한다는데 事實⬜⬜입니까?" "그렇습니다."

"어느 公主⬜⬜에게 장가 들 생각입니까?" "父母⬜⬜님께서는 둘째 公主⬜⬜가 좋겠다고 하십니다."

그러자 範敎師⬜⬜⬜가 말했다. "郎⬜이 만약 둘째 公主⬜⬜에게 장가를 든다면 나는 반드시 郎⬜의 面前⬜⬜에

仁者(인자) … 어질 인, 놈 자 영a benevolent person 일じんしゃ
議論(의논) … 의논할 의, 논할 론 영consultation 일ぎろん

서 죽을 것이고, 첫째 公主에게 장가를 든다면 必是

세 가지의 좋은 일이 생길 것이니 警戒해서 하도록 하십시

오.” “그 말씀대로 하겠습니다.”

얼마 후 王이 擇日하여 郎에게 使者를 보

내어 말했다.

“두 딸 중에서 누구와 結婚을 하겠는가?”

使者가 돌아와서 郎의 意思를 王에게 報

告했다.

“첫째 公主를 받들겠다고 합니다.”

그 후 三個月이 지나자 王이 病이 들어 危篤

하게 되었다. 여러 신하들을 불러놓고 말했다. “내게는 아

들이 없으니 내 죽은 뒤의 일은 마땅히 맏딸의 男便이 繼

面前(면전)··· 낯 면, 앞 전 ㉐presence ㉕めんぜん
必是(필시)··· 반드시 필, 옳을 시 ㉐certainly ㉕かならず
警戒(경계)··· 경계할 경, 경계할 계 ㉐guard ㉕けいかい
擇日(택일)··· 가릴 택, 해 일 ㉐choose an auspicious day ㉕きちじつをえらぶこと
使者(사자)··· 하여금 사, 놈 자 ㉐a messenger ㉕ししゃ
意思(의사)··· 뜻 의, 생각할 사 ㉐an intention ㉕いし
報告(보고)··· 갚을 보, 알릴 고 ㉐a report ㉕ほうこく
危篤(위독)··· 위태할 위, 도타울 독 ㉐a critical[serious] condition of illness ㉕きとく
男便(남편)··· 사내 남, 편할 편 ㉐a husband ㉕しゅじん

承□□해야 할 것이다.”

　그 이튿날 王□이 世上□□을 떠나매 그의 遺言□□을 받들어 郎□이 王位□□에 올랐다. 이에 範敎師□□□는 王□에게 나아가 말했다. “제가 말씀 드린 세 가지 아름다운 일이 이제 다 이루어졌습니다. 첫째 公主□□에게 장가를 드셨으므로 이제 王位□□에 오르신 것이 그 첫째요, 예전에 欽慕□□하시던 둘째 公主□□에게 이제 쉽사리 장가드실 수 있게 된 것이 그 둘째요, 맏公主□□에게 장가를 드셨으므로 王□과 夫人□□께서 매우 기뻐하심이 그 셋째입니다.”

　그 말을 고맙게 여긴 王□은 그에게 大德□□이란 벼슬을 내리고 金□ 1百□ 30兩□을 下賜□□했다. 王□이 세상을 떠나자 諡號□□를 景文□□이라고 했다.

　일찍이 景文王□□□의 寢殿□□에는 每日□□ 저녁

繼承(계승)⋯ 이을 계, 받들 승 圐succession 圎けいしょう
遺言(유언)⋯ 끼칠 유, 말씀 언 圐a will 圎ゆいごん
欽慕(흠모)⋯ 공경할 흠, 그리워할 모 圐admiration 圎きんぼ
大德(대덕)⋯ 큰 대, 덕 덕 圐morality 圎だいとく
下賜(하사)⋯ 아래 하, 줄 사 圐a Royal[an Imperial] gift 圎かし
寢殿(침전)⋯ 잠잘 침, 큰집 전
每日(매일)⋯ 매양 매, 해 일 圐every day 圎まいにち

이면 수많은 뱀들이 스멀스멀 모여들었다. 宮人　　들이 놀라고 두려워 이를 쫓아내려 했다.

"만일 뱀이 없으면 내가 便安　　하게 잘 수 없으니 쫓아내지 말라."

이렇게 말을 하며 왕은 주위를 물리쳤다. 王　은 언제나 혀를 날름대는 뱀을 온 가슴을 덮어야 잠을 잘 수 있었기 때문이었다.

王位　　에 오른 후 景文王　　　은 어느 날부터 귀가 갑자기 길어졌다. 마치 당나귀 귀처럼 길어진 두 귀 때문에 왕은 어쩔 줄을 몰랐다. 그래서 왕은 幞頭匠　　　을 불러 모자를 만들어 썼다. 감쪽같이 두 귀를 가린 덕분에 王后　　며 宮人　　들도 왕이 당나귀 귀에 대해 알지 못했다. 하지만 오로지 幞頭匠　　　한 사람만이 이 일을 알고 있었다. 그러나 그는 平生　　이 일을 말하지 않기로 왕과 단단히 약속을 한 터라 함부로 입을 열지 못했다. 말하고 싶은 것을 참지 못한 그는 마침내 병이 들어 죽게 되었다. 죽기 전에 幞頭匠　　　은 道林寺

宮人(궁인) … 집 궁, 사람 인 영a court lady 일きゅうじょ
便安(편안) … 편할 편, 편안한 안 영being well 일おだやかなこと
幞頭匠(복두장) … 건 복, 머리 두, 장인 장

□□□ 竹林□□ 속 아무도 없는 곳으로 가서 대나무를 보고 외쳤다.

"우리 임금의 귀는 당나귀 귀처럼 생겼다네."

그런 다음부터는 바람이 불면 대나무 밭에서 소리가 났다.

"우리 임금의 귀는 당나귀 귀처럼 생겼다네."

王□은 이 소리를 싫어해서 대나무를 베어버리고 산수유나무를 심었다. 그랬더니 이번에는 바람이 불때마다 "우리 임금의 귀는 길다네."라는 소리가 났다고 한다.

竹林(죽림) … 대 죽, 수풀 림 옝a bamboo grove 일ちくりん

國仙(국선) … =화랑(花郎). 신라 때에 둔, 청소년의 민간 수양 단체. 문벌과 학식이 있고 외모가 단정한 사람으로 조직하였으며, 심신의 단련과 사회의 선도를 이념으로 하였다.

弱冠(약관) … 남자가 스무 살에 관례를 한다는 뜻으로, 남자 나이 스무 살 된 때를 이르는 말.

郎(랑) … 집사성(執事省)에 둔 벼슬로, 12~17품관으로 임명되었다. 처음 문무왕(文武王) 때 사(史)라 한 것을 경덕왕(景德王) 때 낭이라 고쳤다가 혜공왕(惠恭王) 때 다시 사(史)로 고쳤다. 정원은 처음 14명이었다가 20명으로 늘렸다.

四方(사방) … 동, 서, 남, 북 네 방위를 통틀어 이르는 말.

行實(행실) … 실지로 드러나는 행동.

謙遜(겸손) … 남을 존중하고 자기를 내세우지 않는 태도가 있음.

儉素(검소) … 사치하지 않고 꾸밈없이 수수함.

本來(본래) … 사물이나 사실이 전하여 내려온 그 처음. '본디'.

威力(위력) … 상대를 압도할 만큼 강력함. 또는 그런 힘.

仁者(인자) … 마음이 어진 사람.

子弟(자제) … 남을 높여 그의 아들을 이르는 말.

大王(대왕) … '선왕(先王)'을 높여 이르던 말. 훌륭하고 뛰어난 임금을 높여 이르는 말.

必是(필시) … 아마도 틀림없이.

擇日(택일) … 어떤 일을 치르거나 길을 떠나거나 할 때 운수가 좋은 날을 가려서 고름. 또는 그날.

意思(의사) … 무엇을 하고자 하는 생각.

危篤(위독) … 병이 매우 중하여 생명이 위태로운 상태.

繼承(계승) … 조상의 전통이나 문화유산, 업적 따위를 물려받아 이어 나감.

欽慕(흠모) … 기쁜 마음으로 공경하며 사모함.

大德(대덕) … 도덕적·윤리적 이상을 실현해 나가는 인격적 능력. 또는 그런 덕을 가진 사람.

下賜(하사) … 임금이 신하에게, 또는 윗사람이 아랫사람에게 물건을 줌.

寢殿(침전) … 임금의 침방(寢房)이 있는 전각.

幞頭匠(복두장) … 두건(頭巾)의 일종을 만드는 사람. 신라 고려 시대에 걸쳐 신분에 따라 복두는 그 착용에 대한 규정이 다르게 정해져 있었음.

竹林(죽림) … 대숲. '대나무 숲'.

신기한 이야기

거문고집을 쏘다[射琴匣]

第　21代　毗處王　　이 卽位　　한 지 十年

　되는 戊辰年　　　(488年　)에 天泉亭　　　에 갔

다. 그때 까마귀[烏　]와 쥐[鼠　]들이 떼지어 몰려와 우우 울

어 대었다. 쥐들은 왕에게 "이 까마귀가 가는 곳을 따라가 보십시

오."라고 하였다. 그 말을 들은 王은 말 탄 軍士　　에게 命　

하여 까마귀를 追跡　　하게 하였다. (그 軍士　　가) 南

　쪽 避村　　에 이르렀다. 그곳에는 두 마리 돼지[亥　]가

毗處王(비처왕) … 도울 비, 살 처, 왕 왕

卽位(즉위) … 곧 즉, 자리 위 옝accession to the throne 옐そくい

戊辰年(무진년) … 다섯째 천간 무, 지지 진 해 년 옝the 5th year of the sexagenary cycle

天泉亭(천천정) … 하늘 천, 샘 천, 정자 정

命하다(명하다) … 목숨 명 옝order 옐めいずる

追跡(추적) … 쫓을 추, 자취 적 옝chase 옐ついせき

서로 싸우고 있었다. 군사들은 머뭇거리면서 보다가 그만 까마귀를 놓치고 말았다. 길 가에서 서성이고 있었는데 그 때 어떤 老人   이 연못에서 나와 便紙   를 바쳤다. 겉장에는 "열어 보면 두 사람이 죽고, 그렇지 않으면 한 사람이 죽는다."라고 적혀 있었다.

그 軍士   가 돌아와 便紙   를 바치니 王은 "두 사람이 죽는 것보다는 열어보지 않아 한 사람만 죽는 것이 나을 것이다."라고 하였다. (그러자) 日官   이 "두 사람은 百姓   을 말하며, 한 사람은 王을 말합니다."고 하자 王은 옳다고 생각해 便紙   를 열었다. 便紙   에는 "거문고집을 쏘라."고 적혀 있었다. 王   은 宮闕   로 돌아와 거문고집을 보고 활을 쏘았다. 그 거문고집에서는 內殿   의 焚修僧   과 宮主   가 몰래 情   을 通   하고 있었다. 결국 들통이 난 두 사람은 死刑   을 당했다. 이로부터 나라의 風俗   에 每

避村(피촌) … 피할 피, 마을 촌
便紙(편지) … 편할 편, 종이 지 영a letter 일てがみ
宮闕(궁궐) … 집 궁, 대궐 궐 영the royal palace 일きゅうけつ
內殿(내전) … 안 내, 큰집 전 영a queen 일おうひの敬語
焚修僧(분수승) … 불사를 분, 닦을 수, 중 승
宮主(궁주) … 집 궁, 주인 주
死刑(사형) … 죽을 사, 형벌 형 영capital punishment 일しけい

☐ 正月☐☐ 첫 돼지날과 첫 쥐날, 첫 말날 등에는 온갖 일들을 삼가고 함부로 行動☐☐하지 않았으며, 15일을 까마귀의 제삿날로 삼아 찰밥으로 祭祀☐☐를 지내는 풍습이 지금까지도 行☐해지고 있다. 世俗☐☐의 말로 '怛忉'☐☐는 슬프고 근심스러워 모든 일을 禁☐한다는 뜻이다. (또한 王☐은) 그 연못을 書出池☐☐☐라고 할 것을 命하였다.

風俗(풍속) … 바람 풍, 풍속 속 영manners 일ふうぞく
祭祀(제사) … 제사 제, 제사 사 영a religious service 일さいし
世俗(세속) … 대 세, 풍속 속 영the mundane world 일せぞく
怛忉(달도) … 슬플 달, 근심할 도
書出池(서출지) … 글 서, 날 출, 연못 지

卽位(즉위) ··· 임금이 될 사람이 예식을 치른 뒤 임금의 자리에 오름.

戊辰年(무진년) ··· 육십갑자로 해를 셀 때 무진이 되는 해.

追跡(추적) ··· 도망하는 사람의 뒤를 밟아서 쫓음. 사물의 자취를 더듬어 감.

日官(일관) ··· 조선 시대에, 관상감에 속하여 길일(吉日)을 가리는 일을 맡아보던 벼슬.

百姓(백성) ··· 나라의 근본을 이루는 일반 국민을 예스럽게 이르는 말.

內殿(내전) ··· 중궁전. 안전.

焚修僧(분수승) ··· 신1라 시대 궁궐의 분향을 담당한 승려. 자세한 직능(職能)은 알 수 없지
　　　　　　　　만, 신라 소지왕(炤知王) 때에 궁궐 내에 두어져 있었다고 한다.

宮主(궁주) ··· 왕녀(王女)나 비빈(妃嬪)에 한하여 썼다. 세종 때 왕녀는 공주와 옹주(翁主:庶
　　　　　　出의 王女)로 나누어 부르기로 하고, 빈(嬪)이나 귀인(貴人) 등에만 쓰기로 하
　　　　　　였다가 곧 폐지되었다.

風俗(풍속) ··· 옛날부터 그 사회에 전해 오는 생활 전반에 걸친 습관 따위를 이르는 말. 그
　　　　　　시대의 유행과 습관 따위를 이르는 말.

祭祀(제사) ··· 신령이나 죽은 사람의 넋에게 음식을 바치어 정성을 나타냄. 또는 그런 의식.

世俗(세속) ··· 세상. 세상의 일반적인 풍속.

김유신(金庾信)

庾信公□□□은 眞平王□□□ 17年□(595年□)에 태어났다. 七曜□□의 精氣□□를 타고나 등에 七星□□ 무늬가 있었으며, 또한 많은 神異□□한 일이 있었다. 그의 나이 18歲□가 되자 劍術□□을 닦아 國仙□□이 되었다.

庾信□□의 밑에는 當時□□ 白石□□이란 者□가 있었다. 그는 어디서 왔는지를 알 수 없었다. 하지만 그는 數年間□□□ 花郞□□의 무리에 屬□해 있었다. 庾信□은 高句麗□□□와 □□ 百濟□□를 征伐□□하는 일 때문에 晝夜□□로 몰두하고 있었다. 그런데 白石□□이 그것을

七曜(칠요) … 일곱 칠, 빛날 요
精氣(정기) … 자세할 정, 기운 기 圏energy 圏せいき
七星(칠성) … 일곱 칠, 별 성 圏the Great Bear 圏ほくとしちせい
神異(신이) … 귀신 신, 다를 이 圏marvelous 圏しんき
劍術(검술) … 칼 검, 꾀 술 圏swordsmanship 圏けんじゅつ
當時(당시) … 당할 당, 때 시 圏at that[the] time 圏とうじ
白石(백석) … 흰 백, 돌 석
數年間(수년간) … 셀 수, 해 년, 사이 간 圏during several years圏すうねんかん
花郞(화랑) … 꽃 화, 사나이 랑 圏the flower of youth in Silla dynasty 圏新羅時代の少年の修養団体やその中心人物
高句麗(고구려) … 높을 고, 글귀 구, 고울 려 圏Goguryeo 圏こうり
百濟(백제) … 일백 백, 건널 제 圏くだら
征伐(정벌) … 칠 정, 칠 벌 圏an expedition 圏せいばつ
晝夜(주야) … 낮 주, 밤 야 圏day and night 圏ちゅうや

알고 庾信　　에게 "公　　께서 저와 함께 그곳을 먼저 몰래 探索　　한 뒤 計劃　　을 짜심이 어떠합니까?"라고 하였다. 庾信　　은 무척 기뻐하며 몸소 白石　　을 데리고 밤에 길을 떠나 嶺　 위에서 막 쉬려고 하였다. 그때 낯선 女子　 둘이 庾信　　을 따라 왔다. 骨火川　　　에 이르러 留宿　을 하는데 또 한 女子가 불쑥 유신에게로 왔다. (그래서) 庾信公　　　과 세 處女　　가 즐겁게 정담을 나누었다. 그때 그 處女　들이 맛있는 과일을 꺼내 깎아서 庾信　　에게 주었고, 그것을 받아먹으며 유신은 여자들과 胸中　　을 터놓고 애기하게 되었다.

處女　　들이 "公　의 말씀은 저희들이 이미 들었습니다. 公　께서 白石　　을 따돌리시고 저희와 함께 숲 속으로 들어가시면 다시 事情　　을 말씀드리겠습니다."라고 하면서 함

探索(탐색) … 찾을 탐, 찾을 색 영search 일たんさく
嶺(령) … 재 령 영a ridge 일とうげ
女子(여자) … 여자 여, 아들 자 영a woman 일じょし
留宿(유숙) … 머무를 유, 잘 숙 영lodging 일しゅくはく
處女(처녀) … 살 처, 여자 녀 영a virgin 일しょじょ
胸中(흉중) … 가슴 흉, 가운데 중 영one's bosom 일きょうちゅう
事情(사정) … 일 사, 뜻 정 영circumstances 일じじょう

께 (숲속으로) 들어갔다. 處女□□들은 다시 神靈□□의 模襲□□을 드러내면서 "우리들은 奈林□·穴禮□·骨火□ 등 세 곳의 護國神□□□이오. 지금 敵國□□의 사람이 그대를 誘引□□하고 있는데도 그대는 모른 채 따라가고 있으니 우리들이 그대를 停止□□시키게 하기 위해 여기에 이른 것이랍니다."라는 말을 마치자마자 눈깜짝할 새에 사라졌다. 庾信□□은 그 말을 듣고 놀라 엎드려 거듭 절하며 숲에서 나왔다. (그리고는) 骨火館□□□에서 묵으며 白石□□에게 "지금 他國□□에 가면서 중요한 文書□□를 잊었다. 함께 집으로 돌아가 가져오자꾸나."하고 말하였다. 드디어 함께 돌아와 집에 이르자 白石□□을 묶고 拷問□□하면서 實情□□을 물었다.

白石□□은 "저는 本來□□ 高句麗□□□ 사람입니다. 우리나라의 여러 臣下들이 "新羅□□의 庾信□□은 바로 우

神靈(신령) … 귀신 신, 신령 령 [영]a divine spirit [일]しんれい
模襲(모습) … 법 모, 엄습할 습 [영]features [일]ようぼう
護國(호국) … 보호할 호, 나라 국 [영]defense of one's country [일]ごこく
敵國(적국) … 원수 적, 나라 국 [영]the enemy[hostile] country [일]てきこく
誘引(유인) … 꾈 유, 끌 인 [영]temptation [일]ゆういん
拷問(고문) … 칠 고, 물을 문 [영]torture [일]ごうもん

리나라의 占   치는 사람인 楸南   이(還生   한 사람이)

다.”라고 하였습니다. 國境   에 물이 逆流   하는 現象

□□ 이 생기자 그에게 占   을 치게 하였더니, “大王   의

夫人   이 陰陽   의 道   를 逆行   하고 있어서

이런 조짐이 나타난 것입니다.”라고 하였습니다. 大王   은

놀라면서도 異常   하게 여겼고, 王妃   는 크게 怒   하

여 “이것은 妖邪   스런 여우의 말이다.”고 王에게 告하였습

니다. 그리고 다시 다른 일로써 試驗해 보아 (그의) 말이 틀리면

重刑   을 加   해야 한다고 하였습니다.

　곧 쥐 한 마리를 函   속에 넣고는 무슨 物件   인지를 물

었습니다. 楸南   은 “이것은 반드시 쥐인데 여덟 마리입니

還生(환생) ··· 돌아올 환, 날 생 영revival 일生きかえること
國境(국경) ··· 나라 국, 지경 경 영the border 일こっきょう
逆流(역류) ··· 거스를 역, 흐를 류 영flowing backward 일ぎゃくりゅう
現象(현상) ··· 나타날 현, 코끼리 상 영a phenomenon 일げんしょう
陰陽(음양) ··· 응달 음, 볕 양 영the cosmic dual forces 일いんよう
逆行(역행) ··· 거스를 역, 다닐 행 영retrogression 일ぎゃっこう
妖邪(요사) ··· 아리따울 요, 간사할 사 영capriciousness 일じゃあくであること
試驗(시험) ··· 시험할 시, 증험할 험 영a test 일しけん
重刑(중형) ··· 무거울 중, 형벌 형 영a heavy penalty 일じゅうけい
函(함) ··· 함 함 영a box 일はこ
物件(물건) ··· 만물 물, 사건 건 영a thing 일ぶっけん

다."고 하였는데, 王妃□□는 거짓을 말했다고 하여 斬刑□

□을 加□하려고 했습니다. 그러자 楸南□□은 "내가 죽은

뒤 大將軍□□□이 되어 반드시 高句麗□□를 滅亡□

□시킬 것입니다."고 맹세를 하였다. 그렇지만 (결국) 그의 목은

베어졌는데 그 속에 있는 쥐의 배를 갈라 보니 새끼 일곱 마리가

있었다. 과연 楸南□□의 말이 맞았던 것이다. 그 날 밤 大王

□□의 夢□에 楸南□□이 新羅□□ 舒玄公□□□

의 夫人 가슴으로 들어가자 이것을 여러 신하들에게 알렸습니다.

모두들 "楸南□□이 마음으로 맹세하며 죽었으니 果然□□

그러할 것입니다."고 하였습니다. 이런 理由□□ 때문에 제가

그리한 것입니다."라고 대답하였다.

　이에 公□은 온갖 음식을 갖추어 三神□□에게 祭祀를 지

내었는데 모두 現身□□하여 祭祀□□를 받았습니다.

斬刑(참형) … 벨 참, 형벌 형 영execution by beheading 일斬首形(ざんしゅけい)

大將軍(대장군) … 큰 대, 장차 장, 군사 군 일だいしょうぐん

滅亡(멸망) … 멸망할 멸, 망할 망 영a fall 일めつぼう

夢(몽) … 꿈 몽 영a dream 일ゆめ

果然(과연) … 실과 과, 그럴 연 영just as one thought 일かぜん

現身(현신) … 나타날 현, 몸 신 일うつしみ

祭祀(제사) … 제사 제, 제사 사 영a religious service 일さいし

公(공) … 그 사람을 높여 부르거나 이르는 말. '당신', '그대'의 뜻으로, 듣는 이가 남자일 때, 그 사람을 높여 이르던 이인칭 대명사. 말하는 이와 듣는 이가 아닌 남자를 높여 이르던 삼인칭 대명사.

七曜(칠요) … 칠요(七曜) 또는 칠성(七星)이라고도 하는데, 해, 달, 수성, 금성, 화성, 목성, 토성을 말한다. 망원경이 나오기 전에 규칙적으로 움직임이 관측된 천체들로서, 동서의 고대 문명에서 점성술적 근거가 되었다. 때로는 북두칠성을 가리키거나 삼재(三才 : 天·地·人)와 사시(四時:춘하추동)를 가리키는 등 다른 말로도 쓰인다.

精氣(정기) … 천지 만물을 생성하는 원천이 되는 기운. 민족 따위의 정신과 기운.

神異(신이) … 신기하고 이상하다.

國仙(국선) … '화랑'을 뜻함.

花郎(화랑) … 신라 때에 둔, 청소년의 민간 수양 단체. 문벌과 학식이 있고 외모가 단정한 사람으로 조직하였으며, 심신의 단련과 사회의 선도를 이념으로 하였다.

高句麗(고구려) … 우리나라 고대의 삼국 가운데 동명왕 주몽이 기원전 37년에 세운 나라. 광개토 대왕 때에는 한반도 남부에서 요동 지방까지 영유하였으며, 668년에 신라와 중국 당나라의 연합군에게 멸망하였다.

百濟(백제) … 삼국 시대에, 한반도 남서부에 있던 나라. 기원전 18년에 온조왕이 위례성에 도읍하여 세운 뒤 한강 유역을 중심으로 발전하여 고이왕 때 고대 국가의 면모를 갖추었다. 중국의 남조(南朝), 일본 등과 우호 관계를 유지하였으며 일본 문화에 큰 영향을 끼쳤다.

征伐(정벌) … 적 또는 죄 있는 무리를 무력으로써 침.

晝夜(주야) … 밤낮. 쉬지 아니하고 계속함.

探索(탐색) … 드러나지 않은 사물이나 현상 따위를 찾아내거나 밝히기 위하여 살피어 찾음.

留宿(유숙) … 남의 집에서 묵음.

胸中(흉중) … 마음속에 품고 있는 생각.

模襲(모습) … 사람의 생긴 모양. 자연이나 사물 따위의 겉으로 나타난 모양.

護國(호국) … 나라를 보호하고 지킴.

誘引(유인) … 주의나 흥미를 일으켜 꾀어냄.

占(점) … 팔괘·육효·오행 따위를 살펴 과거를 알아맞히거나, 앞날의 운수·길흉 따위를 미
리 판단하는 일.

還生(환생) … 다시 살아남. 죽은 사람이 다시 태어남.

國境(국경) … 나라와 나라의 영역을 가르는 경계.

逆流(역류) … 물이 거슬러 흐름. 또는 그렇게 흐르는 물.

大王(대왕) … '선왕(先王)'을 높여 이르던 말. 훌륭하고 뛰어난 임금을 높여 이르는 말.

妖邪(요사) … 요망하고 간사함.

加하다 … 보태거나 더해서 늘리다. 어떤 행위를 하거나 영향을 끼치다.

斬刑(참형) … 목을 베어 죽임. 또는 그런 형벌.

大將軍(대장군) … 음양가에서 모시는 팔장신(八將神)의 하나. 이 방위에서는 만사를 꺼린
다. 신라 시대에 둔 무관의 으뜸 벼슬.

果然(과연) … 아닌 게 아니라 정말로. 주로 생각과 실제가 같음을 확인할 때에 쓴다.

現身(현신) … 아랫사람이 윗사람에게 처음으로 자신을 보임. 현세에서의 몸.

祭祀(제사) … 신령이나 죽은 사람의 넋에게 음식을 바치어 정성을 나타냄. 또는 그런 의식.

▲ 김유신 동상과 영정

김현이 호랑이를 감동시키다[金現感虎]

新羅⬜⬜ 風俗⬜⬜에 해마다 二月⬜⬜이 되면 初八日⬜⬜⬜에서 보름날까지 서울의 男子⬜⬜와 女子들⬜⬜은 興輪寺⬜⬜⬜의 博塔⬜⬜을 도는 福會⬜⬜를 行⬜했다. 元聖王⬜⬜⬜ 때에 金現이라는 사람이 있었다. 그는 신심이 매우 돈독해서 밤이 깊도록 쉬지 않고 홀로 탑을 돌았다. 그때 김현을 따라 念佛⬜⬜을 하면서 따라 도는 처녀가 있었다. 둘이는 서로 마음이 끌렸다. 탑 돌기를 마치자 그는 구석진 곳으로 그 處女⬜⬜를 데리고 가 情⬜을 通⬜했다. 이윽고 處女⬜⬜가 돌아갈 때가 되자 金現은 따라가겠다고 했다. 그 處女⬜⬜는 懇曲⬜⬜히 辭讓⬜⬜하고 拒絶⬜⬜했으나 金現⬜⬜은 억지로 따라갔다. 西山⬜⬜ 기슭에 이르러 한 草家⬜⬜에 들어가니 늙은 할머니가 處女⬜⬜에게 물었다.

初八日(초파일) … 처음 초, 여덟 팔, 날 일 영the eighth of April of the lunar calendar 일しゃか生日の
　　　陰四日
興輪寺(흥륜사) … 흥할 흥, 바퀴 륜, 절 사
元聖王(원성왕) … 으뜸 원, 성스러울 성, 임금 왕
念佛(염불) … 생각할 념, 부처 불 영a Buddhist invocation 일ねんぶつ
懇曲(간곡) … 정성 간, 굽을 곡 영cordial 일ていねい
辭讓(사양) … 말 사, 사양할 양 영declining (in favor of another) 일じじょう
拒絶(거절) … 막을 거, 끊을 절 영refusal 일きょぜつすること

"함께 온 사람이 누구냐?"

處女   는 事實   대로 말했다. 그러자 늙은 할머니는 "비록 좋은 일이긴 하지만 없는 것만 못하단다. 그러나 이미 저질러진 일이므로 나무랄 수도 없구나. 네 兄弟   들이 나쁜 짓을 할까 두려우니 隱密   한 곳에 숨겨 두어라."라고 하였다.

暫時   後   에 호랑이 세 마리가 으르렁거리며 들어오더니 사람과 같이 말을 했다.

"집에서 비린내가 나는구나. 요깃거리가 있으니 참으로 다행이구나."

늙은 할머니와 處女   는 꾸짖었다.

"너희 코가 잘못됐지, 무슨 미친 소리냐?"

이 때 갑자기 하늘에서 큰 소리가 들려왔다.

"그동안 너희들이 生命   을 害   함이 너무도 많았으니, 今日   마땅히 한 놈을 죽여 惡   을 懲戒   하겠노라."

세 호랑이는 이 소리를 듣자 모두 걱정 잠긴 氣色   이 歷

隱密(은밀) … 숨길 은, 빽빽할 밀 영secrecy 일おんみつ

暫時(잠시) … 잠시 잠, 때 시 영a short while 일しばらくの間

懲戒(징계) … 혼날 징, 경계할 계 영disciplinary punishment 일ちょうかい

氣色(기색) … 기운 기, 빛 색 영a look 일きしょく

歷　　했다.

　處女　　는 "세 분 오빠들이 멀리 避　 해 가셔서 조심하고 계신다면 제가 그 罰　 을 代身　 받겠습니다."라고 말하였다. 그러자 모두 기뻐하며 고개를 숙이고 꼬리를 치며 달아나 버렸다.

　處女　　가 金現에　　게 돌아와 말했다.

　"처음에 郎君　　이 저희 집에 오시는 것이 부끄러워 일부러 辭讓　　하고 拒絶　　했으나, 이제는 숨김없이 眞實　 을 말씀드리겠습니다. 저는 사실 사람이 아니라 범의 部類　 랍니다. 저와 郎君　　은 비록 部類　　는 다르지만 하루 저녁의 즐거움을 함께 했으니 所重　　한 夫婦　　의 義　 를 맺은 것입니다. 세 오빠의 惡行　　은 이제 하늘이 미워하시니, 저희 집안의 災殃　　을 제가 당하려 하옵니다. 그러나 보통 사람의 손에 죽는 것보다는 郎君　　의 칼날에 죽어

歷歷(역력) … 지낼 력, 지낼 력 ⑧clear ⑨れきれきだ
代身(대신) … 대신할 대, 몸 신 ⑧backup ⑨だいり
郎君(낭군) … 사나이 랑, 임금 군 ⑧dear husband ⑨わかい妻が自分の夫をじょうをこめてよぶことば
眞實(진실) … 참 진, 열매 실 ⑧truth ⑨しんじつ
部類(부류) … 거느릴 부, 무리 류 ⑧a class ⑨ぶるい
所重(소중) … 바 소, 무거울 중 ⑧important ⑨きわめて大切だ
惡行(악행) … 악할 악, 갈 행 ⑧evil conduct ⑨あくぎょう
災殃(재앙) … 재앙 재, 재앙 앙 ⑧a disaster ⑨さいおう

그 恩德　　에 報答　　하는 것이 훨씬 多幸　　스런 일
일 것입니다. 제가 明日　　市街　　에 들어가 사람들을
해치하면 나라 사람들로서는 저를 어찌할 수 없을 것입니다. 그러
면 임금께서는 반드시 高位職　　　을 걸고 사람을 募集　
　하여 저를 잡게 할 것입니다. 그 때 郎君　　께서는 겁내지
마시고 저를 쫓아 城　의 北　쪽 숲속까지 오시면 기다리고 있
겠습니다."

　그러자 金現　　은 "사람이 사람과 關係　　를 맺는 것은
人倫　　의 道理　　이지만, 다른 部類　　와 사귀는 것
은 아마도 떳떳한 일이 아닐 것이오. 그러나 이미 별 問題　　
없이 잘 지냈으니 眞實　　로 하늘이 준 多幸　　이라 할
수 있소. 내 어찌 配匹　　의 죽음을 팔아 世上　　의 벼슬

恩德(은덕) ⋯ 은혜 은, 덕 덕 영a benefit 일おんとく
報答(보답) ⋯ 갚을 보, 팥 답 영recompense 일ほうとう
多幸(다행) ⋯ 많을 다, 다행 행 영luck 일うんがいいこと
市街(시가) ⋯ 저자 시, 거리 가 영the streets 일まち
高位職(고위직) ⋯ 높을 고, 자리 위, 벼슬 직 영high position 일たかい地位
募集(모집) ⋯ 모을 모, 모일 집 영invitation 일ぼしゅう
關係(관계) ⋯ 빗장 관, 걸릴 계 영connection 일かんけい
道理(도리) ⋯ 길 도, 다스릴 리 영duty 일ぎむ
多幸(다행) ⋯ 많을 다, 다행 행 영luck 일うんがいいこと
配匹(배필) ⋯ 아내 배, 필 필 영a spouse 일はいぐうしゃ

을 바랄 수 있겠소."라고 대답하였다.

"그런 말 마십시오. 이제 제가 天折 하게 된 것은 하늘의 命令 이며, 또한 제 所願 입니다. 郎君 께는 慶事 요, 우리 一族 에게는 福 이며, 나라 사람들에게는 기쁨입니다. 제 몸이 한 번 죽어 다섯 가지의 利益 이 생기는데 어찌 그것을 하지 않겠습니까. 다만 저를 위하여 절을 짓고 佛經 을 講 하여 來世 에 좋은 果報 를 얻는 데 도움을 주신다면 郎君의 恩惠 는 이보다 더 큰 것이 없겠습니다."

그들은 마침내 서로 울면서 作別 했다. 다음 날 果然 사나운 호랑이가 城 안에 들어와 사람을 害 치는 것이 너무 심하니 아무도 감히 당해 내지 못했다. 元聖王 이

天折(요절) … 얼릴 요, 꺾을 절 영an early[a premature, an untimely] death 일ようせつ
命令(명령) … 목숨 명, 영 령 영an order 일めいれい
所願(소원) … 바 소, 원할 원 영one's desire 일ねがい
慶事(경사) … 경사 경, 일 사 영a happy event 일けいじ
利益(이익) … 날카로울 이, 더할 익 영profit 일りえき
佛經(불경) … 부처 불, 날 경 영Buddhist scriptures 일ぶっきょう
來世(내세) … 올 내, 대 세 영the life to come 일らいせ
果報(과보) … 실과 과, 갚을 보 영retribution 일むくい
恩惠(은혜) … 은혜 은, 은혜 혜 영favors;benefits 일おんけい
作別(작별) … 지을 작, 나눌 별 영leave-taking 일わかれ

이 消息☐☐을 듣고 命☐을 내렸다.

"범을 잡는 사람에게는 2級☐의 벼슬을 주겠다."

이에 金現이☐☐ 大闕☐☐로 나가 아뢰기를, "小臣☐☐이 범을 잡겠습니다."라고 하였다. 그러자 王☐은 벼슬부터 먼저 주고 그를 激勵☐☐하였다.

金現☐☐이 칼을 쥐고 숲 속으로 들어가자 범은 娘子☐☐로 변하여 반갑게 웃으면서 말했다.

"어젯밤 郎君☐☐이 저와 마음 깊이 情☐을 맺던 일을 잊지 마십시오. 오늘 내 발톱에 傷處☐☐를 입은 사람들은 전부 興輪寺☐☐☐의 된장을 바르고, 그 절의 나팔 소리를 들으면 곧 나을 것입니다."

말을 마치고 이어 金現☐☐이 찬 칼을 뽑아 스스로 목을 찔러 죽으니, 곧 범으로 변하였다. 金現☐☐은 숲에서 나와 말했다.

"방금 내가 범을 잡았다."

물론 그 事緣☐☐은 숨긴 채 말하지 않았다. 다만 범이 시킨

消息(소식) … 사라질 소, 숨쉴 식 ⑧news ⑨しょうそく
激勵(격려) … 물결 부딪쳐 흐를 격, 힘쓸 려 ⑧encouragement ⑨げきれい
娘子(낭자) … 아가씨 낭, 아들 자 ⑧a maiden ⑨じょうし
傷處(상처) … 상처 상, 살 처 ⑧a wound ⑨きず

대로 傷處를 治療했더니 다 나았다. 지금도 民家에서는 범에게 입은 傷處에는 그 方法을 쓴다고도 한다.

金現은 벼슬하자 西川가에 절을 짓고 虎願寺라 이름 하였다. 항상 梵網經을 講하여 범의 저승길을 引導하고, 또한 범이 스스로를 죽여 自己를 成功할 수 있게 해 준 恩惠에 報答했다. 드디어 金現이 죽을 때 이런 來歷을 하나하나 記錄하여 傳하였으므로 世上에서 이 일을 비로소 알게 되었다.

事緣(사연) … 일 사, 가선 연 ㉥the origin and circumstances of a matter ㉜じゆう
治療(치료) … 다스릴 치, 병고칠 료 ㉥medical treatment ㉜ちりょう
民家(민가) … 백성 민, 집 가 ㉥a private house ㉜みんか
引導(인도) … 끌 인, 이끌 도 ㉥delivery of goods ㉜いんどう
成功(성공) … 이룰 성, 공 공 ㉥success ㉜せいこう
恩惠(은혜) … 은혜 은, 은혜 혜 ㉥favors ㉜おんけい
來歷(내력) … 올 래, 지낼 력 ㉥one's personal history ㉜らいれき
記錄(기록) … 기록할 기, 기록할 록 ㉥a record ㉜きろく

初八日(초파일) ··· 우리나라 명절의 하나. 음력 4월 8일로 석가모니의 탄생일이다. 이날에는 파일등을 단다. 8일 및 9일의 이틀 밤에는 집집마다 여러 가지 모양의 등에 불을 켜 달고 그 아래서 물장구를 치거나 풍악을 하고, 딱총과 불놀이를 하며 느티나무 잎을 넣어 만든 시루떡과 검정콩을 쪄서 먹는다.

◀ 초파일에 단 연등

念佛(염불) ··· 부처의 모습과 공덕을 생각하면서 아미타불을 부르는 일. 불경을 외는 일.

懇曲(간곡) ··· 태도나 자세 따위가 간절하고 정성스럽다.

辭讓(사양) ··· 겸손하여 받지 아니하거나 응하지 아니함. 또는 남에게 양보함.

隱密(은밀) ··· 숨어 있어서 겉으로 드러나지 아니하다.

懲戒(징계) ··· 허물이나 잘못을 뉘우치도록 나무라며 경계함. 부정이나 부당한 행위에 대하여 제재를 가함.

氣色(기색) ··· 마음의 작용으로 얼굴에 드러나는 빛.

郎君(낭군) ··· 예전에, 젊은 아내가 자기 남편을 사랑스럽게 이르던 말. 남의 아들을 높여 이르는 말.

部類(부류) ··· 동일한 범주에 속하는 대상들을 일정한 기준에 따라 나누어 놓은 갈래.

義(의) ··· 사람으로서 지키고 행하여야 할 바른 도리. 군신(君臣) 사이의 바른 도리.

災殃(재앙) ··· 뜻하지 아니하게 생긴 불행한 변고. 또는 천재지변으로 인한 불행한 사고.

報答(보답) ··· 남의 호의나 은혜를 갚음.

人倫(인륜) ··· 군신·부자·형제·부부 따위 상하 존비의 인간관계나 질서.

夭折(요절) … 젊은 나이에 죽음.

一族(일족) … 조상이 같은 겨레붙이. 또는 같은 조상의 친척.

利益(이익) … 물질적으로나 정신적으로 보탬이 되는 것.

佛經(불경) … 불교의 교리를 밝혀 놓은 전적(典籍)을 통틀어 이르는 말.

果報(과보) … '인과응보(因果應報)'와 같은 뜻. 즉 전생에 지은 선악에 따라 현재의 행(幸)과
불행(不幸)이 있고, 현세에서의 선악의 결과에 따라서 내세에 행·불행이 있
는 일.

小臣(소신) … 임금을 상대하여 신하를 낮추어 이르던 말.

激勵(격려) … 용기나 의욕이 솟아나도록 북돋워 줌.

娘子(낭자) … 예전에, '처녀'를 높여 이르던 말.

方法(방법) … 어떤 일을 해 나가거나 목적을 이루기 위하여 취하는 수단이나 방식.

梵網經(범망경) … 대승계(大乘戒)에 관한 경전. 상권에는 보살의 심지(心地)가 전개되어 가
는 모양을 밝혔고, 하권에는 10중 48경계를 설하였다.

來歷(내력) … 지금까지 지내온 경로나 경력. 일정한 과정을 거치면서 이루어진 까닭.

손순이 자식을 묻다[孫順埋兒]

孫順□□은 모양리 사람으로 아버지는 학산이라 했다. 아버지가 世上□□을 떠나자 妻□와 함께 남의 집 품팔이로 糧食□□을 얻어 늙은 어머니를 奉養□□했다. 어머니의 이름은 運烏□□였다.

孫順□□에게는 어린 子息□□이 있었는데, 恒常□□어머니의 飮食□□을 빼앗아 먹었다. 이를 憫惘□□히 여긴 孫順□□이 그 아내에게 말했다.

"子息□□은 다시 얻을 수가 있으나, 어머니는 다시 救□할 수 없소. 그런데 아이가 어머니의 飮食□□을 빼앗아 먹기 때문에 어머님은 굶주림이 甚□하시오. 그러니 아이를 埋葬□□시켜 어머니를 배부르게 해드려야겠소."

그리고는 子息□□을 업고 醉山□□ 北□쪽 들에 가서

糧食(양식) … 양식 양, 밥 식 🄴food 🄹しょくりょう
奉養(봉양) … 받들 봉, 기를 양 🄴supporting one's parents 🄹ほうよう
運烏(운오) … 돌 운, 까마귀 오
恒常(항상) … 항상 항, 항상 상 🄴always 🄹いつも
飮食(음식) … 마실 음, 밥 식 🄴food 🄹いんしょく
憫惘(민망) … 근심할 민, 멍할 망 🄴embarrassed 🄹ふびんに思こと
埋葬(매장) … 묻을 매, 장사지낼 장 🄴burial 🄹まいそう
醉山(취산) … 취할 취, 뫼 산

땅을 팠다. 한참을 파다 보니 石鐘[　][　]이 하나 나왔는데, 그 모양이 참으로 奇異[　][　]하였다. 그들 夫婦[　][　]는 놀랍고도 怪異[　][　]하여 나무 위에 잠깐 걸어놓고 두드렸더니 은은한 소리가 듣기에 퍽 좋았다.

그러자 아내는 "이 이상한 물건을 얻게 된 것은 畢竟[　][　] 아이의 福[　]인 듯합니다. 그러니 이 아이를 묻어서는 아니 되겠습니다."라고 말했다.

男便[　][　]은 아내의 말을 옳게 여겨 아이와 石鐘[　][　]을 지고 집으로 돌아왔다. 그리고는 鐘[　]을 들보에 매달아 두드렸더니 大闕[　][　]에까지 종소리가 들렸다. 이 소리를 興德王[　][　][　]이 듣더니 左右[　][　]의 臣下[　][　]들에게 말했다.

"西[　]쪽 들에서 이상한 鐘[　]소리가 들리는구나. 맑은 소리가 그렇게 먼 곳에서 들려오는 것을 보니 보통 鐘[　]소리와는 다르

石鐘(석종) ··· 돌 석, 종 종
奇異(기이) ··· 기이할 기, 다를 이 圀strange 圁みょうだ
夫婦(부부) ··· 지아비 부, 며느리 부 圀a married couple 圁ふうふ
怪異(괴이) ··· 기이할 괴, 다를 이 圀strange 圁かいい
畢竟(필경) ··· 마칠 필, 다할 경 圀after all 圁ひっきょう
福(복) ··· 복 복 圀fortune 圁ふく
大闕(대궐) ··· 큰 대, 대궐 궐 圀the royal palace 圁きゅうでん
左右(좌우) ··· 왼 좌, 오른 우 圀right and left; one's side 圁さゆう

도다. 빨리 가서 조사해 오라.”

王□의 使者□□가 搜所聞□□□ 끝에 孫順□□의 집을 調査□□하여, 그 事情□□을 王□에게 아뢰었다. 그러자 興德王□□□은 “옛날 中國□□에서 郭巨□□라는 사람이 자신의 아들을 땅에 묻자 하늘에서 金釜□□를 내렸다는 말을 들었는데, 이번에는 孫順□□이 아이를 묻으려 하니 땅속에서 石鐘□□이 솟아 나왔구나. 前世□□의 孝□와 後世□□의 孝□를 天地□□가 함께 보시는 것이로구나.”라고 하였다. 그리고 집 한 채와 매년 벼 50石□을 下賜□□하여 그의 極盡□□한 孝誠□□을 崇尚□□했다.

이에 孫順□□은 이전에 살던 집을 喜捨□□하여 절로 만들었다. 그리고 절 이름도 弘孝寺□□□라 하고, 그 石鐘□

搜所聞(수소문) ··· 찾을 수, 바 소, 들을 문 영ask around 일ふうせつをたよりにさがすこと
調査(조사) ··· 고를 조, 사실할 사 영inquiry 일ちょうさ
前世(전세) ··· 앞 전, 세상 세 영former generations 일ぜんせい
後世(후세) ··· 뒤 후, 세상 세 영future generations 일こうせい
下賜(하사) ··· 아래 하, 줄 사 영give 일かし
極盡(극진) ··· 다할 극, 다될 진 영very cordial 일しごく
孝誠(효성) ··· 효도 효, 정성 성 영obedience to one's parents 일こうこう
崇尚(숭상) ··· 높을 숭, 오히려 상 영respect 일あがめたっとぶこと
喜捨(희사) ··· 기쁠 희, 버릴 사 영almsgiving 일よろこんで寄付すること

☐을 모셔 두었다. 뒷날 眞聖王☐☐☐ 때에 後百濟☐☐ ☐의 攻擊☐☐을 받아 鐘☐은 없어지고 절만 남아 있다고 한다.

攻擊(공격) … 칠 공, 부딪힐 격 ⑱an attack ⑨こうげき

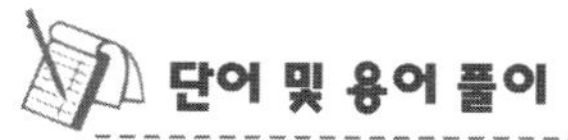

運烏(운오) … 신라 흥덕왕 때 모량리(牟梁里)에 살던 효자 손순(孫順)의 어머니.

憫憫(민망) … 답답하고 딱하여 안타깝다.

甚(심)하다 … 정도가 지나치다.

埋葬(매장) … 시체나 유골 따위를 땅속에 묻음. 어떤 사람을 사회적으로 활동하지 못하게 하거나 용납하지 못하게 함을 비유적으로 이르는 말.

石鐘(석종) … 이름난 중의 사리를 넣어 두기 위하여 종 모양으로 만든 부도(浮屠). 인도에서 전해진 것으로, 고려 시대에 매우 발달하였다.

興德王(흥덕왕) … 신라의 제42대 왕(?~836). 성은 김(金). 이름은 수종(秀宗). 뒤에 경휘(景徽)로 고쳤다. 청해진을 만들고 장보고를 그 대사로 삼아 해적의 침입을 막게 하였으며, 복색 제도를 개정하고 백성의 사치를 금하였다. 재위 기간은 826~836년이다.

搜所聞(수소문) … 세상에 떠도는 소문을 두루 찾아 살핌.

前世(전세) … 삼세의 하나. 이 세상에 태어나기 이전의 세상을 이른다. '전대(前代)'.

孝(효) … 어버이를 잘 섬기는 일.

下賜(하사) … 임금이 신하에게, 또는 윗사람이 아랫사람에게 물건을 줌.

極盡(극진) … 마음과 힘을 다하여 애를 쓰는 것이 매우 지극하다.

喜捨(희사) … 어떤 목적을 위하여 기꺼이 돈이나 물건을 내놓음. 신불(神佛)의 일로 돈이나 물건을 기부함.

後百濟(후백제) … 892년에 견훤이 완산주에 도읍하여 세운 나라. 후삼국의 하나로서 한때 세력을 떨쳤으나 견훤 부자(父子)의 불화로 936년에 고려에 망하였다.

김치와 한국인

최근 美國　　의 健康　　 專門　　 月刊雜誌　　

　　인 『헬스(Health Magazine)』가 韓國　　의 김치를 世

界　　 5대 健康　　 飮食　　으로 選定　　, 紹介

　　했다. 이것은 이제 김치가 한국인들만의 專用　　 飮食

　　이 아니라 世界的　　 인 飮食　　으로 認定　　

받고 있다는 한 證據　　이다.

　　김치는 韓國人　　　들이 만든 醱酵食品　　　　 중

健康(건강) … 튼튼할 건, 편안할 강 영health 일けんこう

月刊(월간) … 달 월, 책 펴낼 간 영monthly publication 일げっかん

雜誌(잡지) … 섞일 잡, 기록할 지 영a magazine 일ざっし

選定(선정) … 가릴 선, 정할 정 영selection 일せんてい

紹介(소개) … 이을 소, 끼일 개 영introduction 일しょうかい

認定(인정) … 알 인, 정할 정 영recognition 일にんてい

證據(증거) … 증거 증, 의거할 거 영evidence 일しょうこ

하나이다. 옛날부터 韓國人□□□들의 健康□□을 維持□□해 주었던 김치는 韓國人□□□들과 宿命的□□□으로 묶여있는 듯 뗄레야 뗄 수 없는 連帶感□□□ 같은 게 있다. 大多數□□□의 韓國人□□□들은 旅行□□을 떠날 때 반드시 김치와 고추장을 챙긴다. 유난스럽게 食事□□ 때마다 김치를 찾는 韓國人□□□들을 '김치를 먹는 民族'□□이라 命名□□해도 지나치지 않다.

김치의 歷史□□는 매우 悠久□□하다. 삼국시대에 김치를 총칭하는 말은 한국 고유어로 '지', 한자어로 '沈菜'□□ 혹은 '鹹菜'□□라고 불리웠다. 當時□□ 우리 民族□□의 主生活□□□ 舞臺□□는 滿洲□□ 一帶□□로 農耕

醱酵(발효) … 술괼 발, 술밑 효 [영]fermentation [일]はっこう
食品(식품) … 밥 식, 물건 품 [영]food [일]しょくりょうひ
維持(유지) … 바 유, 가질 지 [영]maintenance [일]いじ
宿命的(숙명적) … 묵을 숙, 목숨 명, 과녁 적 [영]fatalistic [일]しゅくめいてき
連帶感(연대감) … 잇닿을 연, 띠 대, 느낄 감 [영]the feeling of solidarity [일]れんたい
旅行(여행) … 군사 려, 다닐 행 [영]a travel [일]りょこう
命名(명명) … 목숨 명, 이름 명 [영]naming [일]めいめい
悠久(유구) … 멀 유, 오래 구 [영]eternal [일]ゆうきゅう
沈菜(침채) … 가라앉을 침, 나물 채
鹹菜(함채) … 짤 함, 나물 채
舞臺(무대) … 춤출 무, 돈대 대 [영]the stage [일]ぶたい
一帶(일대) … 한 일, 띠 대 [영]the whole area [일]いったい

□□ 生活□□을 始作□□하면서 김치류의 飲食□□을 먹기 시작했다. 특히 滿洲□□ 地域□□을 비롯한 韓半島□□에서 기나긴 겨울 동안 비타민과 무기질의 攝取□는 生存□□의 必需品□□□이었다. 이때 野菜□□를 攝取□하는 方法□□이 바로 김치였던 것이다. 單純히 소금에 절여 겨울을 對備□□한 野菜貯藏□□ 方法□□이였던 김치는 朝鮮□□ 中期□□ 以後□ 고추가 流入□□되면서 一代□□ 革命期□□□를 맞이하게 된다. 고추가 김치에 들어가면서 現在□□와 같은 수많은 김치의 種類□□가 생기게 된 것이다.

農耕(농경) ··· 농사 농, 밭갈 경 영farming 일のうこう
地域(지역) ··· 땅 지, 지경 역 영an area 일ちいき
韓半島(한반도) ··· 나라 한, 나눌 반, 섬 도 영the Korean Peninsula 일かんはんとう
攝取(섭취) ··· 당길 섭, 취할 취 영intake 일せっしゅ
必需品(필수품) ··· 반드시 필, 구할 수, 물건 품 영necessaries 일ひつじゅひん
野菜(야채) ··· 들 야, 나물 채 영vegetables 일やさい
單純(단순) ··· 홑 단, 생사 순 영simplicity 일たんじゅん
對備(대비) ··· 대답할 대, 갖출 비 영preparation 일じゅんび
貯藏(저장) ··· 쌓을 저, 감출 장 영store 일ちょぞう
朝鮮(조선) ··· 아침 조, 고울 선 영Korea 일ちょうせん
中期(중기) ··· 가운데 중, 기약할 기 영the middle 일ちゅうき
流入(유입) ··· 흐를 유, 들 입 영inflow 일りゅうにゅう
革命期(혁명기) ··· 가죽 혁, 목숨 명, 기약할 기 영the time of a revolution 일かくめい

오랜 歷史☐☐를 지니고 發展☐☐되어 온 우리의 傳統飲食☐☐☐인 김치는 現代☐☐ 韓國人☐☐들의 食生活☐☐☐에서 重要☐☐한 位置☐☐를 차지하고 있다. 生活水準☐☐☐☐이 向上☐☐되면서 現代☐☐는 배부르게 먹는 時代☐☐에서 맛있는 飲食☐☐을 즐기는 시대, 健康☐☐을 생각하는 참살이 문화(well-being)의 時代☐☐가 되었다. 食品☐☐의 成分☐☐이 科學的☐☐☐으로 밝혀지고 고칼로리 食事☐☐보다는 均衡☐☐ 잡힌 食事☐☐가 健康☐☐을 위해 必須的☐☐☐이라는 認識☐☐이 擴散☐☐되면서 肉類☐☐보다는 채소섭취량을 增加☐☐시키려는 傾向☐☐이 커졌다.

이러한 側面☐☐에서 김치의 영양가치에 대한 研究☐☐와

發展(발전) … 쏠 발, 펼 전 ⑧development ⑨はってん

重要(중요) … 무거울 중, 구할 요 ⑧importance ⑨じゅうよう

成分(성분) … 이룰 성, 나눌 분 ⑧an ingredient ⑨せいぶん

科學的(과학적) … 과정 과, 배울 학, 과녁 적 ⑧scientific ⑨かがくてき

必須的(필수적) … 반드시 필, 모름지기 수, 과녁 적 ⑧indispensable ⑨ひっーす

擴散(확산) … 넓힐 확, 흩어질 산 ⑧spread ⑨かくさん

肉類(육류) … 고기 육, 무리 류 ⑧meat ⑨にくるい

傾向(경향) … 기울 경, 향할 향 ⑧a tendency ⑨けいこう

側面(측면) … 곁 측, 낯 면 ⑧the side ⑨そくめん

再評價□□가 이루어지게 되었으며 이제는 우리나라에서 뿐만 아니라 外國□□에서도 健康食品□□□으로서 김치의 人氣□가 높아지고 있는 것이다.

김치의 놀라운 效能□□은 世界的□□□으로 이미 널리 알려져 있다.

우선 김치는 醱酵食品□□□□으로 菜蔬□□의 營□□養을 豊富□□하게 즐길 수 있을 뿐만 아니라 젖산菌□醱酵過程□□□□에서 腸內□□ 有用□□한 微生物□□□의 增殖□□에도 도움이 되어 身體□□의 生理的□□□ 機能□□을 도와주는 役割□□을 한다.

또한 김치는 배추가 主原料□□□이고 마늘, 생강, 파, 무

效能(효능) ··· 본받을 효, 능할 능 영efficacy 일こうのう
豊富(풍부) ··· 풍성할 풍, 가멸 부 영abundant 일ほうふ
過程(과정) ··· 지날 과, 단위 정 영process 일かてい
腸內(장내) ··· 창자 창, 안 내 영the inside of the intestines 일ちょうのなか
有用(유용) ··· 있을 유, 쓸 용 영usefulness 일ゆうよう
微生物(미생물) ··· 작을 미, 날 생, 만물 물 영a microbe 일びせいぶつ
增殖(증식) ··· 붙을 증, 번성할 식 영proliferation 일ぞうしょく
身體(신체) ··· 몸신, 몸 체 영the body 일しんたい
生理的(생리적) ··· 날 생, 다스릴 리, 과녁 적 영physiologic 일せいーり
役割(역할) ··· 부릴 역, 나눌 할 영a part; a role 일やくわり
原料(원료) ··· 근원 원, 되질할 료 영raw materials 일げんりょう

등 抗癌食品　　　들로 만들어진다. 김치는 使用　　되는 材料　　가 抗癌食品　　　일 뿐만 아니라 김치 熟成　　過程　　의 乳酸菌　　　醱酵　　에 의해 김치 국물 1㎖ 당 약 1억 마리의 乳酸菌　　　과 抗癌　　醱酵　　産物　　들이 生成　　된다.

　김치가 적당히 익었을 때 癌　　豫防效果　　　가 가장 크다. 김치 乳酸菌　　　들은 大腸　　까지 내려가 나쁜 菌　　을 죽이며 腸　　의 健康　　을 維持　　하는 淨腸作用　　　을 함으로 大腸癌　　　豫防　　에 重要　　한 役割　　을 한다. 잘 알려져 있듯이 過去　　에 김치를 많이 먹은 韓國人　　　은 大腸癌　　　發生　　이 극히 드물었다. 김치 乳酸菌　　　은 大腸　　에서 發癌物質　　　의 生成　　을 抑制　　하고 癌

抗癌(항암) … 막을 항, 암 암 영anticancer 일こうがん
材料(재료) … 재목 재, 되질할 료 영material 일ざいりょう
熟成(숙성) … 익을 숙, 이룰 성 영maturing 일じゅくせい
乳酸菌(유산균) … 젖 유, 초 산, 버섯 균 영a lactobacillus 일にゅうさんきん
産物(산물) … 낳을 산, 만물 물 영a product 일せいさんぶつ
豫防(예방) … 미리 예, 둑 방 영prevention 일よぼう
重要(중요) … 무거울 중, 구할 요 영importance 일じゅうよう
過去(과거) … 지날 과, 갈 거 영the past days 일かこ

發生□□을 줄인다.

　美國□□의 有數□□ 言論□□인 『워싱턴 포스트(Washington Post)』는 '鳥類□□ 독감 關聯□□ 김치 販賣量□□□ 增加□□'라는 題目□□의 記事□□를 통해 김치의 神秘□□로운 機能□□에 注目□□했다. 이 記事□□에서는 워싱턴 隣近□□의 韓國□□ 食料品店□ □□□에서 지난 1년간 김치의 販賣量□□□이 크게 늘어났다고 밝히며, 김치 담그는 법까지도 자세히 紹介□□했다. 이 新聞□□은 김치 販賣□□가 急增□□한 理由를□, 김치에서 抽出□□한 乳酸菌□□□ 培養液□□이 鳥類□□ 독감 治療□□에 效果□□가 있다는 實驗□□ 結果□□에서 찾았다. 世界人□□□들을 죽음의

抑制(억제) … 누를 억, 마를 제 영control;restraint 일よくせい
販賣量(판매량) … 팔 판, 팔 매, 헤아릴 양 영the volume of sales 일はんばいのりょう
神秘(신비) … 귀신 신, 숨길 비 영mystery 일しんぴ
機能(기능) … 틀 기, 능할 능 영function 일きのう
注目(주목) … 물댈 주, 눈 목 영attention 일ちゅうもく
隣近(인근) … 이웃 린, 가까울 근 영the neighborhood 일りんきん
食料品店(식료품점) … 밥 식, 되질할 료, 품목 품, 가게 점 영grocery 일グローサリ
抽出(추출) … 뺄 추, 날 출 영abstraction 일ちゅうしゅつ
培養液(배양액) … 북돋울 배, 기를 양, 진 액 영a culture fluid 일ばいようえき
治療(치료) … 다스릴 치, 병 고칠 료 영medical treatment 일ちりょう

恐怖□□로 몰아넣는 鳥類□□ 독감이 유독 韓國□□에
서만 發病□□ 되지 않은 事實□□을 言及□□하고 이것
의 주된 理由를□□ 韓國人□□□들의 김치 攝取□□
때문이라고 指摘□□한 것이다.

▼ 영국 BBC에서 집중 보도한 김치와 조류독감 관련 기사

Korean dish 'may cure bird flu' By David Chazan BBC News

South Korea's spicy fermented cabbage dish, kimchi, could help to cure bird flu,
according to researchers.

Scientists at Seoul National University say they fed an extract of kimchi to 13
infected chickens — and a week later 11 of them had started recovering.

The researchers said the results were far from scientifically proven and if
kimchi did have the effects they observed, it was unclear why.

South Koreans are reported to be eating more kimchi as a result of the study.

"I'm eating kimchi these days because I've heard in the media that it helps
prevent bird flu infections," one man said.

So one of Korea's national specialities may soon find a much bigger market.
Whether it really is an effective remedy, only time and more research will tell.

(Monday, 14 March, 2005, BBC News)

實驗(실험) … 열매 실, 증험할 험 영an experiment 일じっけん
結果(결과) … 맺을 결, 실과 과 영result 일けっか
恐怖(공포) … 두려울 공, 두려워할 포 영fear 일きょうふ
發病(발병) … 쏠 발, 병 병 영an attack of a disease 일はつびょう
言及(언급) … 말씀 언, 미칠 급 영reference 일げんきゅう
指摘(지적) … 손가락 지, 딸 적 영pointing out 일してき

이것 외에도 요즘 김치의 다이어트 效果□□에 대한 關心□□이 急增□□하고 있다. 김치의 主材料□□□ 중 하나인 고추의 辛味成分□□□□인 켑사이신(capsaicin)은 人體□□의 熱□ 發生□□을 增加□□시켜 에너지 消費量□□□을 높인다. 日本□□에서는 最近□□ 김치의 고춧가루와 매운 成分□□인 켑사이신이 살을 빼고 運動持久力□□□□□을 增進□□시킨다는 研究□□가 發表□□되어 다이어트에 關心□□이 많은 여성들에게 김치가 旋風的□□□인 人氣□□를 얻고 있다. 美國□□에서도 뉴욕을 中心□□으로 다이어트 食品□□인 김치의 販賣量□□□이 爆發的□□□으로 增加□□하고 있다고 한다.

이런 김치와 비슷한 것이 日本□□에도 있다. 바로 '기무치(kimuchi)' 가 그것이다. 日本□□에서는 우리나라의 김치와

辛味(신미) … 매울 신, 맛 미 [영]a hot[spicy] taste [일]しんみ
發生(발생) … 쏠 발, 날 생 [영]birth [일]はっせい
消費量(소비량) … 사라질 소, 쓸 비, 헤아릴 량 [영]the consumption of electricity [일]しょうひりょう
最近(최근) … 가장 최, 가까울 근 [영]the latest [일]さいきん
持久力(지구력) … 가질 지, 오래 구, 힘 력 [영]endurance [일]じきゅうりょく
發表(발표) … 쏠 발, 겉 표 [영]announcement [일]はっぴょう
旋風的(선풍적) … 돌 선, 바람 풍, 과녁 적 [영]cyclonic [일]せんぷうてき
爆發的(폭발적) … 터질 폭, 필 발, 과녁 적 [영]explosive [일]ばくはつてき

비슷한 菜蔬 의 소금 절임이나, 된장 간장에 담근 장아찌식 절임과 젖산 醱酵 初期 에 머무른 比較的   淡白 한 野菜 절임류가 많다. 김치와 달리 젓갈을 쓰지 않고 單純 히 野菜 절인 飮食 을 日本 에서는 '기무치'라고 부른다.

그러나 기무치와 김치는 奄然 히 다른 飮食 이다. 食品 의 다섯 가지 基本 맛에다 젓갈로 因 한 단백한 맛과 醱酵 의 薰香 을 더하는 일곱 가지 獨特 한 風味 를 갖춘 醱酵野菜食品   은 韓國 의 김치뿐이다. 특히 99년 <日本 후지(FUJI)TV—韓國 김치 特輯 프로그램>에 따르면 韓國産   김치와 일본 기무치의 乳酸菌數   比較實驗   結果 , 김치에는 1g당 8억 마리의 乳酸菌   이 들어 있는 반면 기무치인 '아사즈케'는 1g당 480만 개에 불과했다. 韓國産   김치의 유산균수가 日本

<hr>

奄然(엄연) … 가릴 엄, 그러할 연 영be as clear as day 일げんぜん
特輯(특집) … 수컷 특, 모을 집 영a special edition 일とくしゅう

　　　기무치보다 무려 167배나 많은 셈으로 요구르트 乳酸菌□□

數□□□□와 맞먹는 水準□□이다.

　이렇게 김치와 김치에 담겨있는 營養□□ 價値□□에 대해 關心□□이 높아질수록 中國□□을 비롯한 日本□□, 韓國□□ 間□의 김치 輸出□□ 戰爭□□이 熾烈□□해졌다. 뿐만 아니라 김치에 대한 名稱□□도 '김치'와 '기무치'가 混同□□되어 쓰임으로써 韓國□□과 日本□□ 두 나라 간의 神經戰□□□은 戰爭□□이라 불릴 정도가 되었다. 結局□□ 韓國□□의 김치와 日本□□의 기무치와의 名稱□□ 戰爭□□은 2001년 7월 5일 食品□□ 分野□□의 國際標準□□□□인 國際食品規格委員會(Codex)□□□□□□□□□에서 김치가 일본의 기무치를 물리치고 國際食品□□□ 規格□□으로 承認□

戰爭(전쟁) … 싸울 전, 다툴 쟁 영a war 일せんそう
熾烈(치열) … 성할 치, 세찰 열 영intense 일しれつ
名稱(명칭) … 이름 명, 일컬을 칭 영a name 일めいしょう
國際(국제) … 나라 국, 사이 제 영international 일こくさい
標準(표준) … 우듬지 표, 수준기 준 영a standard 일ひょうじゅん
規格(규격) … 법 규, 바로잡을 격 영a standard 일きかく

☐ 받아 일단락되었다.

오랜 傳統食品☐☐☐인 김치는 韓國人☐☐들이 健康☐을 維持☐하는 데 큰 도움을 주었다. 김치의 놀라운 效能☐을 알게 된 韓國人☐☐들은 김치를 多樣☐하게 만들어 내었다. 무김치, 총각김치, 백김치 等等☐☐ 수많은 김치가 사람들의 嗜好☐와 時代☐에 맞게 種類別☐☐로 登場☐하였다. 그리고 예로부터 김치를 保管☐해 왔던 方法☐을 더욱 發展☐시킨 김치독이나 김치 冷藏庫☐☐를 商品☐으로 開發☐하여 四季節☐☐ 내내 新鮮☐하고 맛있는 김치를 맛볼 수 있는 方法☐을 考案☐하기에 이르렀다.

承認(승인) … 받들 승, 알 인 ㉠recognition ㉝しょうにん
傳統(전통) … 전할 전, 큰 줄기 통 ㉠tradition ㉝でんとう
多樣(다양) … 많을 다, 모양 양 ㉠variety ㉝たよう
等等(등등) … 가지런할 등, 가지런할 등 ㉠etc.;and so on ㉝とうとう
嗜好(기호) … 즐길 기, 좋을 호 ㉠taste ㉝しこう
種類別(종류별) … 씨 종, 무리 류, 나눌 별 ㉠classify ㉝しゅるいべつ
保管(보관) … 지킬 보, 피리 관 ㉠custody ㉝ほかん
冷藏庫(냉장고) … 찰 랭, 감출 장, 곳집 고 ㉠a refrigerator ㉝れいぞうこ
商品(상품) … 헤아릴 상, 물건 품 ㉠an article of commerce ㉝しょうひん
四季節(사계절) … 넉 사, 끝 계, 마디 절 ㉠The Seasons ㉝しき
新鮮(신선) … 새 신, 고울 선 ㉠new selection ㉝しんせん
考案(고안) … 상고할 고, 책상 안 ㉠a design ㉝こうあん

이렇게 김치는 醱酵[⬜]와 熟成[⬜]이라는 過程[⬜]을 통해 각 材料[⬜]들의 獨特[⬜]한 成分[⬜]과 맛이 한데 어우러져 더욱 優秀[⬜]한 맛과 營養[⬜]을 지니게 된다. 이런 김치의 優秀性[⬜] 때문에 이제 김치는 韓國人[⬜][⬜]들만의 專有物[⬜]이 아니라 世界人[⬜]의 飮食[⬜]으로 脚光[⬜] 받게 된 것이다.

▲ 삼국시대 김치

▲ 고려시대 김치

▲ 조선시대 김치

獨特(독특)… 홀로 독, 수컷 특 [영]unique [일]どくとく
優秀(우수)… 넉넉할 우, 빼어날 수 [영]superiority [일]ゆうしゅう
專有物(전유물)… 오로지 전, 있을 유, 만물 물 [영]a thing to oneself [일]せんゆうぶつ
脚光(각광)… 다리 각, 빛 광 [영]spotlight [일]きゃっこう

健康(건강) … 정신적으로나 육체적으로 아무 탈이 없고 튼튼함. 또는 그런 상태.

專門(전문) … 어떤 분야에 상당한 지식과 경험을 가지고 오직 그 분야만 연구하거나 맡음. 또는 그 분야.

選定(선정) … 여럿 가운데서 어떤 것을 뽑아 정함.

紹介(소개) … 두 사람 사이에 서서 양편의 일이 어울리게 주선함. 서로 모르는 사람들 사이에서 양편이 알고 지내도록 관계를 맺어 줌.

認定(인정) … 확실히 그렇다고 여김.

證據(증거) … 어떤 사실을 증명할 수 있는 근거.

醱酵(발효) … 효모나 세균 따위의 미생물이 유기 화합물을 분해하여 알코올류, 유기산류, 탄산가스 따위를 생기게 하는 작용. 좁은 뜻으로는 산소가 없는 상태에서 미생물이 탄수화물을 분해하여 에너지를 얻는 작용을 이른다. 술, 된장, 간장, 치즈 따위를 만드는 데에 쓴다.

食品(식품) … 사람이 일상적으로 섭취하는 음식물을 통틀어 이르는 말.

維持(유지) … 어떤 상태나 상황을 그대로 보존하거나 변함없이 계속하여 지탱함.

宿命的(숙명적) … 이미 정해진 운명에 의한. 또는 그런 것.

連帶感(연대감) … 한 덩어리로 서로 연결되어 있음을 느끼는 마음.

大多數(대다수) … 거의 모두 다. '대부분'.

民族(민족) … 일정한 지역에서 오랜 세월 동안 공동생활을 하면서 언어와 문화상의 공통성에 기초하여 역사적으로 형성된 사회 집단.

命名(명명) … 사람, 사물, 사건 등의 대상에 이름을 지어 붙임.

悠久(유구) … 아득하게 오래다.

文獻(문헌) … 옛날의 제도나 문물을 아는 데 증거가 되는 자료나 기록. 연구의 자료가 되는 서적이나 문서.

詩經(시경) … 중국 춘추 시대의 민요를 중심으로 하여 모은, 중국에서 가장 오래 된 시집. 각부를 통하여 상고인(上古人)의 유유한 생활을 구가하는 시, 현실의 정치를

풍자하고 학정을 원망하는 시들이 많은데, 내용이 풍부하고, 문학사적 평가도
높으며, 상고의 사료(史料)로서도 귀중하다.

當時(당시) … 일이 있었던 바로 그때. 또는 이야기하고 있는 그 시기.

生活(생활) … 사람이나 동물이 일정한 환경에서 활동하며 살아감. 생계나 살림을 꾸려 나감.

滿洲(만주) … 중국 둥베이(東北) 지방을 이르는 말. 랴오닝(遼寧), 지린(吉林), 헤이룽 강(黑
龍江)의 둥베이 삼성(東北三省)으로 구성되어 있다. 동쪽과 북쪽은 러시아와
접해 있고, 남쪽은 압록강과 두만강을 경계로 한반도와 접해 있다. 젠다오(間
島)를 중심으로 우리 동포가 많이 산다.

一帶(일대) … 일정한 범위의 어느 지역 전부.

農耕(농경) … 논밭을 갈아 농사를 지음.

地域(지역) … 일정하게 구획된 어느 범위의 토지. 전체 사회를 어떤 특징으로 나눈 일정한
공간 영역.

韓半島(한반도) … 우리나라 국토 전역을 포괄하는 반도.

攝取(섭취) … 좋은 요소를 받아들임. 생물체가 양분 따위를 몸속에 빨아들이는 일.

生存(생존) … 살아 있음. 또는 살아남음.

必需品(필수품) … 일상생활에 없어서는 안 되는 반드시 필요한 물건.

方法(방법) … 어떤 일을 해 나가거나 목적을 이루기 위하여 취하는 수단이나 방식.

對備(대비) … 앞으로 일어날지도 모르는 어떠한 일에 대응하기 위하여 미리 준비함. 또는 그
런 준비.

貯藏(저장) … 물건이나 재화 따위를 모아서 간수함.

朝鮮(조선) … 1392년 이성계가 고려를 무너뜨리고 세운 나라. 한양에 도읍하였으며, 불교를
배척하고 성리학을 사회의 지도 이념으로 삼아 중앙 집권적인 양반 관료 체제
를 이루었다. 15세기에 전성기를 이루었으며, 16세기에서 17세기에 걸쳐 내외
적 혼란을 극복하고 18세기 이후 새로운 전성기를 맞이하였으나, 19세기에 구
미 열강과 일본의 압력을 받다가 1910년 일본에 국권을 강탈당하였다.

以後(이후) … 이제로부터 뒤.

流入(유입) … 물이 어떤 곳으로 흘러듦. 돈, 물품 따위의 재화가 들어옴.

革命期(혁명기) ⋯ 혁명의 시기.

種類(종류) ⋯ 사물의 부문을 나누는 갈래.

發展(발전) ⋯ 더 낫고 좋은 상태나 더 높은 단계로 나아감. 일이 어떤 방향으로 전개됨.

水準(수준) ⋯ 사물의 가치나 질 따위의 기준이 되는 일정한 표준이나 정도.

向上(향상) ⋯ 실력, 수준, 기술 따위가 나아짐.

成分(성분) ⋯ 한 문장을 구성하는 요소.

科學的(과학적) ⋯ 과학의 바탕에서 본 정확성이나 타당성이 있는. 또는 그런 것.

必須的(필수적) ⋯ 반드시 있어야 하거나 꼭 해야 하는. 또는 그런 것.

擴散(확산) ⋯ 흩어져 널리 퍼짐.

傾向(경향) ⋯ 현상이나 사상, 행동 따위가 어떤 방향으로 기울어짐.

再評價(재평가) ⋯ 다시 평가함. 또는 그런 평가.

效能(효능) ⋯ 효험을 나타내는 능력.

豊富(풍부) ⋯ 넉넉하고 많다.

過程(과정) ⋯ 일이 되어 가는 경로.

腸內(장내) ⋯ 창자의 안.

微生物(미생물) ⋯ 눈으로는 볼 수 없는 아주 작은 생물. 보통 세균, 효모, 원생동물 따위를 이르는데, 바이러스를 포함하는 경우도 있다.

▲ 전통식 김치 저장법

增殖(증식) … 늘어서 많아짐. 또는 늘려서 많게 함.

生理的(생리적) … 신체의 조직이나 기능에 관련되는. 또는 그런 것. 합리적인 판단에 근거
하는 것이 아니라 생긴 대로의 본능적인. 또는 그런 것.

役割(역할) … 자기가 마땅히 하여야 할 맡은 바 직책이나 임무. '구실', '소임', '할 일'.

原料(원료) … 어떤 물건을 만드는 데 들어가는 재료.

抗癌(항암) … 암세포의 증식을 억제하거나 암세포를 죽임.

使用(사용) … 일정한 목적이나 기능에 맞게 씀. 사람을 다루어 이용함. '씀', '부림'.

材料(재료) … 물건을 만드는 데 들어가는 감. 어떤 일을 하기 위한 거리.

熟成(숙성) … 충분히 이루어짐. 효소나 미생물의 작용에 의하여 발효된 것이 잘 익음.

乳酸菌(유산균) … 당류(糖類)를 분해하여 젖산을 만드는 균의 하나. '젖산균'.

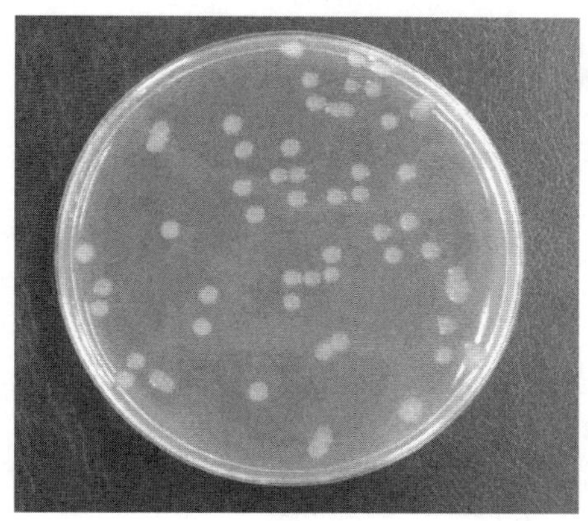

◀ 김치 유산균

産物(산물) … 일정한 곳에서 생산되어 나오는 물건. 어떤 것에 의하여 생겨나는 사물이나 현
상을 비유적으로 이르는 말.

豫防(예방) … 질병이나 재해 따위가 일어나기 전에 미리 대처하여 막는 일.

效果(효과) … 어떤 목적을 지닌 행위에 의하여 드러나는 보람이나 좋은 결과.

過去(과거) … 이미 지나간 때. 지나간 일이나 생활.

抑制(억제) … 감정이나 욕망, 충동적 행동 따위를 내리눌러서 그치게 함.

有數(유수) … 손꼽을 만큼 두드러지거나 훌륭함. 정하여진 운수나 순서가 있음.

言論(언론) … 개인이 말이나 글로 자기의 생각을 발표하는 일. 또는 그 말이나 글. 매체를
통하여 어떤 사실을 밝혀 알리거나 어떤 문제에 대하여 여론을 형성하는 활동.

販賣量(판매량) … 일정한 기간에 상품 따위를 파는 양.

奄然(엄연) … 어떠한 사실이나 현상이 부인할 수 없을 만큼 뚜렷한 것.

熾烈(치열) … 기세나 세력 따위가 불길같이 맹렬함.

規格(규격) … 일정한 규정에 들어맞는 격식. 제품이나 재료의 품질, 모양, 크기, 성능 따위의
         일정한 표준.

標準(표준) … 사물의 정도나 성격 따위를 알기 위한 근거나 기준. 일반적인 것. 또는 평균적
         인 것.

記事(기사) … 사실을 적음. 또는 그런 글. 신문이나 잡지 따위에서, 어떠한 사실을 알리는
         글.

神秘(신비) … 일이나 현상 따위가 사람의 힘이나 지혜 또는 보통의 이론이나 상식으로는 도
         저히 이해할 수 없을 만큼 신기하고 묘함. 또는 그런 일이나 비밀.

機能(기능) … 하는 구실이나 작용.

注目(주목) … 관심을 가지고 주의 깊게 살핌. 또는 그 시선.

隣近(인근) … 이웃한 가까운 곳.

抽出(추출) … 전체 속에서 어떤 물건, 생각, 요소 따위를 뽑아냄.

培養液(배양액) … 식물이나 세균, 배양 세포 따위를 기르는 데 필요한 영양소가 들어 있는
         액체.

治療(치료) … 병이나 상처 따위를 잘 다스려 낫게 함.

實驗(실험) … 실제로 해 봄. 또는 그렇게 하는 일. 과학에서, 이론이나 현상을 관찰하고 측정함

結果(결과) … 열매를 맺음. 또는 그 열매. 어떤 원인으로 결말이 생김. 또는 그런 결말의 상태

恐怖(공포) … 두렵고 무서움.

言及(언급) … 어떤 문제에 대하여 말함.

指摘(지적) … 꼭 집어서 가리킴. 허물 따위를 드러내어 폭로함.

發生(발생) … 어떤 일이나 사물이 생겨남. ‘생김’, ‘일어남’.

消費量(소비량) … 소비하는 분량.

最近(최근) … 얼마 되지 않은 지나간 날. 거리 따위가 가장 가까움.

持久力(지구력) … 오랫동안 버티며 견디는 힘.

發表(발표) … 어떤 사실이나 결과 따위를 세상에 널리 드러내어 알림.

旋風的(선풍적) … 돌발적으로 일어나 사회에 큰 영향을 미치거나 관심의 대상이 될 만한.
또는 그런 것.

爆發的(폭발적) … 무엇이 갑작스레 퍼지거나 일어나는. 또는 그런 것.

傳統(전통) … 어떤 집단이나 공동체에서, 지난 시대에 이미 이루어져 계통을 이루며 전하여
내려오는 사상·관습·행동 따위의 양식.

多樣(다양) … 여러 가지 모양이나 양식.

嗜好(기호) … 즐기고 좋아함.

種類別(종류별) … 종류에 따라 각각 다른 구별.

保管(보관) … 물건을 맡아서 간직하고 관리함.

考案(고안) … 연구하여 새로운 안을 생각해 냄. 또는 그 안.

獨特(독특) … 특별하게 다름. 다른 것과 견줄 수 없을 정도로 뛰어남.

優秀(우수) … 여럿 가운데 뛰어남.

專有物(전유물) … 혼자 독차지하여 가지는 물건.

脚光(각광) … 사회적 관심이나 흥미. '주목'.

인사동 탐방

서울 鐘路區☐☐☐에 있는 仁寺洞☐☐☐은 흔히 '傳統文化☐☐☐☐의 거리', '살아있는 거리', '民俗博物館☐☐☐☐'으로 불린다. 骨董品☐☐☐, 古美術☐☐☐, 畫廊☐☐, 古家具店☐☐☐☐, 畫房☐☐, 民俗工藝品☐☐☐☐☐ 등 多樣☐☐한 韓國☐☐ 傳統文化☐☐☐☐를 보여주는 가게들이 수없이 들어서 있는 仁寺洞☐☐☐은 이제 外國人☐☐☐들의 서울을 訪問☐☐하였을 때 가

民俗(민속) ⋯ 백성 민, 풍속 속 영ethnic folk 일みんぞく
骨董品(골동품) ⋯ 뼈 골, 동독할 동, 품목 품 영antiques 일こっとうひん
古美術(고미술) ⋯ 옛 고, 아름다울 미, 꾀 술 영the old art 일こびじゅつ
畫廊(화랑) ⋯ 그림 화, 복도 랑 영an art gallery 일がろうぐてん
畫房(화방) ⋯ 그림 화, 방 방 영an atelier 일アトリエ
工藝品(공예품) ⋯ 장인 공, 심을 예, 품목 품 영objects of craftwork 일こうげいひん
訪問(방문) ⋯ 찾을 방, 물을 문 영an interview 일ほうもん

장 먼저 가보는 觀光地 중 하나가 되었다.

예로부터 仁寺洞 은 朝鮮 美術活動 의 中心地 였다. 日帝 統治 時期 인 1914년부터 仁寺洞 이라는 地名 으로 불리웠는데 1930년대 以後 書籍 및 古美術 關聯 商街 가 들어서기 始作 해 骨董品 거리로 자리 잡게 되었다고 한다. 1970년대에 韓國 最初 의 近代的 商業 畵廊 인 '現代畵廊' 이 들어서면서 常設 展示販賣場 形式 의 畵廊 들이 모여들게 되었고

觀光(관광) … 볼 관, 빛 광 [영]sightseeing [일]かんこう
時期(시기) … 때 시, 기약할 기 [영]time [일]じき
地名(지명) … 땅 지, 이름 명 [영]the name of a place [일]ちめい
書籍(서적) … 쓸 서, 서적 적 [영]books [일]しょせき
關聯(관련) … 빗장 관, 잇달 련 [영]connection [일]かんれん
商街(상가) … 헤아릴 상, 거리 가 [영]a shopping street [일]しょうてんがい
最初(최초) … 가장 최, 처음 초 [영]the first [일]さいしょ
近代的(근대적) … 가까울 근, 대신할 대, 과녁 적 [영]modernistic [일]きんだいてき
商業(상업) … 헤아릴 상, 업 업 [영]commerce [일]しょうぎょう
常設(상설) … 항상 상, 베풀 설 [영]permanent establishment [일]じょうせつ
展示(전시) … 펼 전, 보일 시 [영]an exhibition [일]てんじ
販賣帳(판매장) … 팔 판, 팔 매, 휘장 장 [영]a sale hall [일]はんばいじょう

이를 통해 美術文化□□□의 거리 性格□□이 强化□□되기 시작했다. 지금까지 仁寺洞□□□에는 많은 畵廊□□이 密集□□해 있다.

1987년부터 始作□□된 <인사 傳統文化祝祭□□□□□>는 傳統文化□□□□ 名所□□로 仁寺洞□□을 널리 알린 한 契機□□가 되었다. 떡메체험, 投壺□□던지기, 八道□□ 떡 展示會□□□, 초벌구이에 그림 그려

◀ 인사동 축제

性格(성격) … 성품 성, 바로잡을 격 ⑱personality ⑭せいかく
强化(강화) … 굳셀 강, 될 화 ⑱strengthening ⑭きょうか
密集(밀집) … 빽빽할 밀, 모일 집 ⑱aggregate densely ⑭みっしゅう
祝祭(축제) … 빌 축, 제사 제 ⑱a festival ⑭しゅくさい
契機(계기) … 맺을 계, 틀 기 ⑱a moment ⑭けいき
投壺(투호) … 던질 투, 병 호 ⑱Too-Ho ⑭とうこ

紀念品　　□□　만들기 등 多彩

□□　로운　傳統文化 □□

□　行事 □□　와 볼거리, 먹거리

가 넘쳐난다. 철마다 열리는 이 축

제의 장터에는 하루 10만여 명의

國內外 □□□　　　訪問客 □□

□　들이 드나든다고 한다.

　仁寺洞 □□□　　初入 □□　에는　多國籍企業 □□□□

□　이 세운 커피숍 '스타벅스(Starbucks)'도 있고, 映畵 □□

속　撮影場所 □□□□□　로 利用 □□　된 찻집도 눈에 띈다. 이

런　超現代式 □□□□　　建物 □□　들을 조금 지나서 仁寺洞

□□□　길을 따라 걷다 보면 연꽃이 핀 벤치도 보이고, 담쟁이

넝쿨 드리워진 古風 □□　스러운 仁寺洞 □□□　의 眞面貌 □

□□　를 하나씩 접할 수 있다.

　仁寺洞 □□□　에서 傳統 □□　과　現代 □□　가 調和 □□

▲ 경인 미술관

紀念品(기념품) … 벼리 기, 생각할 념, 길 도 영a souvenir 일きねんひん

多彩(다채) … 많을 다, 무늬 채 영colorful 일たさいだ

初入(초입) … 처음 초, 들 입 영an entrance 일はじめて入はいること

眞面貌(진면모) … 참 진, 낯 면, 얼굴 모 영true looks 일しんめんぼく

로운 代表的인 곳으로 <京仁美術館>을 들 수 있다. 朝鮮 末期의 政治家였던 朴泳孝가 살았던 곳을 改造하여 꾸몄는데, 1996년 南山골 韓屋마을을 造成할 때 옮겨진 후 몇 차례의 增築·改築을 통해 現 美術館 建物이 들어섰다. 3개 展示官, 아틀리에, 野外展示場, 各種 行事를 할 수 있는 野外舞臺와 스크린, 티하우스, 傳統 찻집(茶園)이 들어서 있다. 이 중 茶園은 傳統的인 韓屋의 안채를 改造한 것으로 무척 雅淡하고 예스럽다. 野外에는 展示場 外

調和(조화) … 고를 조, 화할 화 [영]harmony [일]ちょうわ
代表的(대표적) … 대신할 대, 겉 표, 과녁 적 [영]representative [일]だいひょうてきな
末期(말기) … 끝 말, 기약할 기 [영]the end [일]まっき
改造(개조) … [영]remodeling [일]かいぞう
韓屋(한옥) … 나라 이름 한, 집 옥 [영]a traditional Korean-style house [일]かんこくこらいのけんちくようしきでたてたかおく
造成(조성) … 지을 조, 이룰 성 [영]make [일]ぞうせい
增築(증축) … 불을 증, 쌓을 축 [영]enlargement of a building [일]いえを築する
各種(각종) … 각각 각, 씨 종 [영]every kind [일]かくしゅ
舞臺(무대) … 춤출 무, 돈대 돈 [영]the stage [일]ぶたい
雅淡(아담) … 초오 아, 묽을 담 [영]noble [일]こうしょうでたんぱくであること

□에도 庭園□□ 곳곳에 彫刻□□, 立體□□ 및 設置作品□□□□이 들어서 있다. 每年□□ 봄, 가을에 定期□□ 野外□□ 콘서트를 開催□□하고 作家□□와 觀客□□의 만남도 자주 연다.

日曜日□□□마다 形成□□되는 傳統文化□□□□ 장터도 仁寺洞□□□ 探訪□□에서 빼놓을 수 없는 곳이다. 갖가지 傳統文化□□□□ 行事□□와 함께 다양한 藝術品□□□□들을 사고파는 現場□□이기 때문이다. 文化□□ 장터에서 去來□□되는 品目□□들은 多樣□□하다. 각종 骨董品□□□, 그림, 所藏品□□□, 手工藝品□□□□, 먹거리를 비롯하여 곱게 彩色□□된 부채, 물레, 삼태기, 절구, 짚신, 고무신 등 各種□□ 우리 傳來□

彫刻(조각) … 새길 조, 새길 각 [영]sculpture [일]ちょうこく
立體(입체) … 설 립, 몸 체 [영]a solid body [일]りったい
設置(설치) … 베풀 설, 둘 치 [영]establishment [일]せっち
定期(정기) … 정할 정, 기약할 기 [영]a fixed[stated] time [일]ていき
開催(개최) … 열 개, 재촉할 최 [영]open ≪an exhibition≫ [일]かいさい
去來(거래) … 갈 거, 올 래 [영]business [일]とりひき
品目(품목) … 물건 품, 눈 목 [영]the name of an article [일]ひんもく
所藏品(소장품) … 바 소, 감출 장, 물건 품 [영]one's possession collection [일]しょぞうひん
手工藝品(수공예품) … [영]handicraft collection [일]しゅーこうげいひん

生活用品에서부터 도자기, 寶石類, 裝身具가 지나는 이들의 눈길을 끌고 있다.

特히, 문화장터는 옛 生活 모습을 어린 學生들에게 보여줌으로써 우리 文化의 뿌리를 알게 하는 現場學習의 場所로서의 役割도 한다. 도자기를 만드는 過程을 보여주고 直接 만들어보게 하거나 잔칫날 떡을 치는 흥겨움을 직접 느끼게 해주는 것, 옛날 사람들이 사용한 燈盞불과 짚신, 곰방대, 갓 등 우리 先祖들이 使用한 生活道具들을 직접 대하고 만져봄으로써 傳統文化를 몸소 體驗할 수 있도록 하고 있다.

길도 새로 丹粧이 되고, 商街들도 조금씩 모습을

生活用品(생활용품) … 날 생, 살 활, 쓸 용, 물건 품 [영]an article for the use of living [일]せいかつのようひん

寶石(보석) … 보배 보, 돌 석 [영]a jewel [일]ほうせき

裝身具(장신구) … 꾸밀 장, 몸 신, 갖출 구 [영]accessories [일]そうしんぐ

現場學習(현장학습) … [영]나타날 현, 마당 장, 배울 학, 익힐 습 [영]studying of the field [일]げんばのがくしゅう

直接(직접) … 곧을 직, 사귈 접 [영]direct contact [일]ちょくせつ

燈盞(등잔) … 등잔 등, 잔 잔 [영]an oil cup for a lamp [일]とうさん

丹粧(단장) … 붉을 단, 단장할 장 [영]make-up; decoration [일]うつくしくととのえること

바꾸기도 하였지만, 여전히 仁寺洞　　　에 서면 韓國　　의 傳統文化　　　와 歷史　　속으로 들어가는 느낌이다. 물론 最近　　에 再開場　　　한 '쌈지길'처럼 傳統　　을 再解釋　　　하고 創意的　　　으로 昇華　　시킨 現代式　　　建物　　도 仁寺洞　　　에 속속 들어서고 있다.

'쌈지길'은 2004년 12월 말 오픈한 뒤로 仁寺洞　　　의 새로운 名所　　로 떠오르고 있다. 株式會社　　　　쌈지에서 運營　　하는 이곳은 建物　　이 螺旋形의　　　길로 이루어져 있어 걷다 보면 하늘로 올라가는 듯한 獨特　　한 構造　　로 디자인되어 있다. 하늘공원이라 불리우는 4층 屋上　　까지 多樣　　한 가게들이 들어서 있다. 가게들마다 옻 칠기, 茶器　　, 染色　　옷, 보석, 가방, 신발 등 韓

開場(개장) … 열 개, 마당 장 영opening 일かいじょう
再解釋(재해석) … 다시 재, 풀 해, 풀 석 영re-interpretation 일さいかいしゃく
創意的(창의적) … 비로소 창, 뜻 의, 과녁 적 영clever 일そう-い
昇華(승화) … 오를 승, 꽃 화 영sublimation 일しょうか
運營(운영) … 돌 운, 경영할 영 영operation 일うんえい
螺旋形(나선형) … 소라 나, 돌 선, 모양 형 영spiral 일らせんけい
獨特(독특) … 홀로 독, 수컷 특 영unique 일どくとく
屋上(옥상) … 집 옥, 위 상 영the roof 일おくじょう

國　　의 傳統文化　　　를 現代的　　　으로 商品化　　　한 物件　　들을 陳列　　하여 外國人　　들의 感歎　　을 자아내게 한다. 그래서 '쌈지길'은 仁寺洞　　　의 작은 仁寺洞　　　으로 불리기도 한다.

◀ 쌈지길

仁寺洞　　　은 內國人　　　에게 있어서나 外國人　　에게 있어서나 韓國　　傳統文化　　　에 대한 알림이의 役割　　을 하고 있다. 특히 1999년 엘리자베스 英國　　女王이　　訪韓　　한 以後　　仁寺洞

茶器(다기) … 차 다, 그릇 기 圐tea-things 圙ちゃのとうき
染色(염색) … 물들일 염, 빛 색 圐dyeing 圙せんしょく
陳列(진열) … 늘어놓을 진, 벌릴 렬 圐exhibition 圙ちんれつ
感歎(감탄) … 느낄 감, 읊을 탄 圐admiration 圙かんたん

　　□□은 外國人□□□들에게 韓國□□의 傳統文化□□□□를 體驗□□할 수 있는 곳으로서의 位置□□를 確固□□히 다졌다고 할 수 있다. 古美術品□□□□·骨董品□□□·骨董書畵□□□□뿐 아니라 先人들의 生活道具□□□□·裝身具□□□ 등 市中에서 쉽게 볼 수 없는 갖가지 傳統工藝品□□□□□ 등이 集結□□되어 있어 옛 情趣□□가 그윽하다. 매니스 앨리(Many's Alley)로 外國觀光客□□□□□에게 널리 알려진 仁寺洞□□□은 現代式□□□ 建物□□과 傳統□이 함께 살아 있다. 우리 겨레의 傳統□□과 藝術□□의 香氣□□가 물씬 풍기는 이 仁寺洞□□ 거리는 現代式□□□ 都市化□□□만이 짙게 漫然□□한 서울에서 唯一□□한 우리 '文化□□의 섬'으로 認識□□되고 있다. 특

確固(확고) … 굳을 확, 굳을 고 명firmness 일かっこ
集結(집결) … 모일 집, 맺을 결 명concentration 일しゅうけつ
情趣(정취) … 뜻 정, 달릴 취 명mood 일じょうしゅ
香氣(향기) … 향기 향, 기운 기 명fragrance 일こうき
都市化(도시화) … 도읍 도, 저자 시, 될 화 명urbanization 일としか
漫然(만연) … 퍼질 만, 그럴 연 명spread 일まんえん

히 仁寺洞□□은 人爲的□□□으로 計劃□□해서 생긴 것이 아니라 自然□□ 發生的□□□으로 생겨난 거리이기 때문에 더욱 값지고 소중한 거리로 여겨진다. 年齡□□과□□ 世代□□의 差異□□를 떠나 온 家族□□이 함께 共感□□할 수 있는 場所□□인 仁寺洞□□□이야말로 韓國□□ 傳統文化□□□□의 뿌리 깊은 底力□□이다.

▲ 인사동 지도

人爲的(인위적) … 사람 인, 할 위, 과녁 적 영artificially 일じんーい

計劃(계획) … 꾀 계, 그을 획 영a plan 일けいかく

年齡(연령) … 해 년, 나이 령 영age 일ねんれい

世代(세대) … 대 세, 대신할 대 영a generation 일せだい

差異(차이) … 어긋날 차. 다를 이 영difference 일さい

共感(공감) … 함께 공, 느낄 감 영sympathy 일きょうかん

底力(저력) … 밑 저, 힘 력 영latent[potential] energy 일そこぢから

鐘路區(종로구) ··· 서울특별시 강북지역 중앙에 있는 구. 조선시대 이래 수도 서울의 중심부를 형성해 왔으며 지금도 정부기관이 밀집하여 행정의 중심지를 이룬다. 구를 동서로 가로지르는 종로는 예로부터 상업의 중심지이며 경복궁(景福宮)·종묘(宗廟)를 비롯한 고궁이 집중되어 있다. 가회동 일대는 전통 한옥(韓屋)이 밀집하여 있는 반면, 종로와 세종로에는 현대식 고층 빌딩과 상가가 형성되어 있어 전통과 현대가 공존하는 지역을 이룬다. 仁寺洞·견지동의 골동·표구 등과, 익선동·종로 3가의 자동차 부품상, 청계로의 전자제품, 종로 4·5가의 한약상, 남대문로의 양복점 등도 신구공존의 예라고 할 수 있다.

傳統(전통) ··· 어떤 집단이나 공동체에서, 지난 시대에 이미 이루어져 계통을 이루며 전하여 내려오는 사상·관습·행동 따위의 양식.

文化(문화) ··· 자연 상태에서 벗어나 일정한 목적 또는 생활 이상을 실현하고자 사회 구성원에 의하여 습득, 공유, 전달되는 행동 양식이나 생활양식의 과정 및 그 과정에서 이룩하여 낸 물질적·정신적 소득을 통틀어 이르는 말.

民俗(민속) ··· 민간 생활과 결부된 신앙, 습관, 풍속, 전설, 기술, 전승 문화 따위를 통틀어 이르는 말.

骨董品(골동품) ··· 오래되었거나 희귀한 옛 물품. 시대감각을 잃은 무딘 사람이나 그런 물건.

▲ 인사동 골동품 거리

古美術(고미술) ··· 고대의 미술. 서화, 조각, 도자기 따위를 통틀어 이른다.

畫廊(화랑) … 그림 따위의 미술품을 진열하여 전람하도록 만든 방. 대체로 화상(畫商)이 가
　　　　게를 겸한다.

畫房(화방) … 화실(畫室). 그림 그리는 데에 필요한 기구나 물감 따위를 파는 가게.

工藝品(공예품) … 실용적이면서 예술적 가치가 있게 만든 물품.

多樣(다양) … 여러 가지 모양이나 양식.

訪問(방문) … 어떤 사람이나 장소를 찾아가서 만나거나 봄.

觀光(관광) … 다른 지방이나 다른 나라에 가서 그곳의 풍경, 풍습, 문물 따위를 구경함.

名所(명소) … 경치나 고적, 산물 따위로 널리 알려진 곳. 이름난 곳

中心地(중심지) … 어떤 일이나 활동의 중심이 되는 곳.

時期(시기) … 어떤 일이나 현상이 진행되는 시점. ‘때’

地名(지명) … 마을이나 지방, 산천, 지역 따위의 이름.

以後(이후) … 이제로부터 뒤. 기준이 되는 때를 포함하여 그보다 뒤

關聯(관련) … 둘 이상의 사람, 사물, 현상 따위가 서로 관계를 맺어 매여 있음. 또는 그 관계.

始作(시작) … 어떤 일이나 행동의 처음 단계를 이룸. 또는 그 단계.

近代的(근대적) … 근대의 특징이 될 만한. 또는 그런 것.

商業(상업) … 상품을 사고파는 행위를 통하여 이익을 얻는 일.

常設(상설) … 언제든지 이용할 수 있도록 설비와 시설을 갖추어 둠.

投壺(투호) … 두 사람이 일정한 거리에서 청·홍의 화살을 던져 병 속에 많이 넣는 수효로
　　　　승부를 가리는 놀이. 또는 그런 병.

八道(팔도) … 우리나라 전체를 이르는 말. 조선 시대에, 전국을 여덟 개로 나눈 행정 구역.
　　　　강원도, 경기도, 경상도, 전라도, 충청도, 평안도, 함경도, 황해도를 이른다.

紀念品(기념품) … 기념으로 주고받는 물품.

多彩(다채) … 여러 가지 색채나 형태, 종류 따위가 어울리어 호화스럽다.

初入(초입) … 골목이나 문 따위에 들어가는 어귀. 어떤 일이나 시기가 시작되는 첫머리.

多國籍企業(다국적기업) … 여러 나라에 계열 회사를 거느리고 세계적 규모로 생산·판매
　　　　하는 대기업.

撮影(촬영) … 사람, 사물, 풍경 따위를 사진이나 영화로 찍음.

利用(이용) … 대상을 필요에 따라 이롭게 씀. 다른 사람이나 대상을 자신의 이익을 채우기 위한 방편(方便)으로 씀.

超現代式(초현대식) … 오늘날의 일반적인 수준을 넘어서는 방식.

眞面貌(진면모) … 본디부터 지니고 있는 그대로의 모습.

調和(조화) … 서로 잘 어울림.

代表的(대표적) … 어떤 분야나 집단에서 무엇을 대표할 만큼 전형적이거나 특징적인. 또는 그런 것.

末期(말기) … 정해진 기간이나 일의 끝 무렵

南山(남산) … 서울 중구와 용산구의 경계부에 있는 산. 높이는 262m이다. 본이름은 목멱산(木覓山)인데, 목멱산이란 옛말의 '마뫼'로 곧 남산이란 뜻이다. 북악산(北岳山)·낙산(駱山)·인왕산(仁王山) 등과 함께 서울분지를 둘러싸고 있는 산의 하나이다. 조선 전기 서울에 왕도(王都)를 정할 때는 여러 산과 더불어 왕도의 위곽(圍郭)을 이루어 그 능선을 따라 성벽이 쌓여졌으나, 오늘날은 서울 중앙에 있으면서 102만 9300㎡ 산지가 남산공원으로 지정되어 서울에서 가장 넓은 공원이 되었다.

南山 韓屋(남산 한옥마을) … 서울특별시 중구 필동 일대의 한옥이 보존되어 있는 마을. 1989년 남산골의 제모습 찾기 사업에 의해 조성한 마을로 수도방위사령부 부지를 인수하여, 서울특별시 지정 민속자료 한옥 5개 동을 이전 복원하고 전통 정원으로 꾸몄다. 1998년 4월 18일에 개관하였다. 한옥은 변형이 없는 순수한 전통가옥을 선정하였다. 순정효황후 윤씨 친가는 종로구 옥인동에 있는데 너무 낡아 옮기지 못하고 건축양식 그대로를 본떠 복원하였다. 서울특별시 지역의 사대부 가옥부터 서민 가옥까지 당시의 생활방식을 한자리에 볼 수 있도록 집의 규모와 살았던 사람의 신분에 걸맞는 가구들을 예스럽게 배치하였으며, 전통공예 전시관에는 무형문화재로 지정된 기능보유자들의 작품과 관광기념상품이 전시되어 있다.

◀ 남산 한옥 마을

造成(조성) … 무엇을 만들어서 이룸. 분위기나 정세 따위를 만듦.

增築(증축) … 이미 지어져 있는 건축물에 덧붙여 더 늘리어 지음. '늘려 지음'.

各種(각종) … 온갖 종류. 또는 여러 종류

雅淡(아담) … 고상하면서 담백하다.

立體(입체) … 삼차원의 공간에서 여러 개의 평면이나 곡면으로 둘러싸인 부분.

定期(정기) … 기한이나 기간이 일정하게 정하여져 있는 것. 또는 그 기한이나 기간.

開催(개최) … 어떤 모임을 주장(主掌)하여 엶

觀客(관객) … 영화(映畫)나 연극(演劇) · 무용(舞踊) 등(等)의 무대(舞臺) 공연(公演)을 구경
하는 사람

去來(거래) … 주고받음. 또는 사고팖. 이웃과의 친분 관계를 이루기 위하여 오고 감.

品目(품목) … 물품의 이름을 쓴 목록. 물품 종류의 이름.

所藏品(소장품) … 자기(自己)의 것으로 간직한 물품(物品)

彩色(채색) … 여러 가지의 고운 빛깔. 그림 따위에 색을 칠함.

生活用品(생활용품) … 최종(最終) 소비자(消費者)나 가정(家庭)에서 사용(使用)되며, 상업
적(商業的)인 가공(加工) 없이 쓰이는 상품(商品)

寶石(보석) … 아주 단단하고 빛깔과 광택이 아름다우며 희귀한 광물. 비금속 광물로 흔히 장
신구로 쓰며, 다이아몬드 · 옥수(玉髓) · 비취(翡翠) · 에메랄드 · 사파이어 · 루
비 · 단백석 따위가 있다.

現場學習(현장학습) … 학습에 필요한 자료가 있는 현장에 직접 찾아가서 하는 학습.

直接(직접) … 중간에 아무것도 개재시키지 아니하고 바로 연결되는 관계.

燈盞(등잔) … 기름을 담아 등불을 켜는 데에 쓰는 그릇.

使用(사용) … 일정한 목적이나 기능에 맞게 씀. 사람을 다루어 이용함. '씀', '부림'.

丹粧(단장) … 얼굴, 머리, 옷차림 따위를 곱게 꾸밈. 건물, 거리 따위를 손질하여 꾸밈.

開場(개장) … 어떤 장소를 열어 운영을 시작함.

再解釋(재해석) … 옛것을 새로운 관점에서 다시 해석함.

創意的(창의적) … 창의성을 띠거나 가진. 또는 그런 것.

昇華(승화) … 어떤 현상이 더 높은 상태로 전환되는 일. 고체에 열을 가하면 액체가 되는 일이 없이 곧바로 기체로 변하는 현상. 얼음이 증발하는 경우나 드라이아이스 따위에서 볼 수 있다. 또는 그 반대의 변화 과정을 이르기도 한다.

株式會社(주식회사) … 주식의 발행을 통하여 여러 사람으로부터 자본을 조달받는 회사. 7인 이상의 주주가 유한 책임 사원이 되어 설립되는 회사로, 자본과 경영이 분리되는 회사의 대표적인 형태이다.

運營(운영) … 조직이나 기구, 사업체 따위를 운용하고 경영함. 어떤 대상을 관리하고 운용하여 나감.

獨特(독특) … 특별하게 다름. 다른 것과 견줄 수 없을 정도로 뛰어남.

屋上(옥상) … 지붕의 위. 특히 현대식 양옥 건물에서 마당처럼 편평하게 만든 지붕 위를 이른다.

染色(염색) … 염료를 사용하여 실이나 천 따위에 물을 들임. 또는 그런 일.

陳列(진열) … 여러 사람에게 보이기 위하여 물건을 죽 벌여 놓음.

感歎(감탄) … 마음속 깊이 느끼어 탄복함.

確固(확고) … 태도나 상황 따위가 튼튼하고 굳다.

市中(시중) … 도시의 안. 사람들이 생활하는 공개된 공간을 비유적으로 이르는 말.

集結(집결) … 한군데로 모임. 또는 한군데로 모여 뭉침.

情趣(정취) … 깊은 정서를 자아내는 흥취.

香氣(향기) … 꽃, 향, 향수 따위에서 나는 좋은 냄새.

都市化(도시화) … 도시의 문화 형태가 도시 이외의 지역으로 발전, 확대됨. 또는 그렇게 확

대함. 구체적으로는 서비스업이나 유통 기능의 증대, 공공시설의 증가, 토지
의 집약적 이용 따위의 현상을 들 수 있으며, 인구 밀도의 증가뿐만 아니라 생
활 형태나 사회 상황의 변화도 포함한다.

人爲的(인위적) … 자연의 힘이 아닌 사람의 힘으로 이루어지는. 또는 그런 것.

計劃(계획) … 앞으로 할 일의 절차, 방법, 규모 따위를 미리 헤아려 작정함. 또는 그 내용.

世代(세대) … 어린아이가 성장하여 부모 일을 계승할 때까지의 약 30년 정도 되는 기간. 같
은 시대에 살면서 공통의 의식을 가지는 비슷한 연령층의 사람 전체.

差異(차이) … 서로 같지 아니하고 다름. 또는 그런 정도나 상태.

共感(공감) … 남의 감정, 의견, 주장 따위에 대하여 자기도 그렇다고 느낌. 또는 그렇게 느끼
는 기분.

底力(저력) … 속에 간직하고 있는 든든한 힘.

한·중·일(韓中日) 한자 사용의 차이점

韓中日 ☐☐   三國 ☐☐ 은 흔히 漢字文化圈 ☐☐ ☐☐ 이라 일컫는다. 세 나라에서는 約☐ 三千 ☐☐ 五百年 ☐☐☐ 前☐ 中國 ☐☐ 에서 甲骨文(字) ☐☐☐ (☐)이 만들어진 이후 周代 ☐☐ 의 金文 ☐☐, 籒文 ☐☐, 秦代☐ ☐ 의 篆文 ☐☐, 隸書 ☐☐, 漢代 ☐☐ 의 楷書 ☐☐ 그 이후 行書 ☐☐, 草書 ☐☐ 에 이르는 多樣 ☐☐ 한 文字 ☐

漢字文化圈(한자문화권)···한수 한, 글자 자, 무늬 문, 될 화, 우리 권 영A area of Chines characters culture. 일かんじ化ぶんかけん

周代(주대)···두루 주, 대신할 대

金文(금문)···쇠 금, 무늬 문

籒文(주문)···주문 주, 무늬 문

秦代(진대)···벼이름 진, 시대 대

篆文(전문)···전자 전, 무늬 문

隸書(예서)···붙을 례, 글 서 영ornamental seal characters 일れいしょ

楷書(해서)···나무이름 해, 글 서 the square style of Chinese handwriting 일かいしょ

□가 使用□□되었다. 그 뒤 西紀□□ 1900年□까지도 三國□□은 漢字□□를 公用文□□□□□으로 使用□□하였을 뿐만 아니라, 많은 文獻□□을 漢文□□으로 作成□□하고 있다.

言語□□는 그것을 使用□□하는 社會□□나 國家□□의 文化□□를 反映□□한다. 따라서 漢字□□를 表記□□ 手段□□으로 使用□□하더라도 나라나 地域□에 따라 그 쓰임이 다를 수밖에 없다. 따라서 韓中日□□ 三國□□에서 사용하는 漢字□□는 몇 가지 差異點□이 있다.

첫째, 音□이다.

行書(행서) ··· 갈 행, 글 서 영the semi-cursive style of writing 일ぎょうしょ
草書(초서) ··· 풀 초, 글 서 영the cursive style;grass characters 일そうしょ
多樣(다양) ··· 많을 다, 모양 양 영variety;diversity 일多たよう;いろいろ
使用(사용) ··· 하여금 사, 쓸 용 영use;employment;application 일しよう
西紀(서기) ··· 서녘 서, 실마리 서 영Anno Domini　A.D. 일せいれき紀元
公用文(공용문) ··· 공적 공, 쓸 용, 글월 문 영an official document 일こうようもじ
文獻(문헌) ··· 글월 문, 바칠 헌 영Law; a treatise 일ぶんけん
反映(반영) ··· 되돌릴 반, 비출 영 영Reflection 일はんえい
表記(표기) ··· 겉 표, 기록할 기 영Inscription on the face of a package 일ひょうき
手段(수단) ··· 손 수, 구분 단 영Means; plans; device 일しゅだん
差異點(차이점) ··· 어긋날 차, 다를 이, 점 점 영Difference point 일他と異点

대부분의 漢字□□는 처음 中國□□의 讀音□□을 使用□□했으나, 中國□□ 內□에서도 時代□□에 따라 다르고 地域□□에 따라 다르게 사용되었다. 그러므로 韓國□□과 日本□□은 어느 時代□□ 어느 곳에서 받아들였느냐에 따라 다를 뿐만 아니라, 그것이 土着化□□□되는 過程□□에서 또 달라졌다. 現在□□ 中國□□과 韓國□□에서는 거의 純粹□□한 音讀□□ 爲主□□이나, 日本□□에서는 音讀□□과 訓讀□□을 混合□□하고 있다.

韓國□□의 漢字音□□□은 比較的□□□ 古形□□을 維持□□하고 있어 中國□□의 上古音□□□이나 中古音□□□ 研究□□에 參考□□가 된다. 讀法□

讀音(독음) … 읽을 독, 소리 음 [영]To read tone [일]本をよむこえ
土着化(토착화) … 흙 토, 붙을 착, 될 화 [영]aboriginality;settling [일]どちゃくか
過程(과정) … 지날 과, 단위 정 [영]A course; a curriculum; a lesson [일]かてい
訓讀(훈독) … 가르칠 훈, 읽을 독 [영]the Korean reading of a Chinese character [일]くんどく
混合(혼합) … 섞을 혼, 합할 합 [영]A mixture [일]こんごう
比較的(비교적) … 견줄 비, 견줄 교, 과녁 적 [영]comparative;relative [일]ひかくてき
維持(유지) … 밧줄 유, 가질 지 [영]Maintenance; upkeep; support [일]いじ
參考(참고) … 간여할 참, 상고할 고 [영]Reference; personal information [일]さんこう
讀法(독법) … 읽을 독, 법칙 법 [영]The way of reading; pronunciation [일]よみ方かた

□은 一字一音主義□□□□□다. 곧 한 字□에 오직 한 音□(單音節□□)이 있을 뿐이다. 勿論□□ 例外□□가 있다. 보기를 들면 樂字□□는 즐길 락(娛樂□□), 風流□□ 악(音樂□□), 좋아할 요(樂山樂水□□□) 3가지로 읽으며, 뜻이 各各□□ 다르다.

또 낱말에 따라 音□이 달라지기도 한다. 五六月□□□(오육월>오뉴월), 十月□□(십월>시월) 等□이 그것이다. 同音異義語□□□□를 區分□□하기 위해 長短音□□□이 있다. 無用□은 짧게 읽고, 舞踊□□은 길게 읽는다. 때에 따라서는 된소리(硬音□□)로 읽어 뜻을 區分□하기도 한다. 高架□□(短音□□)·古家□□(長音□□)·高價□□(短音□□으로 고까)로 각각 區分□□할 수 있

單音節(단음절) … 홀 단, 소리 음, 마디 절 영Mono syllable 일たんおんせつ

例外(예외) … 법식 예, 밖 외 영An exception; not coming under any rule 일れい-がい

同音異義語(동음이의어) … 같을 동, 소리 음, 다를 이, 뜻 의, 말 어 영Homonym 일どうおん異字

區分(구분) … 지경 구, 나눌 분 영Division 일くぶん

長短音(장단음) … 길 장, 짧을 단, 소리 음 영Length 일ちょうおんとたんおん

舞踊(무용) … 춤출 무, 뛸 용 영dancing;a dance 일ぶよう

高架(고가) … 높을 고, 시렁 가 영A bridge 일ちじょう高かけ渡こと

古家(고가) … 옛 고, 집 가 영an old house 일たてて古なった家

高價(고가) … 높을 고, 값 가 영High price; a premium 일たかい値段

다. 그러나 最近　　　　 젊은이들은 漢字音　　　　의 長短

　　 意識　　　이 없어 社會的　　　　으로 混亂　　　을 겪

고 있다. 자연 個人　　　에 따라 큰 差異　　　가 있을 수밖에

없다. 그밖에 舌側音化　　　　　(三千里　　　 : 삼천

리>삼철리, 全羅道　　　 : 전라도>절라도, 燦爛　　 : 찬

란>찰란), 舌顚音化　　　　(保寧　　 : 보녕>보령, 許

諾　　 : 허낙>허락, 喜怒哀樂　　　　　 : 희노애락>희로

애락), 同音省略　　　　(艱難　　 : 간난>가난, 失戀　

　 : 실련>실연) 등의 現象　　도 있다.

　둘째, 意味　　이다.

　앞에서도 말했듯이 말은 文化　　의 産物　　이다. 같은

낱말이라도 文化　　·地域　　·時代　　에 따라 달라

지게 마련이다. 韓國　　에서 愛人　　은 純粹　　하게

사랑하는 사람으로 使用　　하지만, 中國　　에서는 때에

混亂(혼란) … 섞을 혼, 어지러울 난 圏Confusion; disorder 圓混らん

舌側音化(설측음화) … 혀 설, 곁 측, 소리 음, 될 화 圏Lateralization

許諾(허락) … 허락할 허, 대답할 락 圏A promise; a permit 圓しょうだく

同音省略(동음생략) … 한가지 동, 소리 음, 살필 성, 다스릴 약 圏Haplology 圓どうおんのしょうりゃく

産物(산물) … 낳을 산, 만물 물 圏Produce; products 圓さんぶつ

따라 男便　　　이 아내를 指稱　　　하는 데 쓰며, 일본에서는
本婦人　　　　　以外　　　의 女子　　　곧 情婦　　　(세
컨드)의 意味　　, 곧 좋지 않은 뜻으로 쓰인다. 따라서 같은
漢字文化圈　　　　　　　이라도 쓰임이 다르기 때문에 注意
　　해야 한다. 잘못하면 意思疏通　　　　　이 잘못되어
誤解　　를 받거나 다르게 意思　　　傳達　　이 되기도
한다.

　셋째, 같은 사실을 다른 낱말로 쓴다.

　韓國　　　漢字語　　　는 19世紀　　까지는 주로 中
國　　으로부터 文物　　을 받아들였기 때문에, 中國　
　의 漢字語　　　를 사용했다. 그러다가 20世紀　　에
들어와 西洋　　의 文物　　을 주로 日本　　을 통해 받
아들여짐에 따라 日本　　漢字語　　　가 多量　　으

男便(남편) ⋯ 사내 남, 편할 편 ㉝A husband ㉺おっと;しゅじん
指稱(지칭) ⋯ 가리킬 지, 일컬을 칭 ㉝designation ㉺さしてしょうすること
情婦(정부) ⋯ 뜻 정, 아내 부 ㉝a mistress;a paramour ㉺おっと以いがいの愛人ある男
注意(주의) ⋯ 물댈 주, 뜻 의 ㉝Attention ㉺ちゅうい
意思疏通(의사소통) ⋯ 뜻 의, 생각 사, 트일 소, 트일 통 ㉝Communication ㉺いしがよくつうじること
誤解(오해) ⋯ 그릇될 오, 풀다 해 ㉝misunderstanding ㉺ごかい
傳達(전달) ⋯ 전할 달, 이를 달 ㉝Attention ㉺でんたつ
世紀(세기) ⋯ 세상 세, 실마리 기 ㉝A decade; a century ㉺せいき

로 流入☐☐되었다. 그래서 中國☐☐ 漢字語☐☐☐가
日本☐☐ 漢字語☐☐☐로 바뀐 것도 있고(點☐>時☐),
三國☐☐이 各各☐☐ 다르게 쓰는 것도 있다. 韓國☐☐에
서는 名銜☐☐이라 하고, 중국에서는 名片☐☐, 日本☐☐
에서 名刺☐☐라 한다. 韓國☐☐에서 感氣☐☐(우리말로
는 고뿔이란 말이 있으며, 옛날에는 中國語☐☐☐의 영향으
로 運感☐☐·冒風☐☐·傷風☐☐·鼻淵☐☐ 등으로
도 썼다.)라고 하나, 中國☐☐에서는 感冒☐☐, 일본에서는
風邪☐☐라 한다.

名銜(명함)··· 이름 명, 재갈 함 ㉠a (name) card ㉑めいし
名刺(명자)··· 이름 명, 찌를 자 ㉠a (name) card ㉑めいし
感氣(감기)··· 느낄 감, 기운 기 ㉠A cold ㉑かぜ

韓中日(한중일) ··· 한국–중국–일본, 동북아 삼국.

周代(주대) ··· 나라 이름. 중국의 '주나라' 시대. 약 1,000년간(BC 1111경~256/255) 고대 중국을 지배했던 왕국. 이때 만들어진 독자적인 정치제도와 문화적인 특징은 그 후 2,000년간 중국 정치·문화의 원형이 되었다. BC 771년 이전의 주를 보통 서주(西周)라고 하며 BC 770년부터는 동주(東周)라고 한다. 동주는 춘추시대(BC 770~476)와 전국시대(BC 475~221)로 나누어진다.

▲ 진시황릉에서 발굴된 토용

籀文(주문) ··· 사주(史籀)가 만든 문자.

秦代(진대) ··· 나라 이름 중국 '진나라' 시대. 중국 최초의 대제국(BC 221~206). 차이나(China)라는 영문 이름이 바로 진에서 유래했다. 진은 중국의 대체적인 국경선을 확정짓고 그 후 2,000년간 이어진 기본적인 행정체계를 확립했다. 진대에는 만리장성과 거대한 궁전인 아방궁(阿房宮)이 만들어지고 한자의 서체를 단순화하고 통일시켰다. 진은 존속 기간이 짧아 중국의 문학과 학문을 완전히 절멸시키지는 못했으며, 은(殷)나라의 풍부한 문화유산은 한으로 이어져 중국 문화가 크게 번창하게 되었다.

篆文(전문) ··· 전자 전, 무늬 문. 이사(李斯)가 만든 문자. 한자의 대전(大篆)과 소전(小篆)의 통칭. 한위(漢魏) 이전에 쓰이던 글자체이다. 협의로는 주문(文)과 소전을 가리키고 광의로는 갑골문(甲骨文), 금문(金文), 주문, 춘추전국시대 각국에서 통용되던 문자와 진대(秦代)에 창시된 소전을 가리킨다.

隸書(예서) ··· 한자 서체의 하나. 전서(篆書)를 간략화한 것으로 좌서(左書)라고도 한다. 일설에는 중국 진(秦)의 시황제(始皇帝) 때 옥리(獄吏)였던 정막(程邈)이 옥에 종사하는 사무원(徒隸)들의 문서가 번잡한 것을 줄이기 위해 대전(大篆)을 개선하여 만들었으며, 이로 인해 예서라는 명칭이 생겨났다고 한다. 그러나 소전(小篆)과 마찬가지로 진대에 시작되었다는 것이 통설이며, 한대(漢代)에 전서를 대신해 공식문자로 통용되었다.

乾云之事文秉予丞不乎世

漢代(한대) ··· 중국 '漢(한)나라' 시대. 중국 역사상 2번째 통일 국가(BC 206~AD 220). 후세 모든 중국 국가의 원형으로 여겨지고 있다. 한은 후세의 중국인들이 중국의 문화라고 생각하는 것들을 철저하게 완성했기 때문에, 중국인을 '한인(漢人)이라고 일컫게 되었다. 한은 유방(劉邦 : BC 256~195)이 창건했다. 가장 위대한 초기 역사서 가운데 하나가 바로 한대에 저술된 사마천(司馬遷)의『사기』이다.

楷書(해서) ··· 후한시대(後漢時代 : 23~220)에 전대(前代)의 예서(隸書)를 좀더 유연하고 쓰기 쉬운 형태로 단순화시켜 발전시킨 중국 서체.

乾云之事丈乘予丞不乎世

行書(행서) ··· 한자 서체의 하나. 해서와 초서의 중간적인 서체로, 행서의 종류에는 행압서(行押書)·진행(眞行)·행해(行楷)·초행(草行)·행초(行草)·소행초(小行草)·반초행서(半草行書)·선서(扇書) 등이 있다. 행압서란 행서의 초기 명칭이며, 진행은 진서에 가깝게 하되 흘린 것으로 해행(楷行) 또는 행해라고도 한다. 행해는 해서이면서 행서에 가까운 것을 말하며, 초행은 초서에 가까운 행서로 행초라고도 한다.

◀ 한호 행서 서간

草書(초서) ··· 한자 서체의 하나. 넓은 의미로는 자체(字體)를 간략하고 빠르게 쓴 초체(草體)를 가리킨다.

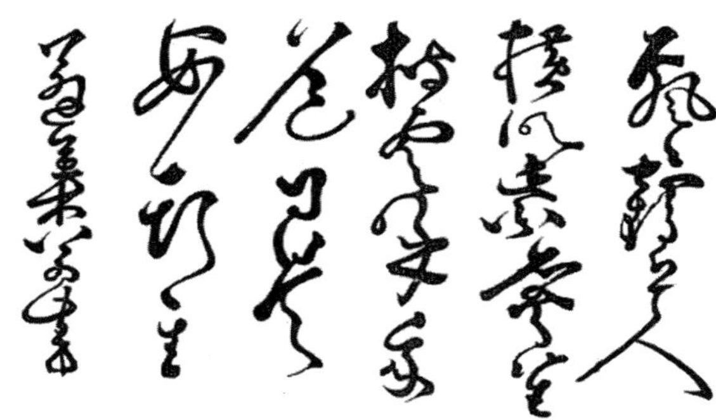

◀ 양사언의 초서

多樣(다양) ··· 여러 가지 모양이나 양식.

使用(사용) ··· 물건을 쓰거나 사람을 부림.

西紀(서기) ··· 서력기원(西曆紀元)의 준말.

公用文(공용문) ··· 관공서의 공문.

文獻(문헌) ··· 옛날의 제도나 문물을 아는 데 증거가 되는 기록. 특정한 연구에 대하여 참고 자료가 되는 인쇄물.

作成(작성) ··· 원고, 서류, 계획 따위를 만듦.

反映(반영) ··· 어떤 영향을 받아 사실로 나타남.

表記(표기) ··· 적어서 나타냄. 겉으로 드러난 기록.

手段(수단) ··· 일을 처리해 내는 솜씨나 꾀. 어떤 목적을 이루기 위한 방편.

地域(지역) ··· 일정한 땅의 구역.

讀音(독음) ··· 글을 읽는 소리. 한자의 소리.

時代(시대) ··· 역사적으로 구분한 어떤 기간.

土着化(토착화) ··· 어떤 문물이 한 사회나 나라에서 뿌리를 내림.

過程(과정) ··· 일의 진행하는 경로.

純粹(순수) ··· 조금도 다른 것의 섞임이 없다.

訓讀(훈독) ··· 한자의 뜻을 새기어 읽음.

比較的(비교적) … 보통 정도 보다 꽤.

維持(유지) … 어떤 상태를 그대로 이어감.

參考(참고) … 살펴서 도움이 될 만한 자료로 삼음.

例外(예외) … 규칙이나 장래에서 어긋난 일.

區分(구분) … 구별하여 따로따로 나눔.

高架(고가) … 높게 건너지른 다리.

古家(고가) … 옛날 집.

高價(고가) … 높은 가격.

混亂(혼란) … 갈피를 잡을 수 없이 어지러움.

許諾(허락) … 청하는 일을 들어 줌.

艱難(가난) … 몹시 힘들고 곤란함.

意味(의미) … 말이나 글 또는 현상이 어떤 속내나 사상을 나타내다.

産物(산물) … 산출한 물건.

男便(남편) … 혼인하여 사는 남편을, 그 아내를 기준으로 부르는 말.

指稱(지칭) … 가리켜 일컬음.

情婦(정부) … 아내가 아닌 정을 통하고 지내는 여자.

注意(주의) … 마음에 새겨 두고 조심함. 어떤 한 곳이나 일에 관심을 집중하여 기울임.

意思疏通(의사소통) … 뜻이나 생각을 서로 주고받음.

誤解(오해) … 그릇되게 이해하거나 해석함.

傳達(전달) … 무엇을 전하여 이르게 함.

世紀(세기) … 백 년 동안 또는 그동안의 시대.

名銜(명함) … 이름, 신분, 직업 따위를 적은 종이쪽.

찾아보기

ㄱ

價格(가격)　36, 37

加工(가공)　257

可能(가능)　17, 19, 61, 115

歌謠(가요)　15, 24

家庭(가정)　46, 49, 257

家族(가족)　58, 140, 253

價値(가치)　23, 27, 36, 37, 134, 146, 233

加行(가행)　160, 166

脚光(각광)　37, 235, 241

各種(각종)　58, 61, 247, 248, 257

各地(각지)　136, 147

懇曲(간곡)　208, 215

艱難(가난)　265, 271

看做(간주)　132, 145

感氣(감기)　267

感動(감동)　30, 64

甘露(감로)　154

感謝(감사)　160

感性(감성)　33, 34, 35, 37

甘草(감초)　43, 52

感歎(감탄)　251, 258

敢行(감행)　21, 27

甲骨文(갑골문)　261, 268

甲子(갑자)　181

剛健(강건)　16, 25

強國(강국)　29, 30, 35

強力(강력)　59

強迫觀念(강박관념)　17, 25

講院(강원)　156, 158, 165

講義(강의)　156, 159

強調(강조)　21, 26

強化(강화)　245

開館(개관)　61

槪念(개념)　22, 139, 149

開放(개방)　36, 139, 150

改善(개선)　137, 149

個性(개성)　34

個人(개인)　60, 265

開場(개장)　250, 258

改造(개조)　247

開陳(개진)　35, 41

開拓(개척)　16, 25

開催(개최)　141, 248, 257

改築(개축)　247

羹頭(갱두)　156, 165

巨大(거대)　20, 35

去來(거래)　248, 257

拒否(거부)　44, 70

居瑟邯(거슬감)　180

拒絶(거절)　71, 94, 103, 208, 210

居處(거처)　176

健康(건강)　19, 223, 224, 226, 227, 228, 234, 236

建物(건물)　72, 74, 139, 140, 141, 246, 247, 250, 252

建築(건축)　138, 139, 149

儉素(검소)　188, 194

劍術(검술)　201

激勵(격려)　213, 216

格式(격식) 158, 165		高價(고가) 264, 271	
格調(격조) 141, 150		高架(고가) 264, 271	
犬猪(견저) 173		高句麗(고구려) 172, 176, 178, 201, 203, 205, 206	
結果(결과) 18, 50, 64, 108, 137, 229, 232, 240		苦惱(고뇌) 113, 125	
結局(결국) 49, 51, 107, 124, 233		高度(고도) 122	
結成(결성) 60		拷問(고문) 203	
決定(결정) 70, 77, 112, 158, 165		古美術(고미술) 243, 244, 252, 254	
缺乏(결핍) 17, 25		苦生(고생) 63, 94	
結婚(결혼) 76, 101, 189, 190		高氏(고씨) 172	
謙遜(겸손) 188, 194		考案(고안) 234, 241	
謙虛(겸허) 155, 160		高位職(고위직) 211	
警戒(경계) 190		固定觀念(고정관념) 46, 52	
經過(경과) 88, 100, 122		高潮(고조) 13, 24, 55	
景觀(경관) 140, 141, 150		固體(고체) 36, 41	
競技(경기) 56, 57, 58, 59		苦衷(고충) 22, 27	
景福宮(경복궁) 137, 148, 149, 254		苦痛(고통) 22, 27, 76, 122	
慶事(경사) 212		穀食(곡식) 168	
境遇(경우) 46, 63, 158		困境(곤경) 117	
經緯(경위) 120, 126		骨格(골격) 174, 177	
競爭(경쟁) 36, 50		骨董品(골동품) 243, 244, 248, 252, 254	
經典(경전) 159, 166		骨火(골화) 202, 203	
慶州(경주) 136, 147		公(공) 189, 202, 206	
傾注(경주) 142, 150		空間(공간) 50, 138, 139, 140, 141	
傾向(경향) 226, 238		共感(공감) 45, 253, 259	
經驗(경험) 21, 26, 59, 66		攻擊(공격) 64, 220	
經穴(경혈) 122, 123, 126		恭敬(공경) 155	
契機(계기) 245		公共性(공공성) 44, 52	
溪流(계류) 141		公敎育(공교육) 43, 44, 52	
雞林國(계림국) 182, 184		空氣(공기) 36	
繼承(계승) 172, 177, 190, 194		共同體(공동체) 61, 66	
季節(계절) 46		工夫(공부) 159	
系統(계통) 134, 146		供養(공양) 156, 157, 159, 160, 164	
計劃(계획) 202, 253, 259		供養主(공양주) 156, 165	
古家(고가) 243, 264, 271		公演(공연) 61, 62, 72, 74, 257	

工藝品(공예품)　243, 252, 255

公用文(공용문)　262, 270

公園(공원)　140

共有(공유)　36, 41

公州(공주)　136, 147

公主(공주)　189, 190, 191

共通點(공통점)　34

恐怖(공포)　230, 240

果報(과보)　212, 216

果然(과연)　39, 41, 205, 207, 212

過熱(과열)　62

過程(과정)　49, 227, 228, 235, 238, 249, 263, 270

科學(과학)　132, 133, 136, 145, 226, 238

郭巨(곽거)　219

觀客(관객)　248, 257

關係(관계)　18, 20, 21, 31, 32, 34, 50, 211

觀光(관광)　244, 252, 255

官能的(관능적)　18, 19, 25

關聯(관련)　135, 147, 229, 244, 255

關心(관심)　13, 33, 62, 231, 233

官員(관원)　108

觀音殿(관음전)　153, 162

廣場(광장)　57

光州(광주)　136, 147

光彩(광채)　180, 184

怪異(괴이)　218

交流(교류)　141, 150

教師(교사)　50, 51

教授(교수)　38

教養(교양)　131, 133, 144

教育(교육)　43, 44, 45, 46, 47, 49, 132, 135, 137, 144

教化(교화)　168, 171

區分(구분)　132, 145, 264, 271

構成(구성)　140, 150

構造(구조)　38, 250

國家(국가)　48, 159, 262

國境(국경)　204, 207

國內外(국내외)　55, 246

國道(국도)　79, 103

國立民俗博物館(국립민속박물관)　137, 149

國仙(국선)　188, 194, 201, 206

國際(국제)　131, 144, 233

國號(국호)　176, 182

軍士(군사)　197, 198

君主(군주)　179, 184

宮闕(궁궐)　173, 198

弓矢(궁시)　174, 177

宮室(궁실)　176, 178

宮人(궁인)　192

宮主(궁주)　198, 200

宮中(궁중)　186, 188

權力(권력)　17

規格(규격)　233, 240

均衡(균형)　140, 226

極端的(극단적)　39, 41

極大化(극대화)　141, 150

克明(극명)　59

克服(극복)　48, 50

根本(근본)　35, 45

近處(근처)　83, 101

禁忌(금기)　168, 171

今日(금일)　209

金現(김현)　208, 210, 211, 213, 214

級(급)　213

急急(급급)　22, 27

急變(급변)　17, 25

急速(급속)　137, 149

期間(기간)　56
寄居(기거)　156, 165
機關(기관)　131, 132, 133, 144
記念(기념)　88
機能(기능)　34, 38, 133, 134, 135, 227, 229, 240
記錄(기록)　214
基盤(기반)　30, 40, 151, 161
騎兵(기병)　176
基本(기본)　30, 134, 139, 146, 232
記事(기사)　58, 229, 240
氣色(기색)　209, 215
記憶(기억)　73, 84, 85, 87
氣運(기운)　179, 184
紀元前(기원전)　181, 184
奇異(기이)　218
旣存(기존)　18, 25
基準(기준)　23, 27, 137
其他(기타)　135, 146
嗜好(기호)　234, 241
機會(기회)　135, 147
企劃(기획)　48, 72, 74, 103
緊張(긴장)　122, 123
金(금)　191
金文(금문)　261, 268
金釜(금부)　219
金蛙(금와)　172, 173, 174, 177

南山(남산)　181, 247, 256
男子(남자)　14, 16, 17, 18, 172, 173, 180, 208
男便(남편)　190, 218, 266, 271
南向(남향)　140
郎(낭)　188, 189, 190, 191, 194
郎君(낭군)　210, 211, 212, 213, 215
娘子(낭자)　213, 216
來歷(내력)　214, 216
內命婦(내명부)　108, 124, 127
來世(내세)　212
內侍(내시)　109, 115, 117, 119, 120, 125
來日(내일)　93
內殿(내전)　125, 198, 200
冷藏庫(냉장고)　234
冷戰時代(냉전시대)　60
怒(노)　204
勞動(노동)　158, 160, 166
勞力(노력)　142
盧殿(노전)　153, 162
綠地(녹지)　141, 150
論議(논의)　158
農耕(농경)　224, 225, 237
弄談(농담)　88
陋名(누명)　107, 124
能力(능력)　17, 18, 22
能率的(능률적)　134, 146

ㄴ

奈林(나림)　203
螺旋形(나선형)　250
羅卒(나졸)　119, 120, 121, 126
卵(난)　173, 180
南(남)　172, 179, 197
男女老少(남녀노소)　62, 67

ㄷ

多國籍企業(다국적기업)　246, 255
多急(다급)　73
茶器(다기)　250, 251
多樣(다양)　21, 23, 33, 44, 45, 48, 133, 146, 234, 241, 243, 248, 250, 255, 261, 270
多彩(다채)　246, 255

多幸(다행) 211
單科大學(단과대학) 137, 148
斷面(단면) 57
單純(단순) 20, 22, 38, 225, 232
斷然(단연) 56, 65
單音節(단음절) 264
丹粧(단장) 249, 258
斷乎(단호) 76, 103
怛忉(달도) 199
踏襲(답습) 46, 52
堂堂(당당) 13, 23, 30, 40
堂上官(당상관) 108, 124
當時(당시) 180, 201, 224, 237
當然(당연) 16, 64
大監(대감) 112, 125
大闕(대궐) 112, 213, 218
大多數(대다수) 224, 236
對答(대답) 75, 173, 177
大德(대덕) 191, 195
代辯(대변) 33
大別(대별) 133, 145
對備(대비) 225, 237
對比(대비) 59
對象(대상) 23, 27
代身(대신) 44, 210
代案敎育(대안교육) 43, 44, 45, 46, 48, 52
大王(대왕) 188, 189, 194, 204, 205, 207
對應(대응) 134, 146
大將軍(대장군) 205, 207
大衆化(대중화) 14, 24
大地(대지) 140, 150
對策(대책) 43
貸出(대출) 134, 146
代表(대표) 56, 137, 138, 247, 256

大韓民國(대한민국) 57
對話(대화) 31
大會(대회) 55
德壽宮(덕수궁) 137, 148
道具(도구) 39, 59, 249, 252
道理(도리) 22, 27, 211
逃亡(도망) 175, 178
都市化(도시화) 252, 258
都心(도심) 151, 161
都邑(도읍) 176, 179
獨立性(독립성) 17, 25
讀法(독법) 263
讀音(독음) 263, 270
獨逸(독일) 55, 59, 62
獨占(독점) 36, 41
獨特(독특) 56, 58, 232, 235, 241, 250, 258
突破(돌파) 29
憧憬(동경) 14, 24
冬老樹(동노수) 185
同席(동석) 32, 159
同時(동시) 55
同音省略(동음생략) 265
同音異義語(동음이의어) 264
同人誌(동인지) 15, 24
鈍(둔) 175, 178
等等(등등) 234
燈盞(등잔) 249, 258
登場(등장) 14, 43, 71, 234

ㅁ

麻立干(마립간) 185, 187
莫强(막강) 56
莫論(막론) 62, 67
漫然(만연) 252

滿洲(만주) 224, 225, 237
漫畵(만화) 14, 15
末期(말기) 247, 256
茫然自失(망연자실) 102, 103
每年(매년) 248
每日(매일) 169, 191
埋葬(매장) 217, 221
邁進(매진) 152, 161
媒婆(매파) 173, 177
脈絡(맥락) 18, 25
面前(면전) 189
滅亡(멸망) 205
名(명) 29, 174
明朗(명랑) 86, 88
命令(명령) 212
命名(명명) 60, 66, 224, 236
冥府殿(명부전) 153, 162
名山(명산) 151
名所(명소) 245, 250, 255
明日(명일) 211
名刺(명자) 267
名稱(명칭) 138, 149, 233
名銜(명함) 267, 271
牟梁里(모량리) 221
牟梁部(모량부) 185
矛盾(모순) 32
模襲(모습) 30, 45, 64, 72, 75, 80, 90, 92, 98,
    203, 206
募集(모집) 211
沐浴(목욕) 180
目的(목적) 131, 144
木鐸(목탁) 152, 153, 161
目標(목표) 141, 153, 163
夢(몽) 205

舞臺(무대) 224, 247, 257
無事(무사) 78
無數(무수) 21, 26
舞踊(무용) 257, 264
戊辰年(무진년) 197, 200
無責任(무책임) 22
無形(무형) 37
黙黙(묵묵) 89, 103
文明(문명) 19, 48, 53
文書(문서) 203
問題(문제) 19, 22, 44, 49, 50, 63, 211
文獻(문헌) 236, 262, 270
文化(문화) 15, 19, 31, 32, 33, 35, 47, 57, 58,
    59, 60, 61, 62, 64, 133, 138, 140, 141, 151,
    246, 248, 249, 250, 251, 252, 253, 254, 262,
    265
文化界(문화계) 56, 65
文化的(문화적) 20, 34, 63, 132, 136, 144
物件(물건) 84, 85, 94, 173, 204, 251
物質(물질) 30, 140, 228
美國(미국) 29, 71, 223, 229, 231
美男(미남) 13, 14, 15, 16, 17, 23
微明(미명) 152, 162
微生物(미생물) 227, 238
美少年(미소년) 14, 15
美術(미술) 132, 133, 145, 243, 244
未完成品(미완성품) 49
美醜(미추) 22, 27
民家(민가) 214
憫惘(민망) 217, 221
民泊(민박) 83, 87, 90, 98, 100, 101, 103
民俗(민속) 243, 254
民族(민족) 138, 142, 151, 161, 224, 236
密命(밀명) 108, 125

密集(밀집) 245

ㅂ

博物館(박물관) 131, 132, 133, 134, 135, 136,
    137, 138, 139, 140, 141, 243
拍子(박자) 30
反對(반대) 73
班別(반별) 159, 166
反映(반영) 262, 270
反影(반영) 35
反應(반응) 116
飯饌床(반찬상) 157, 165
發見(발견) 61, 66, 80
發病(발병) 230
發散(발산) 60, 63, 66
發生(발생) 228, 231, 240, 253
鉢盂(발우) 157, 165
發展(발전) 35, 63, 137, 226, 234, 238
發表(발표) 231, 241
醱酵(발효) 223, 227, 228, 232, 235, 236
發揮(발휘) 32, 40, 61
放課(방과) 46, 52
防己(방기) 116, 125
訪問(방문) 243, 246, 255
方法(방법) 23, 50, 155, 214, 216, 225, 234, 237
放送局(방송국) 83, 84
防濕(방습) 134, 146
方式(방식) 46, 140, 150
放恣(방자) 179, 184
防止(방지) 134, 146
防蟲(방충) 134, 146
防波堤(방파제) 93, 103
方向(방향) 31, 39, 45
背景(배경) 14, 24

倍達國(배달국) 60, 65, 66
配慮(배려) 134, 146
背山臨水(배산임수) 140, 150
培養液(배양액) 229, 240
排除(배제) 32, 40
配置(배치) 139, 140, 150
配匹(배필) 181, 185, 187, 211
背後(배후) 107, 124
白馬(백마) 179, 180
百發百中(백발백중) 174, 177
白石(백석) 201, 203
百姓(백성) 182, 198, 200
百日(백일) 168
百濟(백제) 201, 206
煩惱(번뇌) 153, 163
繁華(번화) 91, 103
梵網經(범망경) 214, 216
範圍(범위) 14, 24
梵鐘(범종) 154, 164
法堂(법당) 152
法度(법도) 158, 166
變更(변경) 138
邊境(변경) 15
變化(변화) 16, 18, 19, 23, 25
變換(변환) 32
病夫日誌(병부일지) 111, 125
兵士(병사) 107, 113
病舍(병사) 110
病者(병자) 110, 111
病症(병증) 110, 111
病弊(병폐) 48, 53
報告(보고) 190
保管(보관) 132, 134, 144, 234, 241
普及(보급) 135, 147

報答(보답)　211, 214, 215
報道(보도)　59, 66
寶石(보석)　249, 257
補完(보완)　35
補充(보충)　17, 25
保護(보호)　16, 25
福(복)　212, 218
幞頭匠(복두장)　192, 195
複雜(복잡)　78, 103, 112
服裝(복장)　58
福祉(복지)　19, 26
複合(복합)　138
福會(복회)　208
本來(본래)　188, 194, 203
本分(본분)　153
本意(본의)　114
本質(본질)　44, 49
鳳(봉)　181
奉養(봉양)　217
封套(봉투)　98
浮刻(부각)　22, 27
復古(복고)　33, 40
不過(불과)　15, 24
部類(부류)　210, 211, 215
父母(부모)　50, 51, 173, 189
夫婦(부부)　88, 210, 218
副産物(부산물)　19, 26
不安(불안)　73, 95, 116
夫餘(부여)　136, 147
夫人(부인)　191, 204, 205
富者(부자)　188
否定(부정)　39
副提調(부제조)　106, 108, 109, 124
敷地(부지)　140, 150

付託(부탁)　74, 84, 94, 96
北扶餘(북부여)　172, 177
分明(분명)　23, 57, 73, 118
焚修僧(분수승)　198, 200
分野(분야)　21, 23, 33, 132, 145, 233
雰圍氣(분위기)　30, 60, 61, 66
奔走(분주)　83
佛經(불경)　212, 216
佛敎(불교)　151
不斷(부단)　142, 150
崩壞(붕괴)　43
比較的(비교적)　232, 263, 271
非難(비난)　22, 27
沸流水(비류수)　176, 178
秘法(비법)　37
比喩(비유)　36, 41
非認可(비인가)　45, 52
毗處王(비처왕)　197
貧富(빈부)　62

ㅅ

四季節(사계절)　234
沙工(사공)　81
四敎(사교)　159, 166
使命(사명)　22, 27
四方(사방)　188, 194
私設(사설)　136, 147
四時(사시)　206
使臣(사신)　185
事實(사실)　47, 48, 49, 101, 189, 209, 230
辭讓(사양)　208, 210, 215
事業(사업)　131, 144
事緣(사연)　213

使用(사용) 36, 38, 39, 107, 228, 239, 249, 257,
    258, 262, 263, 265, 270
使者(사자) 190, 219
事情(사정) 186, 202, 219
寫眞(사진) 15, 34, 84, 87, 97, 98
四集(사집) 159, 166
四天王門(사천왕문) 153, 162
事項(사항) 158
死刑(사형) 198
社會(사회) 13, 16, 17, 18, 19, 20, 21, 22, 23,
    30, 31, 33, 34, 35, 37, 43, 45, 48, 49, 56,
    61, 63, 262, 265
産物(산물) 265, 271
山寺(산사) 151, 152, 160, 161
産業(산업) 31, 35, 48, 52
三個月(삼개월) 190
三國(삼국) 261, 262, 267
三神(삼신) 205
三月(삼월) 179
三危太伯(삼위태백) 167, 170
三千(삼천) 261, 265
商街(상가) 244, 249
上講禮(상강례) 159
相公(상공) 186, 187
尚宮(상궁) 107, 109, 115, 117, 118
相當(상당) 21, 27, 45
相對(상대) 31, 39
常例(상례) 158, 165
祥瑞(상서) 182
常設(상설) 244, 255
商業(상업) 257
常用(상용) 30, 163
象徵(상징) 139, 149, 155
傷處(상처) 70, 114, 213, 214

相衝(상충) 21, 27
狀態(상태) 77, 103
商品(상품) 37, 48, 234, 251, 257
相互(상호) 32
色慾(색욕) 154, 164
生理的(생리적) 227, 239
生命(생명) 22, 153, 168, 171, 209
生産(생산) 19, 26, 31, 160, 166
生存(생존) 19, 225, 237
生活(생활) 19, 34, 46, 140, 159, 224, 226, 237,
    249, 252, 257
西(서) 181
鼠(서) 197
西歐(서구) 14, 15
西紀(서기) 262, 270
徐羅伐(서나벌) 182, 184
西山(서산) 208
庶子(서자) 167, 170
書籍(서적) 244
西川(서천) 214
書體(서체) 34
書出池(서출지) 199
舒玄公(서현공) 205
石鐘(석종) 218, 219, 221
禪客(선객) 160, 166
先導(선도) 29, 40
先頭走者(선두주자) 29
膳物(선물) 34, 85, 86
禪房(선방) 156, 160, 164
善惡(선악) 168, 171
選定(선정) 223, 236
先祖(선조) 137, 249
先進(선진) 34
旋風的(선풍적) 231, 241

設計圖面(설계도면) 94

舌側音化(설측음화) 265

設置(설치) 137, 248

攝取(섭취) 225, 230, 237

姓(성) 172, 185

城(성) 211, 212

性格(성격) 20, 94, 245

成功(성공) 22, 214

成果(성과) 135, 147

成分(성분) 226, 231, 235, 238

成熟(성숙) 57, 59

成長(성장) 51, 138

成形(성형) 13, 20, 21, 23, 24

世界(세계) 16, 29, 30, 31, 38, 47, 55, 59, 64,
    141, 154, 223, 227, 229, 235

世紀(세기) 15, 23, 35, 142, 266, 271

世代(세대) 253, 259

勢力(세력) 107, 112, 188

世上(세상) 167, 172, 182, 191, 211, 214, 217

世俗(세속) 199, 200

歲月(세월) 21, 26, 81, 103

世子(세자) 113

紹介(소개) 59, 223, 229, 236

所關(소관) 158, 165

少女(소녀) 14, 111, 185

消費(소비) 37, 231, 240, 257

所生(소생) 174, 178

消息(소식) 213

小臣(소신) 213, 216

所願(소원) 91, 93, 212

所有(소유) 17, 25, 39

小邑(소읍) 91

所任(소임) 153

所藏品(소장품) 248, 257

素材(소재) 62

所重(소중) 82, 210

疏通(소통) 16, 25, 31, 40, 266, 271

屬性(속성) 36, 41

孫順(손순) 217, 219, 221

孫子(손자) 175

手工藝品(수공예품) 248

數年間(수년간) 201

手段(수단) 262, 270

修道(수도) 152, 161

手動(수동) 33

修羅(수라) 154, 163

數萬(수만) 57

搜所聞(수소문) 219, 221

受信(수신) 34

收藏(수장) 132, 133, 145

水準(수준) 19, 26, 136, 137, 141, 147, 226, 233,
    238

垂直(수직) 18, 25

收集(수집) 132, 134, 135, 144

水平(수평) 18, 26

修行(수행) 153, 155, 156

收穫(수확) 158

宿命的(숙명적) 224, 236

熟成(숙성) 228, 235, 239

純粹(순수) 263, 265, 270

循環(순환) 36

崇拜(숭배) 23, 27

崇尙(숭상) 219

承認(승인) 233, 234

昇華(승화) 250, 258

市街(시가) 211

時刻(시각) 111, 116, 121, 152

時間(시간) 50, 61, 88, 100, 122, 156

詩經(시경)　236

時期(시기)　244, 255

時代(시대)　19, 38, 60, 112, 138, 201, 226, 234,
　　　263, 265, 270

試圖(시도)　46

始動(시동)　98

市民(시민)　57, 64

視線(시선)　89, 91, 101, 123

施設(시설)　136, 139, 140, 147

屍身(시신)　182

始作(시작)　14, 30, 45, 117, 122, 159, 185, 187,
　　　225, 244, 245, 255

市場(시장)　29, 35, 37, 91

時節(시절)　13

始祖(시조)　172, 177, 179

市中(시중)　252, 258

市廳(시청)　57

施鍼(시침)　109, 110, 125

施行(시행)　152, 161

試驗(시험)　204

諡號(시호)　185, 187, 191

食口(식구)　108, 124

食堂(식당)　91

食料品店(식료품점)　229

食事(식사)　157, 224, 226

食品(식품)　223, 226, 227, 228, 231, 232, 233,
　　　234, 236

神壇樹(신단수)　167, 170

新羅(신라)　179, 182, 201, 203, 205, 208

神靈(신령)　203

新聞(신문)　229

辛味(신미)　231

神秘(신비)　229, 240

新鮮(신선)　234

新設(신설)　141, 150

神市(신시)　167, 170

信用(신용)　34

神異(신이)　201, 206

新造語(신조어)　57

身體(신체)　21, 22, 227

臣下(신하)　175, 186, 203, 218

辰韓(신한)　179, 184

實力(실력)　114

失明(실명)　110

實物(실물)　133, 134, 145

實情(실정)　203

實踐(실천)　45, 46

實吐(실토)　119, 120, 126

失敗(실패)　56

實驗(실험)　229, 232, 240

實現(실현)　19, 44, 46

深刻(심각)　22, 93

心理(심리)　22, 37

十年(십년)　197

十分(십분)　62, 67

雙方(쌍방)　31, 39

ㅇ

兒(아)　174, 217

餓鬼(아귀)　154, 163

雅淡(아담)　247, 257

惡(악)　163, 168, 171, 209

惡魔(악마)　58, 62, 64, 65

惡行(악행)　210

安心(안심)　78

安危(안위)　107

鴨綠江(압록강)　172, 177

愛好(애호) 15
液體(액체) 36, 41
野外(야외) 133, 145, 247, 248
野菜(야채) 225, 232
弱冠(약관) 188, 194
藥石(약석) 160
藥材倉(약재창) 116, 126
樣相(양상) 16, 23, 25
糧食(양식) 217
魚鼈(어별) 176, 178
抑佛(억불) 152, 161
抑制(억제) 228, 239
言及(언급) 230, 240
言論(언론) 59, 229, 239
言語(언어) 33, 262
奄然(엄연) 232, 240
業障(업장) 155, 164
女性(여성) 15, 17, 18, 20
女王(여왕) 251
餘裕(여유) 112
女子(여자) 16, 17, 168, 172, 181, 202, 208
旅行(여행) 224
歷歷(역력) 209, 210
逆流(역류) 204, 207
歷史(역사) 20, 47, 52, 132, 133, 145, 151, 224,
   226, 250
亦是(역시) 23
役割(역할) 18, 32, 60, 227, 228, 239, 249, 251
逆行(역행) 204
連結(연결) 97
硏究(연구) 131, 132, 134, 135, 144, 226, 231, 263
演劇(연극) 61, 67, 257
連帶感(연대감) 224, 236
連絡(연락) 72, 73, 78, 103

年齡(연령) 253
連鎖的(연쇄적) 61
練習室(연습실) 73, 74
緣由(연유) 109, 114, 115, 116, 121
延長(연장) 48, 53, 61, 111
熱氣(열기) 55, 56
念慮(염려) 175, 178
念佛(염불) 153, 163, 208, 215
染色(염색) 250, 258
英國(영국) 251
領域(영역) 35
營爲(영위) 22, 27, 52
英特(영특) 174
影響(영향) 49, 56
靈驗(영험) 168, 171
映畵(영화) 246, 257
豫見(예견) 110
豫防(예방) 228, 239
禮法(예법) 155, 156
禮佛(예불) 155, 156, 160
隸書(예서) 261, 268, 269
例外(예외) 264, 271
六村(육촌) 179, 184
隆盛(융성) 15, 19, 24
烏(오) 175, 197
傲慢(오만) 71, 155, 164
五體投地(오체투지) 155, 164
誤解(오해) 69, 266, 271
午後(오후) 72, 85, 86, 159
屋上(옥상) 83, 84, 250, 258
屋外(옥외) 140
玉體(옥체) 110, 111, 112, 125
臥禪(와선) 160, 166
渦中(와중) 21, 26

完備(완비) 134, 146
完成品(완성품) 49
王妃(왕비) 124, 204, 205
王位(왕위) 172, 180, 183, 191, 192
王后(왕후) 182, 186, 192
外國人(외국인) 243, 251, 252
外貌(외모) 14, 22, 69, 174
外的(외적) 13, 38
要求(요구) 134, 146
妖邪(요사) 204, 207
要素(요소) 134, 146
要約(요약) 32, 138
夭折(요절) 212, 216
欲求(욕구) 60, 63
慾心(욕심) 154
容貌(용모) 174
用語(용어) 14
用品(용품) 249, 257
憂慮(우려) 63
牛馬(우마) 173
優渤水(우발수) 172
雨師(우사) 168, 171
于先(우선) 36
優秀(우수) 235, 241
優勝(우승) 59
運動(운동) 48, 231
運命(운명) 69, 86
雲師(운사) 168, 171
運營(운영) 45, 70, 250, 258
運烏(운오) 217, 221
云云(운운) 13
運轉(운전) 97
運行(운행) 61
熊女(웅녀) 168, 171

熊神山(웅신산) 172
元年(원년) 181, 184
原料(원료) 227, 239
圓滿(원만) 17, 25
怨望(원망) 78
元聖王(원성왕) 208, 212
原則(원칙) 160
月刊(월간) 223
位階(위계) 18, 25
危篤(위독) 190, 194
威力(위력) 188, 194
悠久(유구) 224, 236
由來(유래) 14, 24
遺産(유산) 138, 151
乳酸菌(유산균) 228, 229, 232, 233, 239
有數(유수) 141, 150, 229, 239
留宿(유숙) 202, 206
遺言(유언) 191
柔軟(유연) 16, 25
有用(유용) 227
誘引(유인) 203, 207
唯一(유일) 252
流入(유입) 225, 237, 267
維持(유지) 224, 228, 234, 236, 263, 271
儒學者(유학자) 152, 161
類型(유형) 37, 138, 149
柳花(유화) 172, 173
肉類(육류) 226
融通性(융통성) 30, 40
融合(융합) 30, 32
恩德(은덕) 211
隱密(은밀) 209, 215
恩惠(은혜) 212, 214
陰莖(음경) 185

飲食(음식)　107, 117, 118, 119, 157, 217, 223,
　　225, 226, 232, 235
陰陽(음양)　204
飲用(음용)　117
陰害(음해)　107, 124
應用(응용)　34, 40
應援團(응원단)　59
凝集力(응집력)　61, 66
凝縮(응축)　138, 149
義(의)　215
依據(의거)　133, 145
義禁府(의금부)　109, 119, 125, 126
意氣揚揚(의기양양)　80, 103
醫女(의녀)　105, 108, 109, 111, 113, 115, 121, 124
議論(의논)　179, 184, 189
義務(의무)　137, 149
意味(의미)　16, 17, 20, 31, 48, 49, 160, 265, 266,
　　271
意思(의사)　190, 194, 266, 271
疑心(의심)　117
意義(의의)　132, 144
議題(의제)　31
耳目口鼻(이목구비)　14
異變(이변)　55, 65
理事(이사)　72
以上(이상)　20, 112, 151
異常(이상)　91, 94, 173, 179, 180, 188, 204
理想鄕(이상향)　155
理想型(이상형)　14, 24
理性(이성)　117, 119
利用(이용)　34, 135, 139, 141, 246, 256
二月(이월)　208
理由(이유)　22, 30, 135, 147, 156, 172, 205, 229,
　　230

利益(이익)　212, 216
以前(이전)　57, 152
以後(이후)　159, 225, 237, 244, 251, 255
人間(인간)　19, 23, 32, 36, 37, 154, 155, 167, 168,
　　170
人口數(인구수)　29, 40, 64, 67
隣近(인근)　229, 240
人氣(인기)　16, 227, 231
印度(인도)　159
引導(인도)　214
人類(인류)　47
人倫(인륜)　211, 215
印象(인상)　91
認識(인식)　16, 24, 36, 37, 226, 252
人爲的(인위적)　253, 259
仁者(인자)　188, 194
隣接(인접)　87
認定(인정)　223, 236
一角(일각)　62, 85, 99, 112
一擧(일거)　113
日官(일관)　198, 200
一貫(일관)　23, 27
一帶(일대)　224, 237
一般的(일반적)　14, 24, 132, 145
日本(일본)　15, 231, 232, 233, 263, 266, 267
一部(일부)　49
日常的(일상적)　157
一說(일설)　182, 184
日曜日(일요일)　248
日月(일월)　180
日帝統治(일제통치)　244
一族(일족)　212, 216
一體(일체)　157
一匹(일필)　179

一行(일행) 176, 178
一回用(일회용) 96
臨時(임시) 169, 171, 176
姙娠(임신) 173
立體(입체) 248, 257
剩餘(잉여) 19, 26

ㅈ

自覺(자각) 47
刺戟(자극) 71, 122, 126
自己(자기) 16, 17, 18, 39, 172, 214, 257
資料(자료) 131, 132, 133, 134, 135, 144
資本(자본) 37, 41
慈悲(자비) 154, 163
紫色(자색) 180
自生(자생) 60, 66
子息(자식) 217
自身(자신) 17, 21, 23, 33, 39, 51, 107, 108, 122,
    175
自然(자연) 15, 141, 253
自由(자유) 17, 19, 20, 49
子弟(자제) 179, 189, 194
自體(자체) 32, 38, 39, 64
姿態(자태) 174, 177
作家(작가) 248
作動(작동) 31, 40
作別(작별) 212
作成(작성) 262, 270
作業(작업) 43
作品(작품) 248
暫時(잠시) 82, 83, 209
雜吟(잡음) 32
雜誌(잡지) 223
長久(장구) 21, 26

腸內(장내) 227, 238
長短音(장단음) 264
壯談(장담) 111, 125
壯大(장대) 139, 149
丈燈(장등) 160, 166
葬禮(장례) 182, 184
場面(장면) 59
葬事(장사) 183
藏書閣(장서각) 137, 148
場所(장소) 133, 145, 246, 249, 253
裝身具(장신구) 249, 252
掌握(장악) 35, 41
莊嚴(장엄) 154, 164
長子(장자) 174
再教育(재교육) 50
材料(재료) 228, 231, 235, 239
災殃(재앙) 210, 215
再評價(재평가) 227, 238
再解釋(재해석) 139, 149, 250, 258
底力(저력) 64, 67, 253, 259
貯藏(저장) 225, 237
邸下(저하) 113, 125
敵國(적국) 203
積極的(적극적) 22, 27, 32, 40
適應(적응) 17, 25, 63
全國(전국) 136, 137, 147, 151
傳達(전달) 58, 266, 271
殿堂(전당) 138, 149
戰略(전략) 34, 35, 37, 40
專門(전문) 20, 24, 133, 135, 145, 223, 236
篆文(전문) 261
全般(전반) 35
前世(전세) 219, 221
展示(전시) 244, 245, 247

專有物(전유물)　21, 26, 235, 241
前者(전자)　114, 125
戰爭(전쟁)　19, 233
前提(전제)　19, 26
全體(전체)　122, 157
塼塔(전탑)　208
傳統(전통)　139, 140, 226, 234, 241, 243, 245,
　　　246, 247, 248, 249, 250, 251, 252, 253, 254
殿下(전하)　108, 110, 111, 112, 115, 118, 121, 123
電話(전화)　39, 72, 83, 84, 85
絶代(절대)　76
切迫(절박)　74, 76, 103
占(점)　86, 207
接近(접근)　16, 24
接木(접목)　30, 40
定刻(정각)　152, 157, 160, 166
定規(정규)　45
精氣(정기)　201, 206
定期(정기)　248, 257
正答(정답)　23
程度(정도)　158
頂禮(정례)　155, 164
整理(정리)　78, 134, 135, 146
征伐(정벌)　201, 206
情報技術(정보기술)　29, 32, 36
情婦(정부)　266, 271
正常化(정상화)　43
情緖(정서)　33, 37, 140, 150
精神(정신)　32, 38, 83, 101, 139
正月(정월)　199
定義(정의)　32, 40, 132, 145
精進(정진)　156, 158, 160
政策(정책)　152, 161
情趣(정취)　252, 258

政治家(정치가)　247
除去(제거)　22, 27
提供(제공)　131, 135, 144, 146
制度(제도)　20, 44, 48
祭祀(제사)　199, 200, 205, 207
製品(제품)　35, 37
彫刻(조각)　133, 145, 248
鳥類(조류)　229, 230
潮流(조류)　47
調査(조사)　131, 135, 144, 219
朝鮮(조선)　152, 161, 225, 237, 244, 247
朝鮮總督府博物館(조선총독부박물관)　138, 149
造成(조성)　61, 141, 247, 257
鳥獸(조수)　173, 177, 180
操心(조심)　94
組織(조직)　60, 66
組合(조합)　20, 26
造型(조형)　21, 27
調和(조화)　32, 33, 140, 141, 246, 247, 256
存在(존재)　22, 31, 49
尊重(존중)　35
鐘路區(종로구)　243, 254
鐘樓(종루)　153, 162
種類(종류)　132, 133, 145, 225, 234, 238, 241
宗廟(종묘)　137, 148, 254
從事(종사)　160, 166
鐘聲(종성)　153, 163
綜合(종합)　132, 136, 137, 145
坐禪(좌선)　156
左右(좌우)　218
左贊成(좌찬성)　112, 125
罪過(죄과)　120
罪人(죄인)　118, 120, 126
主管(주관)　168, 171

周代(주대)　261, 268

主導(주도)　60, 152

注目(주목)　33, 40, 59, 229, 240

朱蒙(주몽)　172, 174, 175, 176, 177

籀文(주문)　261, 268

周邊(주변)　159

株式會社(주식회사)　250, 258

晝夜(주야)　201, 206

注意(주의)　266, 271

主人公(주인공)　55, 86

駐車場(주차장)　75

主催國(주최국)　55

竹林(죽림)　193, 195

竹篦(죽비)　157, 158, 165

駿馬(준마)　175, 178

準備(준비)　134, 146

中高等學校(중고등학교)　45

中國(중국)　219, 233, 261, 263, 265, 266, 267

中期(중기)　225

重視(중시)　18, 26, 31

中心(중심)　15, 18, 36, 60, 140, 150, 201, 231, 244, 255

重要(중요)　31, 38, 62, 226, 228

中殿(중전)　108, 109, 110, 111, 112, 113, 114, 115, 116, 117, 118, 119, 120, 121, 122, 123, 124

中宗(중종)　105, 106, 107, 117, 119, 121, 123, 124

重刑(중형)　204

卽位(즉위)　197, 200

證據(증거)　17, 25, 223, 236

增殖(증식)　227, 239

增築(증축)　247, 257

地境(지경)　120, 176, 178

持久力(지구력)　231, 241

至今(지금)　18, 30, 32

地名(지명)　244, 255

至密(지밀)　115, 118, 125

至上主義(지상주의)　50, 53

持續(지속)　21, 27, 31

知識(지식)　30, 36, 37, 133, 145

地域(지역)　62, 225, 237, 262, 263, 265, 270

地獄(지옥)　154, 163

支援(지원)　61

支障(지장)　63, 158, 165

指摘(지적)　38, 230, 240

智證(지증)　185

地倉(지창)　109, 125

智哲老王(지철로왕)　185

指稱(지칭)　266, 271

地下鐵(지하철)　61

智慧(지혜)　153

直間接的(직간접적)　56

直感的(직감적)　21, 26

職員(직원)　135, 146

職場(직장)　56

直接(직접)　135, 249, 257

診斷(진단)　107

秦代(진대)　261, 268

振動(진동)　180, 184

診脈(진맥)　111, 114, 115, 122, 125

眞面貌(진면모)　246, 256

眞聖王(진성왕)　220

眞實(진실)　210, 211

陳列(진열)　251, 258

陳列欌(진열장)　48

眞正(진정)　37, 44

進出(진출)　56

眞平王(진평왕)　201

進行(진행)　49, 110
進行形(진행형)　49, 53
疾病(질병)　22, 168, 171
秩序整然(질서정연)　57, 64
集結(집결)　252, 258
集團(집단)　60, 61
集中(집중)　30, 122, 126
懲戒(징계)　209, 215
徵候(징후)　48, 53

ㅊ

差異(차이)　107, 253, 259, 262, 265
燦爛(찬란)　142, 150, 265
讚辭(찬사)　59, 64
察衆(찰중)　157, 165
參考(참고)　263, 271
慘憺(참담)　119, 126
參與(참여)　63, 64
斬刑(참형)　205, 207
昌慶宮(창경궁)　137, 138, 148
昌德宮(창덕궁)　137, 148
創意的(창의적)　250, 258
菜供(채공)　156, 165
彩色(채색)　248, 257
妻(처)　217
處女(처녀)　202, 203, 208, 209, 210
處理(처리)　19, 26
處方(처방)　107, 108, 110, 115, 117, 118, 121,
　　　122, 124
處所(처소)　158, 160
天符印(천부인)　167, 170
天崩(천붕)　109, 125
天子(천자)　181
天帝(천제)　170, 172, 175

天地(천지)　180, 219
天泉亭(천천정)　197
靑寫眞(청사진)　44, 52
淸掃(청소)　87
淸淨(청정)　152, 155, 161
體系的(체계적)　60, 66
體驗(체험)　133, 145, 249, 252
草家(초가)　208
超高速(초고속)　29, 40
初等(초등)　45
招來(초래)　108, 125
草書(초서)　261, 270
初入(초입)　246, 255
初八日(초팔일)　208, 215
超現代式(초현대식)　246, 256
撮影(촬영)　246, 256
最近(최근)　33, 45, 46, 52, 231, 240, 250, 265
最大(최대)　34
最上(최상)　155
最尖端(최첨단)　30, 31, 38, 40
最初(최초)　244
追加(추가)　34
追擊(추격)　175, 178
推鞠官(추국관)　119, 126
楸南(추남)　204, 205
追跡(추적)　197, 200
推進(추진)　131, 137, 144
抽出(추출)　16, 25, 229, 240
蹴球(축구)　55, 57, 59
畜生(축생)　154
蓄積(축적)　31, 40
祝祭(축제)　55, 62, 64, 65, 245
祝賀(축하)　180, 184
出家(출가)　153, 155, 163

出世(출세) 50

出版物(출판물) 62, 67

充分(충분) 22, 38

充實(충실) 48

充足(충족) 18, 25

趣樂(취락) 132, 144

醉山(취산) 217

側面(측면) 20, 26, 226

治療(치료) 214, 229, 240

緇門(치문) 159, 166

熾烈(치열) 233, 240

蚩尤(치우) 60, 65, 66

親舊(친구) 88, 175

親和(친화) 38, 41

七星(칠성) 201, 206

七歲(칠세) 174

七曜(칠요) 201, 206

寢殿(침전) 191, 195

沈菜(침채) 224

浸透(침투) 151

沈黙(침묵) 89

ㅋ

快樂(쾌락) 19, 26

ㅌ

他國(타국) 203

脫産業化(탈산업화) 18, 48

脫出(탈출) 17, 25

探索(탐색) 202, 206

湯藥(탕약) 116, 119

太伯山(태백산) 167, 170

太子(태자) 183

擇日(택일) 190, 194

吐說(토설) 120, 126

土着化(토착화) 263, 270

通信(통신) 15, 24, 39

統合(통합) 33, 34, 62

退色(퇴색) 134, 146

投壺(투호) 245, 255

特性(특성) 36, 45

特殊(특수) 136, 147

特定(특정) 132, 133, 145

特輯(특집) 232

特徵(특징) 56, 65

ㅍ

販賣量(판매량) 229, 231, 240

販賣帳(판매장) 244

八道(팔도) 245, 255

便利(편리) 34

便安(편안) 192

便紙(편지) 198

評價(평가) 23, 27

平凡(평범) 20, 158

平生(평생) 81, 95, 192

閉鎖(폐쇄) 36

廢人(폐인) 56, 65

布敎堂(포교당) 151, 161

捕縛(포박) 107, 113, 124

包裝(포장) 48

布帳馬車(포장마차) 90, 103

包含(포함) 46

暴力性(폭력성) 50, 53

爆發(폭발) 118

爆發的(폭발적) 231, 241

瀑布(폭포) 141

表記(표기)   262, 270
表情(표정)   72, 74, 75, 76, 77, 78, 81, 82, 85,
     86, 90, 93, 95, 96, 98, 99, 101, 112, 116, 121
標準(표준)   233, 240
表皮(표피)   22, 27
表現(표현)   16, 23, 25, 60
品目(품목)   248, 257
風景(풍경)   74, 79, 83
風伯(풍백)   168, 171
豊富(풍부)   35, 134, 146, 227, 238
風俗(풍속)   174, 178, 198, 200, 208
豊饒(풍요)   140, 150
皮膚病(피부병)   118, 121
避村(피촌)   197
畢竟(필경)   218
必須的(필수적)   226, 238
必需品(필수품)   225, 237
必是(필시)   190, 194
必要(필요)   37, 38, 50, 51, 116, 131, 144

ㅎ

賀禮(하례)   186, 187
河伯(하백)   172
下賜(하사)   191, 195, 219, 221
下獄(하옥)   109, 119
學校(학교)   43, 44, 45, 46, 47, 48, 49
學術的(학술적)   132, 135, 144
學習(학습)   62, 156, 249, 257
學藝官(학예관)   135, 146
學人(학인)   156, 157, 165
韓國(한국)   13, 15, 29, 30, 31, 32, 34, 35, 55,
     56, 58, 59, 60, 64, 71, 136, 137, 138, 151,
     223, 224, 226, 228, 229, 230, 232, 233, 234,
     235, 243, 244, 250, 251, 253, 263, 265, 266,

     267
漢代(한대)   261, 268, 269
韓流(한류)   58, 65
韓半島(한반도)   225, 237
韓屋(한옥)   247, 254, 256
漢字文化圈(한자문화권)   261, 266
韓中日(한중일)   261, 262, 268
函(함)   204
鹹菜(함채)   224
合成語(합성어)   33
合掌(합장)   155, 157, 158, 164
恒常(항상)   217
抗癌(항암)   228, 239
亥(해)   197
害(해)   209, 212
解決(해결)   49
解慕漱(해모수)   172
海邊(해변)   96
解夫婁(해부루)   172, 177
楷書(해서)   261, 269
解釋(해석)   44, 52
核心(핵심)   140, 150
行動(행동)   199
幸福(행복)   71, 80, 93, 99, 100
行書(행서)   261, 269
行實(행실)   188, 194
香氣(향기)   252, 258
向上(향상)   19, 136, 147, 226, 238
許諾(허락)   265, 271
虛脫(허탈)   118, 126
革命期(혁명기)   225, 238
現代(현대)   13, 17, 19, 20, 21, 48, 139, 151, 226,
     244, 250, 252
現象(현상)   204, 265

現時點(현시점)　23, 27
現身(현신)　205, 207
現實(현실)　13, 15, 43, 63
現場(현장)　45, 50, 248, 249, 257
現在(현재)　15, 29, 45, 49, 225, 263
穴禮(혈례)　203
嫌疑(혐의)　107, 124
協力(협력)　18, 26, 36
刑罰(형벌)　168, 171
形成(형성)　35, 60, 248
形式(형식)　244
兄弟(형제)　70, 209
形態(형태)　20, 21, 45, 46, 47
瓠(호)　181, 184, 249
護國(호국)　203, 207
虎願寺(호원사)　214
混亂(혼란)　70, 265, 271
婚姻(혼인)　168, 169, 171
混合(혼합)　263
紅蔘(홍삼)　116, 118, 125
弘孝寺(홍효사)　219
花郎(화랑)　194, 201, 206
畵廊(화랑)　243, 244, 245, 255
畵房(화방)　243, 255
確固(확고)　252, 258
擴散(확산)　47, 52, 226, 238
確信(확신)　107
還生(환생)　204, 207
桓雄(환웅)　167, 168, 169, 170
桓因(환인)　167, 170
患候(환후)　108, 115, 124
活動(활동)　21, 135, 137, 147, 244
活用(활용)　62, 249, 257
惶恐(황공)　111, 112

會社(회사)　73, 85
回向(회향)　153
孝(효)　219, 221
效果(효과)　32, 62, 228, 229, 231, 239
效能(효능)　227, 234, 238
孝誠(효성)　219
梟首(효수)　109, 125
後期(후기)　31
後百濟(후백제)　220, 221
候補(후보)　59
後世(후세)　182, 219
後園(후원)　156
後遺症(후유증)　63, 67
後者(후자)　114
後患(후환)　174, 178
訓讀(훈독)　263, 270
休憩(휴게)　140, 150
携帶電話(휴대전화)　39
胸中(흉중)　202, 206
欽慕(흠모)　191, 194
興德王(흥덕왕)　218, 219, 221
興輪寺(흥륜사)　208, 213
希望的(희망적)　121, 126
稀微(희미)　123, 126
喜捨(희사)　219, 221

▌배규범

1998년 박사학위(『壬亂期佛家文學硏究』)를 받은 이래, 한문학 연구과 한자교육에 전력하고 있다. 佛家漢詩전공자로서, 한자와 불교를 공통범주로 한 〈동아시아 문학론〉 수립을 학문적 목표로 삼고 있다. 경희대학교 국제교육원에서 지난 10여 년간 외국인들을 대상으로 한자 강의를 진행하고 있으며, (社)韓國漢字漢文能力開發院의 한자능력 검정시험 출제 및 채점위원으로 활동 중이다. 현재는 청주대 연구교수로 있으면서 학술진흥재단의 고전번역 프로젝트와 국사편찬위원회의 『승정원일기』및 『조선왕조실록』교열·교감 작업에 참여하고 있다.

저서 및 역서

『불가시문학론』(집문당), 『조선조 불가문학 연구』(보고사), 『사명당』(민족사), 『禪家龜鑑』(공역, 예문서원)
『譯註 滄浪詩話』(다운샘), 『한자로 읽는 한국문화』(보고사), 『漢字로 배우는 한국어1』(공저, 유씨엘)
『청허당 휴정대사 시집』·『사명대사 유정 시집』·『초의선사 의순 시집』·『정관대사 일선 시집』(공역, 민속원),
『한문강좌』(공저, 경희대출판국), 『한시율격의 이해』(보고사), 『여러 갈래로 읽는 한문의 이해』(공저, 學文社)
『산사문학기행』(공저, 이회문화사)

요모조모 한국 읽기

2007년 4월 12일 초판 발행

편저자   배규범
발행인   김홍국
펴낸곳   도서출판 **보고사**
등 록   1990년 12월(제6-0429)
주 소   서울시 성북구 보문동7가 11번지 2층
전 화   922-5120~1(편집) 922-2246(영업)
팩 스   922-6990
메 일   kanapub3@chol.com
정 가   12,000원
ISBN 978-89-8433-558-5 (03700)

*잘못된 책은 바꾸어 드립니다.